KB206601

성서통독을 위한 דלת 델레트 [문] I
모세오경

성서통독을 위한 דלת 델레트 [문] I

모세오경

이 저서는 2020년도 서울신학대학교 교내 연구비 지원에 의한 저서임

초판인쇄 2020년 12월 21일 / 초판 발행 2021년 1월 15일/ 저자 이용호/ 펴낸이 임용호/ 펴낸 곳 도서출판 종문화사/ 편집디자인 디자인오감/ 인쇄 천일문화사/ 제본 영글문화사/ 출판등록 1994년 4월 1일 제22-392/ 주소 서울 은평구 연서로 34길2 3층/ 전화 02)735-6891, 팩스 02)735-6892/ E-mail jongmhs@hanmail.net/ 값 17,000원/ © 2021, Jong Munhwasa printed in Korea/ ISBN 979-11-87141-64-8-94230, 979-11-87141-63-1-94230(세트번호)

성서통독을 위한 דלת 델레트 [문] I

모세오경

이용호

종문화사

저자 서문

변명일 수 있겠지만, 여러 가지 일로 한동안 책을 집필하는 건 엄두도 나지 않았다. 한 권의 책을 낸다는 건 많은 시간과 노력이 필요할 뿐만 아니라 내적으로 느껴지는 수많은 감정들로부터도 의연해져야 하기 때문이다. 책을 쓴다는 것은 하루는 무엇인가를 알아간다는 기쁨에, 하루는 써야한다는 중압감에, 또 하루는 사람들을 향한 책임감에서 갈팡질팡하며 인내하는 과정일지도 모른다. 섣불리 시작하기도 또한 마무리하기도 쉽지 않은 작업이다. 그럼에도 시작할 수 있었던 것은 서울신학대학교 신대원들을 위한 성서통독 세미나를 준비하면서이다. 성서통독 세미나라는 학교의 과업이 필자로 하여금 이 책을 집필할 수 있도록 등떠밀어 준 셈이다.

'성서통독을 위한 델레트'라는 표제 하에 집필된 이 책은 '델레트'가 필자의 목적이기도 하다. '델레트'는 성서통독을 준비하는 제자들과의 그룹명이다. 히브리어 델레트는 '문' 또는 '입구'를 의미하는데, 성서통독을 위한 입구 또는 문이 되고자 하는 바램이 포함되어 있다. 그럼에도 불구하고 이 책을 써내려가면서 성서통독이 아닌 전문적인 신학서적으로 빠질 때가 한두 번이 아니었다. 힘겹게 써내려온 글 속에서 신학적인 용어들이 한 부분을 차지해버리곤 해서 쉽게 써내려간다고 한 노력들이 이번에는 구어체가 되어버리곤 했다. 그럼에도 불구하고 이 책을 집필하면서 가장 감사한 부분은 구약성서를 많이 읽고 배웠다는 점이다. 성서는 모든 신학의 근간이다. 그러나 아이러니하게도 많은 사람들이 성서를 생각보다 읽지 않는다. 이 성급한 결론이 필자의 경험에서 나온 것일 수도 있다. 그래서 성서를 읽자는 생각에서 이 책을 집필했다. 필자는 성서통독 세미나를 준비하면서 그리고 이 책을 집필하면서 놀랍게도 많은 부분을 새롭게 알고 깨닫게 되었다. 성서를 읽는다는 단순한 작업이 하나님을 알고 배워가는 신앙의 가장 기초적인 작업이라는 것을 새삼 깨닫는다.

과장해서 말한다면, 마치 세상의 어머니들이 산고를 겪고 아이를 내어놓는 것처럼, 서점에 빼곡히 쌓여있는 책들도 그렇게 나왔으리라. 산고를 잊고 다시 생명을 잉태하는 어머니처럼 책을 쓰는 작업도 그 과정은 힘들지만 무엇보다 기쁘고 보람된 일이다. 물론 산고는 온전히 어머니의 몫이지만 책을 세상에 내어놓을 때는 많은 사람들의 희생과 사랑으로 완성된다.

그러기에 책을 출간할 때마다 감사하고 싶은 사람들이 있다. 먼저 이 책을 집필할 기초작업을 함께 해준 DT델레트 동역자들에게 감사하고 싶다. 지금까지와는 다른 글이라 필자에게도 익숙하지 않았던 글을 처음 수정해준 김나예, 필자의 글을 보다 이해할 수 있도록 도표를 만들어준 김예은, 바쁜 가운데서도 삽화로 화답해준 박진아, 도표와 성서구절들을 비교해준 김예빈, 마지막에 책의 부족한 점을 꼼꼼히 살펴준 천성하 목사와 이경은, 목차와 본문을 비교하면서 마무리해준 황윤성 그리고 처음부터 끝까지 이 책을 견실하게 수정하고 보완해준 박현정에게 항상 고마움을 느낀다. 또한 늘 곁에서 든든하게 응원해준 박현근 목사, 강신원 목사, 김민수, 손지섭에게도 같은 마음을 전하고 싶다. 든든한 필자의 가족들, 사랑하는 아내와 유빈이, 정빈이 그리고 부족한 필자로 인한 고생을 마다하지 않고 이 책을 출판하게 해주신 종문화사의 임용호 사장님에게도 역시 감사를 드린다.

차 례

서문 | 구약통독을 위한 'דלת [델레트 문]'

　'어떻게 성서를 잘 읽을 수 있을까' 하는 지극히 평범한 생각 속에서 시작된 이 책은 신학적인 저서라기보다는 구약성서 통독을 위한 안내서이다. 그 때문에 성서를 쉽게 이해할 수 있도록 각 권의 구조를 도표화하고 그 구조에 따라 내용을 설명하고, 간혹 필요한 경우에만 신학적인 부분을 다루었다. 이 책은 모두 4권으로 모세오경, 역사서, 예언서 그리고 성문서로 구성되었는데 히브리성서와 헬라어–라틴어성서의 구조를 재구성해서 구약성서를 분류했다. 히브리성서와 헬라어–라틴어성서의 핵심인 모세오경은 동일하게 성서의 첫 번째 부분에 있다. 다만 히브리성서가 예언서를 전기–후기 예언서로 나눈 반면에, 헬라어–라틴어성서는 이를 역사서와 예언서로 분류하였다. 이 책은 에스더와 룻기를 성문서에서 다룬 것을 제외하고 대체로 헬라어–라틴어성서에 따라서 구약성서를 구분지었다.

히브리어성서		헬라어-라틴어성서		성서통독을 위한 델레트		
모세오경	창세기 출애굽기 레위기 민수기 신명기	모세오경	창세기 출애굽기 레위기 민수기 신명기	제1권	모세오경	창세기 출애굽기 레위기 민수기 신명기
예언서	전기 예언서 여호수아 사사기 사무엘상하 열왕기상하 에즈라―느헤미야 역대기상하	역사서	여호수아 사사기 룻기 사무엘상하 열왕기상하 에즈라―느헤미야 에스더 역대기상하	제2권	역사서	여호수아 사사기 사무엘상하 열왕기상하 에즈라―느헤미야 역대기상하
예언서	후기 예언서 이사야 예레미야 에스겔 12소예언서	예언서	이사야 예레미야 에스겔 다니엘 12소예언서	제3권	예언서	이사야 예레미야 에스겔 다니엘 12소예언서
성문서	시편 아가 애가 룻기 에스더 다니엘 잠언 욥기 전도서	성문서	시편 아가 애가 다니엘 잠언 전도서 욥기	제4권	성문서	시편 아가 애가 룻기 에스더 잠언 전도서 욥기

성서통독이란

원래 이 책은 성서통독의 세미나를 위해 마련된 책이다. 그 때문에 이 책은 구약성서에 대한 개론서보다는 통독서이다.

물론 개론서와 통독서는 공통점이 있다. 두 책들 모두 다 성서를 바탕으로 하기 때문이다. 개론서가 구약성서의 내용을 추려서 서술한다면, 통독서는 성서를 처음부터 끝까지 제목, 차례 문단의 주제들을 꼼꼼히 살펴서 서술한다.

더 상세하게 언급한다면, 개론서는 구약성서의 전체적인 시각에서 큰 틀(예를 들면, 모세오경, 예언세[역사서]와 성문서)이 어떻게 형성되었으며, 서로 어떤 연관성을 가지고 있는가를 제시한다. 그 때문에 거시적으로 요약된 '이스라엘 역사', '문학 형성사'와 신학을 종합한다. 또한 구약성서의 현재 본문을 중심으로 각 권들에 대한 명칭, 기원, 생성 시기, 구성 그리고 정경의 형성과정과 신학적 주제와 문제점들에 대한 최신 연구들을 제공한다. 성서 각 권에 관한 세밀한 신학적인 연구 이전에 그 세밀한 연구로 나아가도록 향방을 설정해주는 나침반과 같은 구실을 한다.

반면에 성서통독을 위한 책들은 우선적으로 각 책들의 구조에 집중한다. 성서의 책들의 구조를 살펴보고 그 구조에 따라 전하고자 하는 핵심메시지를 풀어서 서술하고, 나아가 성서의 다른 책들과의 연관성을 설명하려고 한다. 아직까지 구약성서개론과 구약성서통독이라는 경계가 불확실하지만 쉽게 구분하자면, 성서통독은 신학자들의 견해에 예민하게 집중하지 않는다는 점이다. 그러므로 성서통독은 성서를 잘 이해하길 원하는 평신도, 신학 초보자들에게 성서를 알도록 한다. 그리고 그 성서 지식의 토대가 성서이해 더 나아가 신학적인 지식까지도 나아가게 할 것이다.

모세오경의 이해를 위한 이 책의 특징

이 책은 처음부터 성서통독을 위한 저서이다. 그 때문에 전통적으로 오경을 구분하는 '창세기-출애굽기-레위기-민수기-신명기로 구성하기보다는 이야기의 흐름으로 나누고자 하였다. 물론 그 이야기의 흐름 속에서 각 권이 시작할 때에 그 책에 관한 간략한 설명들을 담았다. 따라서 이 책의 구성은 다음과 같다.

태고의 이야기
　　원역사(창세기 1-11장)
　　족장사(창세기 12-26장)
　　요셉 이야기(창세기 37-50장)
　　출애굽과 첫 번째 광야 그리고 시내산 이야기(출애굽기-레위기-민수기 10장)
　　　출애굽과 첫 번째 광야 이야기(출애굽기 1-18장)
　　　시내산 이야기(출 19 - 레위기 - 민수기 10장)
　　두 번째 광야 이야기(민 11- 36장)
　　모세의 설교(신명기)

이 책은 모세오경을 사건의 흐름으로 파악하여 각 이야기들의 전체 구조를 도표화하였다. 그리고 그 구조에 따라 이야기들을 서술해 나갔다. 또한 그 단락들이 더 작은 단위의 부분들과 그리고 각 권과 어떤 연관성이 있는지를 설명하였다.

첫 번째로 태고 이야기의 원역사 부분에 나오는 타락(창 1-3장) 이야기는 그후에 창세기 4장부터 그것에 관한 영향력이 확장되어 가는 것을 기술했다.

원인	창조 - 타락 – 실낙원		타락	창 1–3장
영향의 확대	개인	가인의 살인 이야기	개인 살인	창 4장
	가족/부족	노아의 홍수 이야기	집단 죄악의 관영	창 6–10장
	민족	바벨탑 이야기	신을 향한 도전	창 11장

태고 이야기의 족장사는 하나님께서 스스로 타락의 영향력을 제어하고 창조의 순수한 세계로 되돌리기 위한 한 사람으로부터 시작된다. 하나님은 그를 통하여 구원 계획을 시작하신다. 창세기에서부터 신명기까지 이르는 주제, 즉 땅과 자손(창 12:1–3)은 한편으로 이스라엘 민족을 형성하고 다른 한편으로 가나안이라는 약속의 땅으로 나아간다. 이 두 주제는 족장들을 복의 근원으로 만들어 주며, 이 족장들과의 언약을 통해 이스라엘을 향한 야훼 하나님의 돌보심이 이어진다. 창세기의 마지막 단락인 요셉 이야기는 자손이 민족으로 되어 가는 가교역할을 한다.

기근으로 인해 이집트로 간 요셉과 이스라엘 민족들은 강제부역과 고난 속에서 부르짖었고, 이에 하나님께서는 선조들과 하신 약속들을 기억하사 그들을 애굽에서 끌어올리시고 약속의 땅으로 인도하신다. 그러나 여기에서 우리는 하나님이 선조들과 하신 약속을 이스라엘 민족이 이집트에서 생활할 때 잊으셨다고 생각해서는 안 된다. 아브라함을 통하여 민족(창 12:2)을 이루고 열왕들이 그에게서 나온다는 하나님의 말씀(창 17:6)은 이방인의 땅에서도 계속 진행되고 있었다.(출 1:7) 이것을 우리는 출애굽기에서 성취됨을 본다.

세 번째는 이집트에서의 400년간의 생활을 통해 이스라엘은 큰 민족으로 성장하였다.(출 1:7) 출애굽은 선조와 약속하신 '땅'이라는 약속을 향한 시발점이다. 하나님은 모세를 통해 이 약속을 성취해 나가신다. 이스라엘 민족이 이집트에서부터 출발하여 시내산에서 머물면서 일어나는 이야기(출- 레-민 10장) 그리고 광야 40년간의 여정과 모압 평야에 정착(민 11-36장)으로 나누어진다. 특히 출애굽과 시내산 이야기(출 1-레-민 10장)는 중요한데, 출애굽(출 1-18장)은 야훼가 누구이 신가를 알게하는 중요한 주제를 품고 있으며, 시내산 이야기(출 19 - 레 -민 10장)는 노예에서 하나님의 선민으로 변화되는 율법수여 이야기가 있기 때문이다. 그리고 광야 40년 여정을 묘사하고 있는 민수기는 가데스바네아 사건을 중점으로 출애굽 1세대와 2세대의 시대 교체를 보여주는 이야기들이 제시된다. 그것은 지도자가 모세에서 여호수아로 넘어가는 것에서 더욱 두드러진다.

마지막으로 모세의 설교부분인 신명기는 오경을 마감하는 책임과 동시에 고대 근동 안으로 이스라엘 역사를 출발시키는 책이다. 이 책은 시간적(과거, 현재, 미래)으로는 혼란스럽게 되어 있는 것 같지만 회고와 현재 그리고 미래로 향하고 있다. 이 책은 신명기 6장 4-9절을 중심으로 하여 하나님을 사랑하는 근거와 방법을 과거 - 현재 - 미래로 확장시켜 보여준다.

이러한 특징으로 이 책은 구성되어 있다. 그러나 무엇보다 이 책이 독자에게 유용하게 되기 위해서는 성서와 병행해서 읽어야 한다. 이 책은 성서가 아니라 성서를 읽기 위한 조그마한 도구일 뿐이다. 아무쪼록 이 책을 읽는 이에게 성서통독의 델레트가 되길 소망해 본다.

1장 / 오경 서론

구약성서 39권 중에서 가장 핵심적인 책을 선별한다면, 단연코 모세오경이라 부르는 다섯 권의 책일 것이다. 이 다섯 권의 책들은 창세기(Genesis), 출애굽기(Exodus), 레위기(Leviticus), 민수기(Numeri) 그리고 신명기(Deuteronomium)이다. 이 책들은 그 외에 구약성서 34권의 토대를 형성하기에 구약성서의 중심이 된다. 전통적으로 모세는 이 책들의 저자로 간주되었다. 비록 17세기에 성서 연구가 발전하게 되면서 모세 저작설은 학문적으로 의문시되었음에도 불구하고 여전히 모세는 오경의 저자로서 인정받고 있다.

유대교에서 이 다섯 권을 '모세의 토라' 또는 '토라'라고 한다. 이

용어는 신명기 31장 9절(모세는 직접 백성에게 전해준 율법책을 모두 써서 …)에서 사용된 단어인 토라[תּוֹרָה(tora)]에서 유래한 것으로써, 이스라엘 민족을 위한 하나님의 교훈이다.[1] 반면에 그리스 전통을 받아들인 가톨릭과 개신교는 그리스-라틴어 이름으로 "펜타투쿠스"(Pentatenchus)라 명했는데, 이는 다섯 그릇들(에 보관된 책)이라는 뜻이다. 이는 그 문서들이 파피루스나 가죽에 쓰여져 다섯 그릇에 두루마리로 보관되었기 때문이다.[2]

성서로서 오경, 예언서, 성문서는 모두 동일한 가치를 지니지만

1) Frank Crüsemann (Hg.), Bibel in gerechter Sprache, (München, 2007), 29.
2) Thoma Staubli, Begleiter durch das Erste Testament, (Ostfildern, 2010), 138-139.

오경은 예언서나 성문서와는 다른 의미를 품고 있다. 이는 오경이 국가를 형성하기 이전에 이스라엘이 하나님의 약속으로 이루어진 민족이라는 사실을 일깨워주며, 이스라엘 민족이 약속받은 땅에서 하나님의 선민으로서 어떻게 살아가야 하는지 그 기준을 보여주는 책이기 때문이다. 이러한 이유로 오경은 구약성서에서 가장 중요한 위치를 점유하며, 신앙을 위한 기본 지침서로 여겨진다.[3]

Pentateuchos(Penta + Teuchos)	
ירה	תורה
가르치다	법령/율령
1. 하나님 계시의 가르침 2. 하나님의 방향 제시	1. 모세의 율법: (대하 30:16, 스 3:2, 7:6) 2. 율법책: (느 8:3, 참조; 스 10:3) 3. 모세의 책: (대하 35:12, 스 6:18, 느 13:1, 참조; 막 12:26) 4. 모세의 율법책: (수 23:6, 왕하 14:6, 대하 25:4)
올바른 변화를 위한 하나님의 지시	

히브리성서에서 토라(Torah)로 불리는 오경은 원래 야라(yarah, ירה)라는 동사에서 나온 단어이다. "가르치다"라는 의미의 동사 '야라'는 하나님의 계시의 방향과 가르침을 의미한다. 토라는 원래 부모나 연장자를 통한 훈육적인 가르침이었지만 포로 후기에는 법령 또는 율법 책으로 간주된다.[4] 실제로 토라의 본질적인 의미는 '올바른 변화를 위한 하나님의 지시'를 의미한다.[5]

70인역인 '셉투아긴트'(Septuagint) 또는 '셉투아긴타'(Septuaginta)는 토

3) W. H. Schmidt, 차준희 · 채홍식 역, 『구약성서입문』, (대한기독교서회, 2007), 69-70.

4) Thoma Staubli, Begleiter, 138-139.

5) 강사문외 3인, 『구약성서개론』, 신학연구도서시리즈 2 (한국장로교 출판부, 42003), 283-285.

라를 노모스(νομος, 기준)로 번역하였는데, 이는 '율법' 또는 '율법을 담은' 책을 의미한다. 사실 헬라어성서에서는 토라를 교훈이나 가르침이 아닌 법의 모음집으로 보았다. 또한 70인역이 창세기부터 신명기까지 다섯 권의 책으로 분류한 의도는 '오경의 실질적인 주인공'에 의해서였다. 창세기가 세상과 이스라엘의 시작을 보여준다면, 그 외의 책들인 출애굽기에서부터 민수기까지는 이스라엘이 민족을 이루는 과정을 보여주는데, 그 이야기의 중심인물이 바로 모세이다.[6]

1. 오경의 명칭

유대교 전통에서 오경의 명칭은 각 권의 히브리어 첫 글자에서 취하였다. 반면에 그리스어(70인역: LXX)-라틴어(Vulgata)성서는 각 권의 명칭을 그 중심내용에 따랐다. 이것을 제시하면 다음과 같다.[7]

구분	그리스-라틴어 표시(내용적 특징)	히브리적 표시(첫 단어에 따라서)
제1모세	창세기(생성) – Genesis	베레쉬트(בְּרֵאשִׁית: 처음에)
제2모세	출애굽(이주) – Exodus	쉐모트(שְׁמוֹת: 이름)
제3모세	레위기(제사장과 레위인에게) – Leviticus	바이크라(וַיִּקְרָא: 그가 불렀다)
제4모세	민수기(계수) – Numeri	베미드바르(בְּמִדְבַּר: 광야에서)
제5모세	신명기(2번째 법) – Deuteronomium	핫 데바림(הַדְּבָרִים: 그 말씀들)

---

6) 윗글, 283-285.
7) Thoma Staubli, *Begleiter*, 138.

2. 오경의 형성

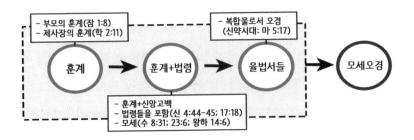

토라는 원래 자녀를 성공적으로 인도하기 위한 사랑스러운 교육, 훈육이나 자녀를 죽음의 위협으로부터 보호하기 위한 경고이다. 따라서 대체로 오경의 이야기들은 가정에서 출발하였다.[8](잠 4:1-2; 1:8; 6:20) 그 이후에 이러한 교육과 훈육의 이야기들에 평신도를 위한 제사장 교훈(렘 18:18; 겔 7:26), 신앙고백들과 모세가 하나님에게 받은 규례, 명령과 법령 등이 포함되었다.(신 4:44-45; 17:18) 그리고 가나안 진입과 왕정 후에는 지혜로운 교사의 교훈(잠 7:2; 13:14)과 예언자들의 교훈(사 8:16, 20; 30:9)들이 첨가되었다.[9] 마지막으로 이러한 훈계와 신앙고백 그리고 법령들은 포로 후기 때에야 유대민족 공동체를 유지하게 하는 법인 '모세의 율법'으로 완성되었다.[10]

3. 오경의 구분

---

8) 윗글, 138; Frank Crüsemann (Hg.), *Bibel*, 29.

9) 윗글, 29.

10) Thoma Staubli, *Begleiter*, 138-139.

오경은 세상의 기원에서부터 모압 평지에서의 정착까지 이르는 사건들에 대하여 보고한다. 전체적인 틀에서 보자면, 먼저 창세기는 원역사(창 1–11장)에서 시작하여 족장사(창 12–36장) 그리고 요셉(37–50장) 이야기로 끝난다. 창세기는 '이스라엘 민족이 왜 이집트로 갔는지'(창 50:22–26), 왜 400년이 지난 다음에 출애굽을 했는지'(창 15:12–14)에 대한 이유를 보여준다. 출애굽기부터 신명기까지는 4권의 책으로 되어 있지만, 내용적으로 보면 다음과 같이 구분된다. 먼저 출애굽기 1장부터 출애굽기 18장은 시내산에 도착하기 전까지의 사건들을 다루고 있으며, 출애굽기 19장부터 레위기를 포함하여 민수기 10장까지는 시내산에서의 사건들을 보고한다. 특히 시내산에서의 율법수여는 오경에서 가장 중요한 사건으로, 율법수여 전까지 하나님의 계시가 '하나님과의 관계에 있어서 준비작업'이었다면, 시내산에서 하나님의 계시는 선민으로서 하나님과 명백한 계약(언약)관계가 되었다는 것을 의미한다. 민수기 11장에서부터 민수기 마지막 장까지는 시내산에서 출발하여 모압 평지까지의 여정이다. 오경의 마지막 책인 신명기는 모압 평지에서 광야생활의 종식과 그곳에서 한 모세의 설교 그리고 그의 죽음으로 마무리된다.

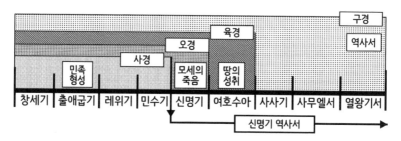

오경서술의 종결을 어디로 보느냐에 따라 여러 가지 가설들이 제

기된다. 첫째, 사경 가설은 아브라함과 하나님이 맺었던 계약(창 12:1-3, 땅과 자손)이 이미 창세기(창 21:1-7; 22:1-2)에서 완성되었으며, 창세기 이후의 사건들은 야곱의 12아들들이 출애굽과 광야생활을 통하여 한 부족에서 한 민족으로 완성되어 가는 과정을 보여주는 것으로 보고 창세기부터 민수기까지로 그 범위를 축소한다.[11] 신명기는 오경에 포함되는 것이 아니라 오히려 이스라엘의 부족시대(여호수아-사사기)에서부터 통일왕국(사울-다윗-솔로몬)시대 그리고 남북 분열(북이스라엘-남유다)시대를 거쳐서 마지막 남유다의 멸망까지 이르는 이스라엘 700년의 역사를 담고 있는 소위 신명기 역사서(das deuteronomistche Geschichtwerk: 여호수아 1장부터 왕하 25장까지)의 서론이다. 둘째, 육경 가설은 아브라함과 맺은 언약(창12:1-3)이 여호수아에서의 땅 정복으로 말미암아 확실하게 성취된다고 보아, 모세오경에다가 여호수아를 포함한다.[12] 마지막으로 성서의 역사적 관점에서, 아브라함부터 시작하여 신명기를 거쳐 열왕기하까지 이르는 전체 역사를 포함하는 구경 가설이 있다.[13]

---

11) M. Noth, *Überlieferungsgeschilchte des Pentateuch*, Göttingen, 31966; Reinhard G., Kratz, *Die Komposition der erzählendenBücher des Alten Testaments*, UTB2157, Göttingen, 2000, 304-313; S. Kreuzer[u.a.], *Proseminar I Altes Testament Ein Arbeitsbuch*, (Stuttgart, 2005).

12) G. v. Rad, "Das formgeschichtliche Problem des Hexateuchs". GSt,(Göttingen, 41971), 9 – 86.

13) H. J. Kraus, *Geschichte der historisch - kritischen Erforschung des AT*, 41988이 구경에 대한 논의는 단지 모세오경에만 국한된 것이 아니라 전체 이스라엘 역사가 아브라함으로부터 왕정까지 이어진다는 것을 전제로 한다. 그래서 이 가설은 신학적 용도가 아닌, 단지 성서에서 이스라엘 역사의 시작을 아브라함과 연결하려는 노력에서만 사용된다.

2장 / 오경

Ⅰ. 태고 이야기(창세기)

창세기: 오경의 첫 번째 책

창세기의 히브리성서의 명칭은 첫 단어인 בְּרֵאשִׁית(베레쉬트, "태초에")
이며, 그리스어 번역본인 70인역(LXX)과 라틴어 번역본 불가타(VUL)
는 창세기의 중심 내용인 '시작'과 '근원'을 의미하는 "게네시스[Genssis]"이다.

| 전체 구조

원역사	족장사			요셉	
	아브라함	이삭	야곱		
1-11장	12-25장	26장	27-36장	37장	39-50장

창세기는 구약성서 전체를 이해하는 데에 중요한 열쇠를 제공한
다. 창세기의 전체적인 구조는 위의 도표와 같다. 창세기의 첫 부분
인 원역사(창 1-11)는 모든 만물의 기원을 제시한다. 이 세상, 인간 그
리고 죄의 시작을 보여주는 원역사는 현재 우리의 상태의 기원론을
제공한다. 원역사에 이어, 족장사는 인류를 향한 하나님의 선택, 즉
이스라엘 민족의 기원에 그 초점이 맞춰진다. 족장은 자신의 혈족으
로 이루어진 부족의 수장으로서, 그 이야기는 창세기 12-36장까지
세 명의 인물을 통해 나타난다. 아브라함(12-25장), 이삭(26장), 야곱

(27-36장). 창세기의 마지막 인물인 요셉은 족장이 아닌 행정관으로서, 창세기와 출애굽기를 연결하는 인물이다.

여기에서 내용적인 구조를 더 자세하게 살펴보면, 족보라는 또 다른 유형을 보게 된다. 히브리어로 톨레도트[תולדות 족보][1]는 이야기의 단락을 끝맺거나 새로운 단락을 시작하는데 사용된다. 원역사의 족보는 모든 인류 역사를 보여주는 보편적인 족보로 하늘과 땅의 족보(창 2:4)에서부터 셈의 족보(11:10)까지 이어진다. 그 셈족에서 한 가족이 선택되면서, 셈의 족보(창 11:26)와 그와 동시에 원역사가 마무리된다. 창세기 11장 27절 이하는 하나님이 데라의 아들들(창 11:27-32) 중에서 한 아들을 선택하며 새로운 이야기가 시작된다. 데라의 아들 가운데 아브라함을 선택한 사건(창 12:1-3)은 하나님께서 그 한 사람을 통해 한 민족을 만들어 가시는 과정을 족보를 통해 보여준다. 아브라함에서 나온 족보는 두 민족의 족보로 나누어진다. 하나는 선민의 족보인 이삭과 야곱의 족보이고, 다른 하나는 선민이 아

---

1) 톨레도트는 히브리어 "야라드(낳다, 출생하다)"라는 단어에서 온 말이다. 즉, 이 단어는 족보를 통상적으로 지칭하지만 그러나 일반적인 가계와 혈통의 범위를 넘어서 민족 단위를 지칭할 때도 사용된다; J. Schreiner, תולדות, *ThWAT VIII,* (Stuttgart[u.a.], 1995), 571-577.

닌 이스마엘(Ismael)과 에서(Esau)의 족보다.[2]

1. 원역사 이야기(창 1-11장)

1.1. 원역사 구조

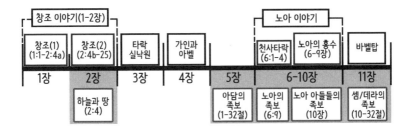

원역사는 앞서 언급했듯이, 두 가지 유형으로 구성되어 있다. 한편으로 이야기체로 두 개의 창조 이야기(창 1-2장), 타락(창 3:1-21)과 실낙원 이야기(창3: 22-24), 가인과 아벨 이야기(창 4:1~16), 천사의 타락 이야기(창 6:1~4), 노아의 홍수 이야기(창 6:5~9:29)에 이어 바벨탑 이야기(창 11:1~9)로 구성되어 있다.

다른 한편으로 족보로 원역사에서는 5개의 족보, 즉 하늘과 땅의 족보(창 2:4), 아담의 족보(창 5:1~32), 노아의 족보(창 6:9-10), 노아의

---

2) Tremper Longman III and Raymond B. Dillard, 박철원 역 『최신구약개론』 (크리스챤다이제스트, 2009), 68-69.

아들들의 족보(창 10:1~32) 그리고 셈의 족보(창 11:10~26)가 나온다. 가
인의 족보(창 4:17-26)는 문화 발흥과 함께 인류가 여러 갈래로 나누어
지는 것을 묘사하는데, 그 인류의 번성은 세상에 만연한 죄(창 6:5-8)
를 벌하시는 하나님의 심판으로 중단된다. 그러나 하나님께서는 홍
수심판 이후에 노아의 아들들(창 10:10-26)을 통해 다시 인류를 번성케
하신다. 마지막으로 데라의 족보(창 11:27-32)는 원역사의 마지막 종
착지인 아브라함을 향한다.[3]

1.2. 원역사 이야기

창조 이야기(창 1-2장)

창세기 1-2장은 두 개의 창조 이야기를 보고한다. 창세기 1장 1
절부터 2장 4a까지 묘사된 창조 이야기는 첫째 날부터 일곱째 날까
지 혼돈에서 질서로의 '세상 창조'를 보여준다. 두 번째 창조 이야기
는 창세기 2장 4b-25절에 나타난 인간 창조와 인간의 창조적인 행
위를 묘사한다. 이 두 개의 창조 이야기는 상호보완적이다. 즉, 첫
번째 창조 이야기(창1:1-2:4a)는 한 단계, 한 단계 예를 들어, 첫째 날
부터 셋째 날까지는 공간(낮과 밤, 하늘과 바다, 땅) 창조를 넷째 날부터 여
섯째 날까지는 그 공간에서 살 수 있는 각종 종류의 짐승들과 초목
들의 창조과정을 묘사하는데, 그 안에서 인간 창조(창 1:26-28)는 세

---

3) G. J. Weham, 박대영 역, 『모세오경』, 성경이해 3 (성서유니온선교회, 2007), 43-44.

상 창조의 한 부분으로 묘사되어 있다. 반면에 두 번째 창조 이야기(창 2:4b-25)에는 세상 창조보다는 인간 창조에 관해 더 많이 보고하고 있다. 두 번째 창조 이야기는 다양한 방법으로 제시된다. 인간이 거주할 장소인 에덴동산의 창설 이야기(창 2:8-15), 에덴 동산의 금기인 선악과 이야기(창 2:16-17), 아담의 돕는 자인 하와의 탄생과 아담이 동물의 이름을 명명하는 이야기(창 2:18-25).

　　창조 이야기의 핵심적인 구절들은 창세기 1장 1-2절과 인간 창조 구절인 1장 26-28절과 2장 7절이다. 우선 창세기 1장 1절을 살펴보자.

　　　　"태초에 하나님이 하늘과 땅을 창조하셨다.
　　　　땅은 혼돈하고 공허하며, 어둠이 깊음 위에 있고,
　　　　물 위에 움직이고 있는 하나님의 영이 있다."(창 1:1-2)

　　이 두 구절은 기독교 신앙에서 가장 중요한 선포이자 신앙고백으로 창조주와 피조물의 한계를 표현하고 있다. 이 구절들이 담고 있는 것은 성서 전반에서 계속 선언되는 바, 오직 이 세상의 창조주는 하나님뿐이시고, 그 외에 모든 만물은 피조물이라는 것이다. 따라서 그 무엇도 그 어떤 경우에도 하나님 외에는 신이 있을 수도 또한 될 수도 없다는 유일신론적 선언이다.

　　두 번째로 살펴볼 구절은 창세기 1장 26-28절과 창세기 2장 7

절이다. 전자는 아담[4]의 외형적·내형적 모습(imago Dei: [צלם 첼렘])[5]을 통해 하나님과의 유사성을 이야기하고(창 1:26-28), 후자는 인간을 창조하는 데에 사용된 재료의 특수성을 알려준다.(창 2:7: 아파르와 니쉬마트 하임)

26 "하나님이 이르시되 우리의 형상[צלם 첼렘]을 따라

우리의 모양[דמות 데무트]대로 우리가 사람을 만들고

그들에게 바다의 물고기와 하늘의 새와 가축과 온 땅과 땅에

기는 모든 것을 다스리게 하자" 하시고

27 하나님이 자기 형상 곧 하나님의 형상대로 사람을 창조하셨으며,

남자와 여자를 창조하시고

28 하나님이 그들에게 복을 주시며 하나님이 그들에게 이르시되

"생육하고 번성하여 땅에 충만하라, 땅을 정복하라,

바다의 물고기와 하늘의 새와 땅에 움직이는 모든 생물을 다스리라!

하시니라."(창1:26-28).

7 "여호와 하나님이 땅의 흙[עפר 아파르][6]으로 사람을 지으시고

---

4) 아담은 구약성서의 첫 번째 책인 창세기의 원역사에 등장하는 최초 인간이다. 히브리어 아담은 단수명사지만 집합명사로 '사람(인간 전체)'을 의미하기도 한다. 창세기 2장 7절은 땅이라는 의미의 아다마(adamah)와 아담(adam)을 동일선상에 배치시킴으로써 인간의 근원이 '흙'임을 강조하고 있다. 그러나 두 번째 창조 이야기(창 2:4a-16)에서 이 단어는 인간을 의미하는 일반명사에서 한 개인의 이름, 즉 고유명사로 나타난다. 결국 아담은 고유한 개체로서의 한 개인을 지칭하는 고유명사를 의미한다.(창 4:25) F. Maass, אדם, ThWAT I, (Stuttgart[u.a.], 1973), 94-81.
5) '하나님의 형상'이라고 할 때, 형상은 히브리어로 "첼렘"이다. 첼렘은 보이지 않는 영적인 부분을 의미하는 것이 아니라 오히려 영과 육이 결합된 인격적 존재를 말한다. 김재진, 『성경의 인간학』, 한국신학총서 16, (예영커뮤니케이션, 2007), 43-44.
6) 아파르는 원래 '흙'보다는 '먼지, 혹은 티끌'을 의미하는 것으로써 흙에서 나오는 어떤 원소를 가리킨다. 참조, L. Wächter, עפר, ThWAT VI, (Stuttgart[u.a.], 1989), 275-284.

생기[נשמת חיים 니쉬마트 하임]를 그 코에 불어 넣으시니

사람이 생령[נפש חיה 네페쉬 하야]이 되니라."(창 2:7)

이 구절들은 구약성서의 인간이해를 보여준다. 이 구절들 가운데, 주목해야 할 부분은 첫째, "하나님의 형상"(Imago Dei)이다. 하나님 형상과의 유사성은 하나님에게 있는 창조 능력이 인간에게 부여된 "창조적인" 특징[7]과 유사하다는 것이다. 이 창조 능력은 "땅을 정복하고 다스리라"(창 1:28)는 명령을 통해 구체화된다. 그 명령은 인간이 자연을 제멋대로 사용해도 된다는 것을 의미하지 않는다. 오히려 자연을 경작하고 보호하고 가꾸고 돌보는 것을 의미한다. 둘째, 흙으로부터 나온 "아파르[עפר 흙의 원소]"라는 원재료이다. 이 단어는 구약성서에서 대체로 죽음(욥 14:8)과 허무함을 의미한다. 결국 아파르로 만들어진 인간은 필연적으로 죽음이 동반된 삶을 산다. 셋째, "하나님의 숨 [נשמת חיים 니쉬마트 하임]"이다. 니쉬마트 하임은 인간이 자신에 대해 자각하고 어떤 대상을 지각할 수 있는 능력을 의미한다. 인간은 하나님의 숨을 통해 생각할 수 있고, 도구를 사용할 수 있으며, 타인을 향해 연민을 느낄 수 있으며, 하나님을 사랑할 수 있다.[8] 마지막으로 '창조' 이야기는 하나님과 인간을 '창조주'와 '피

---

7) 창조적인 특징은 인간의 고유함을 나타낸다. 즉, 생각하고, 상호간에 소통을 통해 서로 미워할 수도 또는 서로 축복할 수 있는 능력을 말한다. 또한 혼자서 살아가는 것이 아닌 더불어 살아가는 특징을 말한다; F. J., Stendebach, צלם, ThWAT VI, (Stuttgart [u.a.], 1989), 1046- 1055.

8) 단어 네샤마[נשמה]는 구약성서에서 24번 나온다. 그 중에서 '생명[חי 하이]를 의미하는 단어와 결합한 곳은 단지 두 구절(창 2:7; 7:22)이다. 이 복합어의 본래 의미는 '살아 있는 존재'지만 보다 확장된 의미는 자신을 자각할 수 있고 어떤 대상을 지각을 할 수 있는 존재를 의미한다. 니쉬마트 하임(하나님의 숨)은 모든 인간의 코에 불어넣어졌기 때문에 상호간의 관계에서 생명을 취하는 행위는 창조 질서의 파괴를 의미한다; H., Lamberty-Zielinski, נשמה, ThWAT V, (Stutt-

조물'이라는 분명한 선을 제시하고 있는 반면에 다른 한편으로 모든 인간은 하나님의 형상으로 평등하게 창조되었음을 선언한다. 모든 인간이 평등하게 창조되었다는 것은 누구든지 타인을 압제하고 억압할 수 없다는 것을 의미한다. 또한 인간은 서로에게 비교의 대상이 아니라는 것을 의미한다. 따라서 인간은 서로 존중해야 할 의무가 있다. 인간이 하나님의 형상으로 창조되었다는 것으로서, 모든 인간은 존엄한 존재이다. 인간이 우월감이나 열등감에 빠져 타인을 자신과 비교하거나 타인을 억압하고, 살해하는 것은 결국 하나님을 존중하지 않는 행위이다. 그러므로 창조 이야기는 하나님과 인간 사이의 확실한 구분과 하나님의 형상으로 창조된 인간의 존엄성과 더불어 인간관계의 평등함을 제시하고 있다.[9]

타락과 실낙원 이야기(창 3장)

창세기 3장은 사람들이 현재 서로를 비방하고, 억압하고, 착취하며 살게 된 근본적인 원인을 제공한다. 창세기 3장의 타락과 실낙원 이야기를 세분화하면 다음과 같다. 뱀의 유혹(창 3:1-5)과 뱀의 유혹에 넘어간 아담과 하와(창 3:6-7), 하나님의 낯을 피하는 아담과 하와(창 3:8), 선악과 사건으로 인한 하나님의 분노와 그에 따른 벌을 부여받은 뱀과 아담과 하와(창 3:9-21), 낙원에서 쫓겨나는 아담과 하와(창 3: 22-24).

gart[u.a.], 1986), 669-673.
9) 강영선, 『성서 이야기 한마당』 (대한기독교서회, 72008), 57-58.

창세기 3장에 나오는 타락 이야기에서 가장 핵심적인 구절은 인간을 유혹한 뱀의 말인 3:5절이다.

> "너희가 그것을 먹는 날에는, 너의 눈이 밝아져,
> 하나님과 같이 되어 선악을 알 줄 하나님이 아신다."(창 3:5)

아파르로 창조된 인간은 항상 죽음을 곁에 두고 살기에 스스로를 '신과 같지 않은 존재'로 여겼을 것이다. 뱀의 유혹은 바로 이 불완전함을 자극하는 말이었다. '하나님과 같이 된다'는 뱀의 말은 그 어떤 말보다 인간에게 달콤하게 다가왔을 것이다.(창 3:6) 인간은 자신의 불완전함을 없애기 위해 선악과를 먹었고, 그 결과 신과 같이 초월적인 존재가 되었다고 착각하게 된다. 그 착각은 인간 상호간에 존엄성을 없애고, 서로를 끝없이 비교하게 만든다. 선악과를 먹은 인간은 하나님과의 관계를 상실하게 되었고(창 3:8-10), 서로를 사랑하며 돌보는 대신에 서로에게 죄에 대한 책임을 전가함(창 3:12-13)으로써 인간 관계(창 3:7)뿐만 아니라 자연 관계도 악화시켰다.(창 3:17) 인간은 이제 정신적으로나 육체적으로 끊임없이 고통 속에서 살아가게 된다.(창 3:18-10)

이러한 많은 변화 중에서 가장 중요한 변화는 "하나님과의 관계를 상실한 것"(창 3:8-10)이다. 하나님과 인간 사이의 관계가 단절되었다는 것은 인간 상호간에 관계의 파괴를 의미하며, 수치심을 느끼며(창 3:7), 책임을 전가하는(창 3:12~13) 데까지 나아간다. 또한 이 관계의 상실은 자연과의 단절까지 확장된다. 자연은 인간을 위해 더이상 좋은 열매를 맺지 않으며(창 3:17), 인간은 자연을 더이상 '창의적으로 경작하고 보호하고 돌보지' 않는다. 끊임없이 인간들은 자신을 위해 자연을 착취하고 이용한다. 이러한 변화는 앞으로 하나님과 인간, 인간과 인간 그리고 인간과 자연의 관계가 어떻게 될 것인가를 단편적이지만 명확하게 보여준다. 창세기 3장 이후의 원역사 이야기인 가인과 아벨 이야기, 노아의 홍수 이야기 그리고 바벨탑 이야기는 이러한 죄의 확장을 보여준다.[10]

마지막으로 창세기 3장 22-24절은 에덴 동산에서 쫓겨난 인간을 묘사한다. 아마도 아담의 행복은 하와를 만난 것도, 풍족한 동산에서의 편안한 삶도 아니었을 것이다. 그에게 있어서 최대 행복은 에덴 동산에서 하나님을 만나는 것이었다.[11](창 3:8) 인간에게 있어 실낙원은 에덴이라는 장소에서 쫓겨난 것만이 아니라 하나님과 만남의 관계가 깨져 버렸음을 의미한다. 그 이후로 인간은 그 만남 속에서 느꼈던 행복을 되찾기 위해 애쓰지만, 늘 허전하고 공허한 자신을 발견한다. 인간들은 항상 자신이 잃어버린 에덴을 찾기 위해 방황한다. 이어지는 원역사 이야기들은 낙원에서 쫓겨난 허무함을 달래기 위해 고군분투하는 인간의 모습들을 묘사하고 있다.

---

10) 이용호/조갑진, 『성서의 이해』, (서울신학대학출판부, 22019), 45-47.

11) 창 3:8절의 '동산을 거니시는 하나님'이라는 묘사는 하나님의 반복적인 행위를 보여준다. 히브리어에서 그 단어는 מתהלך בגן 미트할레크 바그간 이다. 여기에서 '걷다'의 의미를 담고 있는 할라크[הלך]동사의 히트파엘 분사형은 상태를 표시하는 기능을 가지며, 또한 계속적이고 반복적인 행위를 제시한다. 즉, 이 의미는 하나님이 동산에 인간이 타락한 이후에만 오신 것이 아니라 오히려 계속적으로 동산에 와서 아담과 거느시며 교제했다는 것을 의미한다; W. Gesenius/E. Kautsch/G. Bergstraesser, 신윤수 역, 『게제니우스 히브리어 문법』, (비블리아 아카데미아, 2003), G-K, 118.

가인과 아벨 이야기(창 4장)

창세기 4장의 가인과 아벨 이야기는 가인과 아벨이 하나님께 제물을 드렸지만 하나님이 아벨의 제물만을 받으시자 이에 화가 난 가인이 자신의 아우를 살해한다는 내용을 담고 있다. 가인과 아벨 이야기의 핵심구절은 창세기 4장 6-7절이다.

> 6 "야훼께서 가인에게 이르시되,
> "네가 분하여 함은 어찌 됨이며 안색이 변함은 어찌됨이냐?"
> 7 "네가 선을 행하지 아니하면 죄가 문에 엎드려 있느니라.
> 죄가 너를 원하나, 죄를 다스릴 지니라."(창 4: 6-7)

가인과 아벨 이야기는 인류의 죄가 가족에서 시작했음을 보여준다. 왜 하나님은 가인의 제사를 받지 않으셨을까? 하나님이 가인의 제물을 열납하지 않았기 때문에, 가인이 아벨을 죽였다면, 어느 정도 이 살인에 대한 책임을 하나님께 물을 수 있지 않을까? 그러나 창세기 4장은 선행된 창조, 타락 그리고 실낙원 이야기와 관련해서 이해해야만 한다. 감정적으로 분노를 다스리지 못하는 것은 아담의 타락으로 인한 결과이다. 선과 악에 대한 판단은 이제 하나님에게서 인간 자신의 몫으로 여기게 된 것이다. 야훼가 원한 것은 죄를 다스리는 것이었는데, 인간은 죄를 다스릴 수 없는 존재가 되어버렸다.

하나님이 인간을 창조하실 때, 모든 인간은 하나님 앞에서(Coram

Deo) 평등한 존재였지만, 죄로 인해 인간은 서로 이용하고 착취하고 억압하는 불평등한 관계가 되어버렸다. 가인이라는 한 개인의 죄악이 이후에 얼마나 깊어질 수 있는지 창세기 4장 23-24절에서 알 수 있다. 라멕은 다음과 같이 고백한다. "가인을 위하여는 벌이 칠 배일진대 라멕을 위하여는 벌이 칠십칠 배이리로다."(창 4:24) 결국 창세기 4장은 아담과 하와의 불순종이 어떻게 인류 가운데 확대되는지를 보여준다. 4장의 마지막 부분은 셋의 탄생을 보고한다.(창 4:25)

노아의 홍수 이야기(창 6-9장)

창세기 6장 1-4절에서는 사람의 딸들과 하나님의 아들들의 결합에 관한 신화적인 이야기가 언급되는데, 문맥상 성과 속의 혼탁함을 통해 죄의 결과를 하늘과 땅이라는 모든 영역으로 확대하는 듯하다. 이는 자연스럽게 죄가 관영하는 세상의 상황을 마련해 준다.

고대 근동 설화 중에도 홍수 이야기가 나오는데, 그 이야기에서 홍수가 신의 불편함(수면 방해, 성가심 등)에서 비롯된 것이라면, 구약성서에서는 인간의 죄로 말미암아 발생한다. 여기에서 인간의 죄는 종교적인 측면보다는 명백하게 인간과 인간 사이의 관계적인 측면을 의미한다. 가인이 행한 죄, 라멕이 행한 죄보다 더 만연하게 된 죄의 모습을 창세기 5장 5절에서 보여준다. "마음으로 생각하는 모든 계획이 항상 악하다." 이제 하나님은 죄악이 가득한 세상을 보시고 물로 세상을 심판하시기로 작정하신다. 그러나 하나님께서는 인류를 구원하기 위해 한 사람, 노아를 선택하신다. 성서는 노아를 '의인'으로

평가하는 동시에 하나님과 동행했다는 것을 강조한다.(창 6:9) 하나님
은 노아에게 홍수를 대비해 방주를 만들라고 말씀하시고(창 6:14-20),
노아는 하나님의 말씀에 따라 방주를 짓는다.

　창세기 7장은 홍수가 사십 주야로 내려(창 7:10) 모든 산을 덮고(창
7:11-20), 그로 인해 숨쉬는 모든 것의 멸망한 사건(창 7:21-24)들을 서
술해 나간다. 하나님께서는 지면에서 숨쉬는 모든 것을 물로 쓸어버
렸으나, 방주에 있던 자들과 짐승들에게는 은혜를 베푸신다.

　창세기 8장은 땅을 덮었던 물이 천천히 감하는 것을 보고한다.
땅 위에 바람이 불고, 비가 그쳤으며 방주는 아라랏산에 머물렀다.(창
8:1-5) 노아는 방주의 창문을 열어 까마귀와 비둘기를 통해 물의 감함
을 확인한 후 하나님의 말씀을 듣고 방주에서 나온다.(창 8:19) 노아
는 방주에서 나온 후에 하나님께 제단을 쌓아 제사를 드렸고 하나님
은 노아의 제사를 기꺼이 받으시고 다음과 같이 결심하신다.

21 여호와께서 그 향기를 받으시고 그 중심에 이르시되

"내가 다시는 사람으로 말미암아 땅을 저주하지 아니하리니,

이는 사람의 마음이 계획하는 바가 어려서부터 악함이라.

내가 전에 행한 것 같이 모든 생물을 다시 멸하지 아니하리니

22　땅이 있을 동안에는 심음과 거둠과 추위와 더위와 여름과 겨울과

낮과 밤이 쉬지 아니하리라."(창 8:21-22)

　창세기 9장에서 하나님은 다시는 홍수로 땅을 멸하지 않겠다고
약속하셨고(창 9:11), 무지개는 그 언약의 증거가 된다.(창 9:14-17) 이

언약은 심판 이후의 참담한 상황에서 다시 새 창조로 나아갈 새로운 관계의 회복을 의미한다. 즉, 심판이 지난 후에 심판의 말씀이 생명의 말씀으로 변하고, 생명의 말씀은 다시 언약의 말씀으로 변한다. 그리고 언약의 말씀은 다시 새 창조로 돌아간다.

> "하나님이 노아와 그 아들들에게 복을 주시며 그들에게 이르시되
> 생육하고 번성하여 땅에 충만하라."(창 9:1; 참조 창 1: 22)

창세기 9장 18절 이하는 세 아들에 대한 노아의 저주와 축복에 관한 것으로, 함의 행동으로 인하여 노아는 자신의 자식들이 후에 지배하는 민족과 지배받는 민족으로 갈등을 겪는다고 진술한다.(창 9:25)

바벨탑 이야기(창 11:1-9)

바벨탑 이야기는 타락의 정점을 보여주면서 원역사를 마무리하는 역할을 한다. 그 이야기의 핵심구절은 바로 4절이다.

> "탑 꼭대기를 하늘에 닿게 하자!"(창 11:4)

인간의 죄는 신과 같이 되고자 하는 불순한 마음에서부터 시작된다.(창 3:6) 바벨탑을 쌓아 자신들의 이름을 내고자 하는 행위도 마찬가지로 신과 같이 되고자 하는 것(창 3:5)과 연관된다. 아담이 선악

과를 먹은 후에 눈이 밝아져 신과 같이 되었다는 착각은 이제 바벨 탑을 공고히 쌓아 하늘까지 도달하려는 행위로 구현된다. 그러나 그 일은 인간에게 참혹한 결과를 가져왔다. 인간은 혼잡해진 언어로 인해 소통이 불가능해졌고(창 11:7), 온 지면으로 흩어지게 되었다.(창 11:8)

고대의 인간은 최고의 건축물로 신이 되고자 하였고, 그러한 행위는 신에 대한 도전으로 간주되었다. 오늘날 우리의 모습도 이와 유사하지 않을까? 무엇인가를 이루어 '이름을 내고자 하는 행위'가 하나님의 영역을 범한다면, 그것은 하나님을 향한 도전이다.[12]

1.3. 데라의 족보(창 11:10-32)

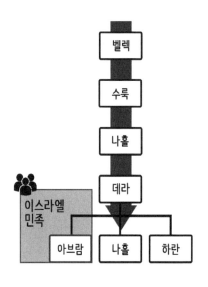

홍수 이후 노아와 세 아들들을 통해 인류는 다시 생육하고 번성하기 시작한다. 왜냐하면 하나님이 창조 때 아담에게 하신 명령(창 1:28)을 노아에게 다시 말씀(창 9:1, 7)하셨기 때문이다. 술취한 노아와 그에게 행한 세 아들의 태도로 셈은 노아의 후계자가 된다.(창 9:20–29) 따

---

12) 이용호/조갑진, 『성서의 이해』 (서울신학대학 출판부, 22019), 54.

라서 창세기 11장의 족보는 셈에서 데라까지 이어진다.(창 11:27-32) 그리고 하나님은 데라의 아들들 가운데 아브람을 선택하시고 그를 통해 이스라엘 민족을 세우고자 하신다. 우리는 이제 데라의 족보를 시작으로 보편적인 역사에서 이스라엘 역사로 진입하게 된다.

2. 족장사 이야기(창 12-36장)

2.1. 족장사 구조

족장사		
아브라함	이삭	야곱
12-25장	26장	27-36장

하나님이 개인을 통해 구원의 역사를 보여주는 것이 바로 족장시대의 이야기이다. 족장사 이야기는 데라의 아들들 가운데 자식이 없는(창 11:30) 아브람으로 시작되는데, 그는 하나님 선택으로 말미암아 이스라엘 민족의 첫 시조가 된다.[13] 하나님이 아브람과 맺은 언약(창 12:1-3)은 이후 족장들인 이삭과 야곱으로 이어질 뿐만 아니라 이후 오경을 관통하는 역할을 한다.

---

13) 이용호 · 조갑진, 『성서의 이해』, 59.

2.2. 족장사 이야기

2.2.1. 아브라함 이야기(창 11:24-25:11)

아브라함 이야기 구조

아브라함의 모든 이야기는 창세기 12장 1-3(참조:4-9절)절에서 나타난 하나님의 약속과 밀접하게 연관된다. 하나님은 갈대아 우르에서 하란으로 이주(창 11:31)한 데라의 아들들 가운데 아브람에게 나타나 말씀하신다.

여호와께서 아브람에게 이르시되
"너는 너의 고향과 친척과 아버지의 집을 떠나 내가 네게 보여줄 땅으로 가라
내가 너로 큰 민족을 이루고 네게 복을 주어 네 이름을 창대하게 하리니
너는 복이 될지라."(창 12:1-2)

이 약속의 말씀은 직접적 또는 간접적으로 아브라함 삶과 관련되며, 하나님과의 지속적인 만남을 통하여 더 크고 넓게 발전한다.

그것이 의미하는 바는 첫째, 그 약속(창 12:1-2)이 아브라함에게만 국한되는 것이 아니라 세대와 세대를 거쳐 내려간다는 것이다. 즉, 그 약속은 아브라함(창 12:1-2)으로부터 이삭(창 26:2-5, 특히 4절)을 넘어서 야곱(창 35:9-15)으로 이어진다. 또한 더 넓은 의미에서, 오경을 넘어서 여호수아까지 이어진다. 둘째, 그 약속은 아브라함의 위태로운 믿음 가운데서도 여전히 확장된다는 것이다. ① 땅과 자손의 약속(창 12:1-3) - ② 약속의 확장(I): 동서남북의 땅, 티끌과 같은 자손(13:14-17) - ③ 약속의 확장(II): 하늘의 별과 같은 자손(15:3-7) - ④ 약속에서 언약으로: 민족의 아버지와 열왕의 왕(17:4-8, 19-20) - ⑤ 언약의 1차 성취(이삭의 출생:창 21:1-7) - ⑥ 이삭 제물(아브라함 신앙의 완성).

| 아브라함의 생애(창세기 12-25장)

창세기 12장부터 시작되는 아브라함의 생애는 현재를 살아가는 우리와 크게 다르지 않다. 그는 하나님의 약속의 말씀(창 12:1-3)을 듣고 하란에서 가나안으로 조카 롯과 함께 이주한다.(창 12:4-5) 가나안 땅에서 그의 첫 정착지는 세겜 땅 모레 상수리나무였고, 그는 그곳에서 하나님께 제단을 쌓는다.(창 12:6-7) 벧엘과 아이 사이에 다시 정착한 아브라함은 기근으로 인해 이집트로 향하게 된다.(창 12:10 이하) 아브라함이 약속의 땅을 떠나 이집트에 가자마자 첫 조상모의 위기가 일어나지만(창 12:11-15) 하나님의 권능의 힘으로 말미암아 아브라함은 그 위기에서 벗어나게 된다.(창 12: 17-20)

창세기 13장의 주요 이야기는 벧엘과 아이 사이에 장막을 친 아브라함과 조카 롯 사이에 소유권 분쟁(창 13:7)에 관한 것이다. 아브라함은 조카 롯보다 먼저 좋은 땅을 택할 수 있었지만 조카인 롯에게 선택권을 양보한다.

"네가 좌하면 나는 우하고, 네가 우하면 나는 좌하리라."(창 13:9)

롯은 물이 풍족한 요단 온 지역을 택하지만 결국 하나님 앞에 악한 소돔 땅에 정착하게 된다.(창 13:10-13) 눈에 보기에 좋은 롯의 선택은 13절(여호와 앞에 악하며 큰 죄인이었더라)을 통해 어리석은 선택이었음을 보여준다. 반면에 아브라함은 하나님의 약속을 다시 재확인을 받게 되는데, 그 약속은 처음보다 더 구체적으로 제시된다.

롯이 아브라함을 떠난 후에 여호와께서 아브람에게 이르시되
"너는 눈을 들어 너 있는 곳에서
북쪽과 남쪽 그리고 동쪽과 서쪽을 바라보라
보이는 땅을 내가 너와 네 자손에게 주리니 영원히 이르리라
내가 네 자손이 땅의 티끌 같게 하리니
사람이 땅의 티끌을 능히 셀 수 있을진대 네 자손도 세리라."(창 13:14-16)

땅과 자손에 대한 약속(창 12:1-3)은 이제 눈으로 확인할 수 있는 사방의 땅과 땅의 "티끌"을 통해 구체화된다.

창세기 14장은 요단 저지대의 다섯 국가 왕들이 메소포타미아 지역의 왕들에게 반기를 든 사건으로 시작한다.(창 14:1-4) 이 사건으

로 롯은 메소포타미아 왕들에게 사로잡히지만, 아브라함은 자신의 집에서 훈련된 삼백십팔 명과 함께 단까지 가서 치고 다메섹 왼편 호바까지 쫓아가 조카 롯과 빼앗긴 모든 것을 다시 찾아온다.(창 14:12-16) 이 이야기 가운데 가장 특이한 점은 돌아오는 길에 소돔 왕과 살렘 왕이 아브라함을 영접했다는 것이다. 그 중에서 아브라함은 살렘 왕 멜기세덱에게 자신의 전리품 중에 십분의 일을 드리는데(창 14:20), 이러한 전승은 야곱에게 다시 나타난다.(창 28:22)

창세기 15장의 이야기는 위의 사건이 있은 후에 어느 정도의 시간이 경과한 것 같다. 아마도 시간이 지나면서 하나님의 약속은 아브라함에게 실망으로 바뀌었을지도 모른다. 이는 그가 자신의 상속자로 다메섹 사람 엘리에셀을 하나님에게 제안하는 모습 속에서 발견할 수 있다.(창 15:2) 그러나 하나님은 이런 아브라함의 제의를 거절하고, 세 번째로 그 약속을 확증하신다.

> "하늘을 우러러 뭇 별을 셀 수 있나 보라!"
> 또 이르되 "네 자손이 이와 같으리라."(창 15:5)

하나님은 이제 자손에 대한 약속을 "별"을 통해 확증하신다. 아브라함은 다시금 자손에 대한 하나님의 약속을 믿는다. "아브람이 야훼를 믿으니, 야훼께서 이를 그의 의로 여기시고."(창 15:6) 하나님이 별과 같은 자손을 주신다는 약속을 믿은 아브라함은 하나님의 또 다른 약속인 땅에 대한 보증을 원한다.(창 15:8) 하나님은 그의 요구에 응답하신다. 날이 저물자 타는 횃불이 아브라함이 드린 제물 사이로 지나가고, 그날에 하나님은 아브라함과 언약을 맺으신다.(창 15:17-18) 하지만 아브라함이 제물 중에서 제일 작은 제물인 새를 반으로 쪼개지 않은 실수(창 15:1)를 한다. 왜냐하면 고대 근동에서 약속을 행하는 의식은 짐승의 반을 갈라야 성립되기 때문이다. 이 실수 때문에 미래에 아브라함 후손이 겪을 고난이 예고된다.(창 15:13)

하나님이 제물 사이로 지나가심으로 자신의 약속에 대해 보증해 주셨음에도 불구하고, 아브라함은 창세기 16장에서 하갈을 통해 그의 나이 86세에 이스마엘을 얻는다. 16장에 나타난 사라와 그의 종이었던 하갈의 다툼은 단순한 본처와 후처 간의 갈등이 아니라 아브라함 자손의 확장을 의미한다. 이러한 확장은 동시에 하나님 약속의 확장성을 보여준다.

이삭의 탄생 전에, 세 번째 약속의 확장(창 17:4-8, 19-20)을 창세기 17장에서 만난다. 이때 아브라함의 나이는 99세였다. 하나님은 아브라함에게 중요한 요구를 한다.

"나는 전능하신 하나님이라, 너는 내 앞에서 완전하라."(창 17:1)

이 말씀 후에 아브람은 아브라함, 즉 여러 민족의 아버지이라는 이름을 받게 되고(창 17:5), 아브라함과 맺은 언약은 시공간을 초월한 '영원한 언약'(창 17:7)으로 바뀌게 된다. 아브라함의 아내인 사래도 사라, 즉 여러 민족의 어머니로 불리게 된다.(창 17:5, 15) 하나님이 아브라함이라는 이름을 주신 것은 첫째, 아브라함의 인생이 새로운 삶의 단계로 나아가는 것을 의미하며, 그가 하나님에게 전적으로 귀속되었음을 의미한다.[14] 둘째, 고대 근동에서 지도자의 이름이 변경되는 것은 '왕위 등극식'을 의미한다.[15] 이 의미는 신분의 변화를 의미한다. 아브라함이 여러 민족의 아버지가 되었다는 것(창 17:5)은 아브라함에게 여러 민족들과 왕이 나오게 되고, 그와 맺은 언약은 그의 후손 사이에 세워 아브라함의 후손들에게도 하나님이 되시겠다(창 17:7)는 것이다. 이것이 계약 갱신의 내용이고 할례는 이러한 계약의 표징이다.(창 17:11) 이름을 통한 하나님 백성의 귀속과 할례를 통한 하나님 백성의 구별이 형성된다.

17장 후반부에 묘사되어 있는 중요한 주제는, "99세를 산 인간의 경험과 하나님의 전능성의 격돌"이다. 경험상 그리고 물리적으로도 자녀를 수태하고 출산할 수 없다고 생각하는 아브라함과 사라는 대안으로 다시 이스마엘을 내세운다.(17:18) 그러나 하나님은 다음 해에 자식의 수태할 것이라고 고지하며 그 아이의 이름을 '이삭'이라고 정해준다. 아브라함의 믿음은 상황에 따라서 흔들리지만, 그럼에도 불구하고 그의 기본적 믿음이 확고하다는 것은 '할례의 행함'(창 17:23-27)을 통하여 나타난다.

창세기 18-20장은 이삭이 출생(창 21장)하기 전에 일어난 3개의

---

14) 강영선, 윗글, 79.

15) C. Westermann, *Genesis*, BK I/1, (Neukirchen-Vluyn, 21976), 17, 127, 314.

큰 사건을 다룬다. 이삭의 출생 고지(창 18장), 소돔과 고모라 멸망(창 19장), 두 번째 조상모의 위기. 그 첫 번째는 창세기 17장 17-19절과 유사한 방식으로 아브라함과 사라에게 이삭의 출생이 고지되는 사건이다.(창 18:1-15) 아브라함과 사라는 노쇠한 자신들의 모습을 보았고, 사라는 이에 실소한다.

> "야훼께서 능하지[פלא파알] 못한 일이 있겠느냐?
> 기한이 이를 때에 내가 네게로 돌아 오리니
> 사라에게 아들이 있을 것이다."(창 18:14)

창세기 18장 14절은 사라의 웃음에 대한 하나님의 답변이다. 특히 히브리어 단어 '신기하다' 또는 '특이하다'를 의미하는 동사인 파알[פלא]은 야훼가 주어 또는 의미상의 주어일 경우, 다음과 같은 의미를 담고 있다. 첫째, 야훼는 인간이 불가능이라 여기는 것을 가능하게 하신다. 둘째, 야훼가 하는 일은 기묘하기에 인간의 이성이나 경험 그리고 상식으로 헤아릴 수 없다.[16] 그러므로 우리는 인간의 이성이나 경험으로 하나님의 생각과 계획을 온전히 헤아릴 수 없다는 사실을 기억해야만 한다.

두 번째 사건은 창세기 19장에서 나온 소돔과 고모라의 멸망사건이다. 아브라함은 소돔과 고모라를 위한 중재자(창 18:23-33)로 나

---

16) J. Conrad, פלא, *ThWAT VI*, (Stuttgart[u.a.], 1989), 573.

오지만 소돔과 고모라의 죄악이 하늘에 닿을 만큼 가득했고(창 19:1-23), 결국 멸망하게 된다.(창 19:24) 소돔과 고모라의 멸망으로 인하여 모든 것을 잃은 롯의 가문은 근친상간을 통하여 모압과 암몬 족속이 발생하는 원인이 된다.(창 19:30-38)

창세기 20장은 이삭이 탄생하기 전에 또 한 번 아브라함과 그의 자손에 대한 위기가 닥쳐온다. 창세기 12장에서 자신의 목숨 때문에 아내를 이집트에 판 것과 동일하게, 가나안 땅에서 그랄 왕 아비멜렉에게 동일한 실수를 한다.(창 20:1-18) 믿음의 조상이라는 아브라함도 역시 우리들과 같은 사람이라는 것을 우리는 알아야 한다.

창세기 21장이 아브라함과 하나님의 약속 중에서 이삭을 통해 자손의 성취에 대한 시작을 알리는 것이라면, 창세기 22장은 아브라함의 믿음의 정점을 보여준다. 하나님께서는 다음과 같은 명령을 통하여 아브라함을 시험하신다.

"여호와께서 이르시되 네 아들 네 사랑하는 독자 이삭을 데리고
모리아 땅으로 가서 내가 네게 일러준 한 산 거기서 그를 번제로 드리라."(창 22:2)

아브라함은 조금도 지체하지 않고 그 명령에 순종했다. 100세에 난 귀중한 자식의 가치와 하나님의 가치를 저울질하지 않고 순종한 아브라함을 향해 하나님은 말씀하신다.

사자가 이르시되

"그 아이에게 네 손을 대지 말라 그에게 아무 일도 하지 말라!"

"네가 네 아들 네 독자까지도 내게 아끼지 아니하였으니,

내가 이제야 네가 하나님을 경외하는 줄을 아노라!"

......

그리고 그 땅의 이름을 '여호와 이레'라 하였으므로(창 22:12, 14)

아브라함의 죽음을 보고하는 창세기 25장 5–11절까지 4개의
이야기들이 간략하게 제공된다. 첫 번째는 나홀의 족보(창 22:20–24)
를 통해 아브라함에서 이삭의 이야기로 전환된다. 이 족보는 24장
에 나오는 이삭의 결혼을 염두해 두고 있다. 이는 이삭의 아내 리브가
가 아브라함의
동생 나홀의 아
내 밀가의 아들
브두엘의 소생
이 기 때 문 이
다.(창 24:15) 두
번 째 이 야 기 는

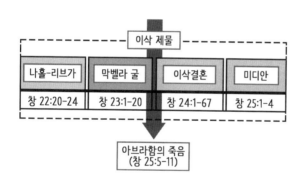

막벨라굴(창 23:1–20)의 매입이다. 사라가 죽은 후에 아브라함은 헷 족
속에게서 이 굴을 가족 매장지로 구입한다.(창 23:1–20) 그러나 막벨라
굴의 매입은 후에 그 땅을 떠나 이집트에서 400년간 살고 귀향할 때
이스라엘 민족의 땅 임을 보증하는 역할을 한다. 세 번째는 이삭과
리브가의 결혼 이야기로 이 이야기는 창세기 24장 1절과 67절에 등
장한다. 아브라함의 늙은 종이 가나안 땅의 여인이 아닌 하란으로

가서 친족 리브가를 데리고 온다는 설정은 이스라엘 민족이 순혈주의를 추구했다는 것을 제시한다. 이러한 결혼에 관한 이야기는 야곱 이야기에서 집을 떠나는 이유 중 하나가 되며(창 28:1-5), 또한 포로 후기에 에스라-느헤미야의 선민 공동체의 이상을 제시하는 역할을 한다. 마지막으로 아브라함은 그두라라는 후처를 통해 미디안을 얻게 되는데, 이들은 후에 하나의 족속이 된다.(창 25:1-4) 아브라함 이야기는 그가 176세에 막벨라 굴에 사라와 함께 장사됨으로 끝난다.(창 25:5-11)

2.2.2. 이삭 이야기(창 25:19-28:5과 35:27-29)

이삭 이야기의 구조

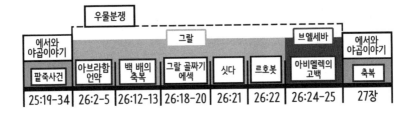

이삭 이야기는 에서와 야곱 이야기가 테두리처럼 처음과 마지막을 감싸고 있다. 첫 번째 테두리(창 25:19-34)는 쌍둥이의 탄생과 함께 '큰 자가 작은 자를 섬길 것'(25:23)이라는 신탁을 받는 이야기와 에서가 자신의 장자권을 야곱에게 팥죽 한 그릇에 팔아 넘긴 두 이야기로 되어있다.(창 25:27-34) 이 두 이야기를 언뜻 보더라도 이후의 야곱 이야기에서 나오는 큰 자와 작은 자의 갈등과 대립은 피할 수 없게

된다.

이삭 이야기를 끝내는 두 번째 테두리(창 27:10; 28:5)는 야곱과 에서를 축복하는 이야기(창 27:1-40)와 가나안 여인과 결혼한 에서 이야기를 담고 있다. 야곱이 자신의 아내를 찾기 위해 친족으로 향하는 대목에서 아브라함의 언약이 야곱과 관련됨을 보여준다.(창 28:1-5)

하란으로 떠나는 야곱 이야기가 시작되기 전에, 이삭 이야기와 야곱 이야기 사이에 '에서가 선택 받을 수 없는 이유'를 중간에 삽입한다. 이삭과 리브가는 순혈주의를 원했다.(창 27:46과 28:8절 참조) 그러나 에서는 선택된 자손으로서의 의무를 저버리고 가나안 사람들과 함께 섞이길 원했다.(창 28:6-9)

| 이삭의 생애

순수한 이삭 이야기는 창세기 26장에서만 나타난다. 창세기 26장의 이야기는 아브라함 이야기(창 12장)와 매우 유사하다. 이삭은 기근으로 인해 네게브 지역(창 24:62)에서 그랄 땅으로 간다. 이삭도 아브라함이 했던 것처럼 그랄 땅에서 블레셋 왕 아비멜렉에게 자신의 아내를 누이로 속인다.(창 26:7-11) 그러나 아비멜렉이 우연히 리브가를 껴안는 이삭의 모습을 보고 그를 불러 거짓말한 이유를 물은 뒤, 모든 백성들에게 이삭과 리브가를 범하지 않도록 명령한다. 하나님은 그랄에서 이삭에게 아브라함과 맺은 언약이 이삭을 통해 계속될 것이라고 말씀하신다.(창 26:2-5)

"이 땅에 거류하면 내가 너희와 함께 있어,

네게 복을 주고 내가 이 모든 땅을 너와 네 자손에게 주리라.

내가 네 아버지 아브라함에게 맹세한 것을 이루어,

네 자손을 하늘의 별과 같이 번성하게 하며,

이 모든 땅을 네 자손에게 주리니,

네 자손으로 말미암아 천하 만민이 복을 받으리라.”(창 26: 3-4)

이후에 이어지는 이삭 이야기는 우물분쟁에 관한 것이다.(창 26:12-25) 이삭은 야훼께 복을 받아 거부가 되지만(창 26:1-13), 이를 시기한 블레셋 사람들과의 다툼에서 매번 우물을 양보하게 된다.(창 26:12-25) 이러한 이삭의 행보는 한편으로 아브라함과 맺은 언약의 계승자로(창 26:23-25) 다른 한편으로 이방인 아비멜렉으로 하여금 하나님을 고백하게 하는 결과를 가져온다.[17]

“너는 우리를 해하지 말라 이는 우리가 너를 범하지 아니하고

선한 일만 네게 행하여 네가 평안히 가게 하였음이니라

이제 너는 여호와께 복을 받은 자니라.”(창 26:29)

이삭은 헤브론에서 180세에 죽는다.(창 35: 27-2)

2.2.3. 야곱 이야기(창 27-36장)

---

17) 월터 부르거만, 강성렬 역, 『창세기』 현대성서주석 (한국장로교출판사, 2000), 337-344.

야곱 이야기의 구조

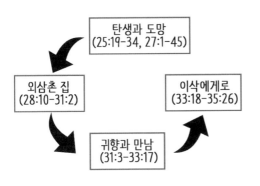

야곱 이야기는 네 부분으로 나누어진다. 야곱 이야기의 첫 번째 부분은 브엘라헤로이에서 두 형제의 탄생(창 25:18-34)과 소위 팥죽 사건(창 25:27-34) 그리고 브엘세바에서 이삭의 축복이 뒤바뀐 사건(창 27:1-45)를 담고 있다. 두 번째 부분은 브엘세바와 하란을 이어주는 벧엘 사건(창 28:10-22)을 시작으로, 야곱이 하란에서 외삼촌 라반을 만나서 일어나는 이야기들을 다루고 있다. 하란에서 외삼촌 라반과의 만남(창 29:1-13), 결혼(창 29:14-30), 12자녀의 출생 이야기(창 29:31-30:24), 라반과 야곱의 갈등과 거부가 된 야곱.(창 30:25-31:10)

세 번째 단락은 '귀향과 만남'(창 31:11-33:20)에 관한 이야기이다. 이 이야기는 4 단계로 이루어진다. 꿈을 통한 귀환 명령(창 31:11-16), 귀향 시작(창 31:17-21)과 라반의 추적(창 31:22-55), 에서에 대한 두려움과 하나님 사자와의 싸움(창 32:1-32) 그리고 야곱과 에서의 만남.(창 33:1-20) 마지막 네 번째 단락은 "아버지, 이삭에게로 돌아옴"(창 35장)이다. 장소적으로는 세겜과 벧엘이 그 이야기의 배경이 되며, 헤브론에 기럇아르바의 마므레에서 야곱 이야기가 일단락된다. 이집트 고센 땅에서 야곱 이야기는 파라오와의 만남을 시작(창 47:1-12)으로 자손들을 축복하고(창 48:1-49:27) 이집트에서 생을 마감하는 것으로(창 49:29-50:14)으로 끝난다.

야곱의 생애

| 탄생과 도망(브엘라해로이와 브엘세바에서: 창 25:18-34; 27:1-45)

브엘라해로이에서 리브가의 수태는 야곱 이야기의 시작(창 25:21-26)을 알리며 형제 간의 갈등 모티브를 제시한다. 야곱과 에서의 갈등은 형 에서가 가진 장자권을 동생인 야곱이 팥죽 한그릇으로 사는 사건(창 25:27-34)에서 시작된다. 이 사건은 에서가 장자권을 소홀히 여겼다는 것을 보여준다.(창 25:32) 그후에 에서와 야곱의 갈등은 뒤바뀐 이삭의 축복을 통해 최절정에 이른다. 비록 리브가와 야곱의 교묘한 술책으로 야곱이 장자의 축복을 받지만, 이 사건은 이미 선행된 팥죽 사건으로 정당화된다.

에서의 여러 아내에 관한 언급(창 26:34-35)은 아브라함에서부터 계속되는 동족 순혈주의 전통(창 24:1-67)에서 벗어나고 결국 아브라함과 이삭과 맺은 언약의 계승자가 아님을 보여준다. 야곱을 향한 이삭의 축복(창 27:27-29)은 명백하게 아브라함이 받은 언약을 계승하고 있다.[18] 이 사건으로 에서는 야곱을 죽이려 하며(창 27:41-45), 야곱은 이삭과 리브가의 권고에 따라 하란으로 도망한다.(창 27:46-28:5)

---

18) 만민과 열국이 섬김(창 17:5-6), 축복과 저주(12:1-2)

| 외삼촌 집에서(벧엘과 하란에서: 창 28:10-31:2)

야곱 이야기의 두 번째 단락은 "하란에서 일어난 이야기"이다. 야곱이 하란에 도착하기 전에 브엘세바에서 하란의 이야기를 연결하는 벧엘 이야기가 나온다.(창 28:10-22) 야곱은 벧엘에서 아브라함과 이삭의 하나님을 만나고, 아브라함과 맺은 언약의 계승자가 된다.(창 28:12-15) 꿈에서 깬 야곱은 증언의 표로 돌을 세워, 그곳에 기름을 붓는다. 야곱의 서원 가운데 십분의 일에 대한 부분(창 28:22)은 아브라함과 멜기세덱의 관계를 상기시켜준다.(창 14:20)

야곱은 하란에서 외삼촌 라반의 집에 거주하게 된다. 그는 라반의 첫째 딸 레아가 아닌 둘째 딸 라헬을 사랑하지만 라반의 속임수에 의해 14년간 라반을 섬긴 후에야 그녀와 결혼하게 된다.(창 29:1-30) 야곱은 레아와 그녀의 여종인 실바 그리고 라헬과 그녀의 여종인 빌하를 통해 12명의 자식을 낳는다.(창 29:31-24) 야곱의 아들들은 후에 이스라엘의 열두 지파를 형성하는 뿌리가 된다.

레아	르우벤, 시므온, 레위, 유다, 잇사갈, 스블론
실바	갓, 아셀
라헬	요셉, 베냐민
빌하	단, 납달리

창세기 30장 25절 이하는 야곱이 부유하게 되는 과정을 보여준다. 나뭇가지를 통해 튼튼한 아롱이 다롱이 양들을 갖게 된 야곱[19]

---

19) G. J. Wenham, 윤상문 · 황순철 역, 『창세기 16 - 50』 WBC (솔로몬, 2001), 466.

은 양떼뿐만 아니라 노비, 낙타, 나귀 또한 많이 소유하게 된다.(창 30:43) 거부가 된 야곱은 라반 가족들에게 위협과 질투의 대상이 된다.(창 31:1-2)

| 귀향과 만남: 라반을 떠남과 에서와의 만남(창 31:3-33:20)

꿈에서 조상과 그의 족속에게 돌아가라는 야훼의 명령(창 31:3)을 통하여 "귀향과 에서와의 만남"이라는 주제가 시작된다. 야곱은 자식들과 아내들과 함께 그가 밧단아람에서 모은 모든 소유물을 이끌고 라반의 집을 떠난다.(창 31:14-18) 야곱이 도망한 것을 안 라반은 뒤쫓아 길르앗에서 야곱과 조우한다.(창 31:25) 야곱은 자신이 거부가 된 것이 하나님이 함께 하심으로 이루게 된 것임을 고백한다.

> "우리 아버지의 하나님, 아브라함의 하나님 곧 이삭이 경외하는 이가
> 나와 함께 계시지 아니하셨더라면 외삼촌께서
> 이제 나를 빈손으로 돌려보내셨으리이다마는
> 하나님이 내 고난과 내 손의 수고를 보시고
> 어제 밤에 외삼촌을 책망하셨나이다."(창 31:42)

라반과 야곱은 언약을 체결하고 돌로 기둥을 만들어 증거를 삼는다.(31:43-55) 이러한 행위는 구약성서의 맹세 방식의 전승을 이룬다.(창 28:18; 31:46-48; 수 4:3-7) 라반은 그 기둥을 '여갈사하두다'(증거의 돌무더기)라고 하였고 야곱은 갈르엣이라 불렀다. 라반과 맺은 언약은 개인과 개인이 맺은 언약이지만, 그러나 결국에는 야곱 집안의 하나

님과 라반 집안의 하나님이 결합되는 결과를 가져온다. "아브라함의 하나님+나홀의 하나님"

이 단락의 두 번째 이야기는 '에서와의 만남'(창 32:1-33:20)이다. 야곱은 에서와 만나기 전에 사자를 보내 에서의 상황을 보고받고 두려움에 사로잡히게 된다.(창 32:1-8) 그는 한편으로 인간적인 방법을 통해 다른 한편으로 하나님과 맺은 언약에 근거해 이 위기를 극복하고자 한다.(창 32:7-12) 그의 소유물과 가족들을 보낸 후에 홀로 남은 야곱은 생애의 두 번째 전환기를 맞게 된다.(창 32:9-12) 그는 브니엘에서 하나님의 사자와 씨름하여 '이스라엘'이라는 이름을 받게 되는데, 이것은 후에 이스라엘의 공식 명칭이 된다.(창 32:22-30) 창세기 33장은 야곱과 에서가 만나 화해하는 장면을 묘사한다.

| 이삭에게로(창 33:21-35:26)

에서와 헤어진 후 야곱은 세겜에 이르러 제단을 쌓았으며 그 곳을 '엘엘로헤 이스라엘'이라고 불렀다.(창 33:18-20) 창세기 34장은 야곱의 딸 디나의 강간 사건과 그녀를 강간한 히위 족속의 몰살 사건을 담고 있다. 이 사건으로 야곱은 두려움에 사로잡힌다.(창 34:30) 다시금 하나님은 벧엘에서 야곱을 만나주시고, 야곱은 그때 모든 이방 신상을 버린다.(창 35:1-5)

벧엘 사건에서 첫째, 하나님은 야곱에게 '이스라엘'이라는 이름을 거듭 확인해주신다.(창 35:10) 둘째, 아브라함과 이삭과 언약을 맺은 하나님이 이제 야곱과 다시 언약을 체결한다.(창 35:11-13) 그 후에 벧엘에서 떠나 에브랏에 이르렀을 때, 라헬은 산고 끝에 죽음을 맞이하며, 베들레헴에 매장된다. 산고 끝에 태어난 아기의 이름은 '베냐민'(창 35:18)이라고 불렀고, 그의 탄생으로 열두 부족의 시초가 완성된다. 야곱이 헤브론에 도착했을 때 이삭은 180세로 수명을 다한다. 그렇게 야곱의 생애가 한단락 마무리된다.(창 35:27-29)

요셉 이야기 전까지 창세기 36장의 추가 부록이 묘사된다. 에서의 정착이야기(창 36:1-8), 에서의 족보(창 36:9-14)와 에서 자손 가운데 족장의 명단(창 36:15-19), 세일 자손의 명단(창 36:20-30), 마지막으로 에돔왕들의 명단(창 36:31-43, 비교: 대상 1:43-54)들이 기록되어 있다.

3. 요셉 이야기(창 37-50장)

3.1. 요셉 이야기 구조

요셉의 꿈/팔려감	감옥에서/꿈 해석과 총리등극	가나안의 기근 / 형제들과의 만남	야곱의 이집트행	야곱의 축복과 장례	하나님의 계획과 요셉의 죽음
37장	39-41장	42-45장	46-47장	48-50장	50장

요셉 이야기는 가나안에서(창 37:1-36) 가족 갈등으로 시작하며, 이집트에서(창 39:1-42:38) 일어난 세 가지 사건으로 나누어진다. 보디발 장군에게 팔려간 요셉 이야기(창 39:1-19), 감옥에서 해방되어 국무총리가 된 요셉 이야기(창 39:20-41:57), 그리고 형제들과의 재회와 화해 이야기(창 42:1-38). 고센 땅에서 요셉 이야기(창 44:9-50:21)를 마지막으

로 창세기가 끝난다. 요셉 이야기는 두 개의 부록을 가지고 있다. 창세기 38장에는 유다와 다말의 이야기가, 창세기 48장에는 야곱의 축복(창 48:1-49:27)이 처음과 끝을 장식한다. 창세기의 마무리를 장식하는 창세기 50장 24절에서 아브라함, 이삭과 야곱의 하나님이라는 신앙고백이 시작된다.

3.2. 요셉의 생애

● 가나안에서 요셉 이야기(창 37-38장)

창세기 37장에서 요셉 이야기는 갈등의 원인이 하나님의 섭리임을 묘사하면서 시작된다. 가족 간의 갈등은 창세기 37장 전체에 걸쳐서 다음과 같이 진행된다. 야곱의 요셉에 대한 편애(창 37:1-4), 요셉의 꿈 이야기(창 37:5-11), 형제들의 질투와 살해 모의(창 37:12-20), 미디안 상인들에게 요셉을 파는 형제들(창 37:21-36).

창세기 38장은 요셉 이야기의 첫 번째 부록으로 유다가 그의 며느리 다말을 통하여 자손을 이어가는 이야기이다. 여기에 등장하는 두 가지, 그 당시에 통용되었던 제도와 성적인 금기가 눈에 띈다. 즉, 형수 취수법(창 38:6-11)과 근친상간(창 38:12-26)에 대한 제도가 나타난다.

● 이집트에서 요셉(창 39-46장)

| 보디발 장군 집에서(창 39:1-20)

창세기 39장부터는 이집트에서의 요셉의 삶이 시작된다. 형제들에 의해 이집트에 팔려온 요셉은 보디발 장군 집에 머물게 된다. 그러나 성서는 그의 불행한 삶을 다음과 같이 말한다.

"그의 주인이 여호와께서 그와 함께 하심을 보며
또 여호와께서 그의 범사에 형통하게 하심을 보았더라."(창 39:3)

보디발 장군의 집의 모든 일을 위탁받은 요셉에게 위기가 닥친다. 왜냐하면 장군의 부인이 요셉을 유혹했기 때문이다. 요셉이 유혹에 넘어가지 않자, 부인은 그를 성추행범으로 만들어 결국 요셉은 감옥에 갇히게 된다. 우리는 다음 구절 속에서 창세기 37장에서 철없던 요셉이 하나님을 따르는 사람으로 변화된 모습을 볼 수 있다.

요셉이 거절하며 자기 주인의 아내에게 이르되
"내 주인이 집안의 모든 소유를 간섭하지 아니하고 다 내 손에 위탁하였으니
이 집에는 나보다 큰 이가 없으며 주인이 아무것도 내게 금하지 아니하였어도
금한 것은 당신뿐이니 당신은 그의 아내라
그런즉 내가 어찌 이 큰 악을 행하여 하나님께 죄를 지으리이까."(창 39:8-9)

이 구절은 고난을 경험한 요셉이 교만했던 자신의 모습을 벗어버리고, 하나님을 의지하게 되었다는 것을 알게 하는 문학적 장치로서, 요셉 이야기의 실제 의도를 알게 하며, 또한 요셉이 왜 하나님의 선택을 받는지를 보여주는 구절이다. 상식적으로 요셉이 보디발 장

군 부인과 동침을 하면 자기를 선대해준 그 장군에게 죄를 짓는 것이지 하나님에게 죄를 범했다고 생각하지 않는다. 그러나 요셉은 보디발 장군에게 죄를 짓는다고 말하지 않는다. 그는 이러한 불륜 행위가 인간관계를 배신하는 것이라 생각한다. 그럼에도 불구하고 그러한 범죄는 가시적인 인간관계도 파괴하지만, 더 중요한 것은 보이지 않는 하나님을 향한 범죄라고 생각한다. 요셉은 자기에게 다가온 고난을 통해 그리고 자신의 삶의 여정을 통해 보이는 세계와 보이지 않는 세계가 있다는 것을 알게 되었다. 그래서 노예라는 처참한 삶에서 자신을 구해 준 것은 보디발 장군이지만, 그 배후에는 야훼가 있음을 고백한 것이다. 그는 보이는 세계보다는 보이지는 않지만 야훼 하나님이 다스리는 세계가 더 중요하다는 것을 고백한다.[20]

| 감옥에서 해방되어 국무총리로서 요셉(창 39:20-41:57)

감옥에 들어간 요셉은 아무런 희망이 없는 듯했다. 그러나 성서는 그러한 요셉의 삶의 반전을 보고한다.

> "여호와께서 요셉과 함께 하시고 그에게 인자를 더하사
> 간수장에게 은혜를 받게 하시며,
> 간수장이 옥중 죄수를 다 요셉의 손에 맡기므로
> 그 제반 사무를 요셉이 처리하고

---

20) 피터 다우니 · 벤 쇼우, 박규태 역, 『성경 완전 정복』, (좋은 씨앗, 2001), 122-123; 이용호 · 조갑진, 『성서의 이해』, 70; W. H., Schmidt, *Die Zehn Gebote im Rahmen Alttestamentlicher Ethik*, (Darmstadt, 1993), 6.

간수장은 그의 손에 맡긴 것을 무엇이든지 살펴보지 아니하였으니,

이는 여호와께서 요셉과 함께 하심이라

여호와께서 그를 범사에 형통하게 하셨더라."(창 39:21-23)

이 구절은 보디발 장군의 집에서 등장했던 구절이다. 비록 그의
삶은 고난으로 가득 차 있지만, 하나님이 그와 함께 하셨기에 희망
이 있다는 것을 의미한다. 요셉은 감옥에서 그의 생애의 중요한 기회
를 얻게 된다. 죄인의 신분에서 국무총리로 신분이 전환하는 기회를
맞이한다. 그 신분 변화의 도구가 바로 꿈을 해석하는 것이다. 고대
근동에서 꿈을 정확하게 해석하는 사람들을 현자라고 한다. 요셉이
국무총리의 자격이 있는가라는 질문은 꿈 해석에 능한 자와 현자가
동일 선상에 있다는 것에서 해결된다.

이집트 왕 바로의 꿈을 해석하기 전에, 먼저 감옥에서 요셉은 두
개의 꿈을 정확하게 해결한다.(창 40:1-23) 바로의 관원장들의 삶과 죽
음을 예견한 꿈 해석으로 요셉은 감옥에서 벗어날 수 있을 것이라
는 희망을 가지게 되었다. 그러나 풀려난 술 맡은 관원장이 요셉의
존재를 잊어버림으로 절망적인 상황이 계속된다.(창 40:23) 이렇게 보
면, 요셉의 꿈 해석이 헛된 것 같지만, 이러한 상황은 배후에서 인간
의 삶을 이끌어 가시는 하나님을 통해 반전을 맞이하며 더욱 더 흥
미진진하게 진행된다. 관원장들의 꿈을 풀이한 지 2년이 지난 후 바
로는 이상한 꿈으로 고민에 빠진다. 이 장면은 다니엘서의 느부갓네
살의 꿈(단 2:1-3)과 비슷하다. 요셉은 일곱 살진 암소와 무성하고 충
실한 일곱 이삭을 파리하고 마른 일곱 소와 가늘고 동풍에 마른 이

식이 먹어 치운 꿈(창 41:3-7)을 7년간의 풍년과 7년간의 기근이라고 해석하고 이집트의 국무총리가 된다. 이 일련의 일들에 대해 성서는 요셉의 능력만을 강조하지 않으며, 그 배후에서 일하시는 하나님을 증언한다.

요셉이 바로에게 아뢰되

"바로의 꿈은 하나라

하나님이 그가 하실 일을 바로에게 보이심이니이다."(창 41:25)

요셉이 국무총리가 된 후에 이집트 전역은 풍요로워지며, 이집트의 축복은 이웃나라에까지 소문이 난다.

| 형제와의 만남과 화해(창 42-45장)

이 단락의 이야기는 야곱의 형제들이 행한 악한 행위가 요셉을 통해 어떻게 선하게 나타나는가를 보여준다. 고난을 통해서 요셉을 변화시킨 하나님께서는 그를 통해 형제들과 화해를 유도함으로써 악한 행위를 선한 행위로 바꾸신다.(창 50:20)

형제들과 다시 만난 요셉은 지혜로운 행위로 형제애를 되살린다. 형제들을 정탐꾼으로 몰아서 시므온을 인질로 삼고, 두 번째 만남에서 베냐민을 요구한다. 그러한 요셉의 요구에 절규한 유다의 메시지(창 44:18-34)는 형제들이 자신의 행위를 철저하게 뉘우쳤다는 것을 보여준다. 그 모습은 요셉이 형제를 용서하는 계기가 되며, 요셉의 고난과 그 고난을 통해 하나님이 이루고자 한 바가 무엇이었는지 비로소 밝힌다.

"당신들은 나를 해하려 하였으나, 하나님은 그것을 선으로 바꾸었습니다. 그래서 오늘날과 같이 많은 백성의 생명을 구원하게 하시려 하셨나이다."(창 50:20)

요셉이 이집트로 온 것은 우연이 아니라 자신이 선택한 민족을 살리기 위한 하나님의 계획이다.(창 45:5-8) 우리도 배후에서 역사하시는 하나님 계획으로 살아가고 있지 않은가?

| 고센 땅에서(창 46-50장)

창세기의 마지막을 보고하는 고센 땅 이야기는 야곱의 가족들이 하나님이 주신 땅을 버리고 이집트로 이주하게 되는 이유가 등장한다. 또한 야곱 이야기의 최종 결말인 야곱의 죽음(창 49:29-33)을 진술하며, 마지막에 요셉 이야기에 속한 두 가지 부록 중 하나인 야곱의 축복(창 48:1-49:27)을 포함한다. 창세기는 요셉의 죽음(창 50:22-26)으로 끝난다.

야곱 자손이 고센 땅에 정착하는 과정은 창세기 46장에서 펼쳐진다. 창세기 46장은 이집트로 내려가는 이유가 하나님의 허락하에 선조들과 약속한 큰 민족을 이루기 위한 과정 중에 하나임을 말한다.(창 46:3) 그리고 46장 후반부는 애굽으로 내려간 자들의 명단을 제시한다.(창 46:8-27) 드디어 야곱은 요셉과 재회한다.(창 46:28-34)

창세기 47장부터는 야곱 일행이 요셉의 도움으로 고센 땅에 정착하는 과정을 그리고 있다.

- 바로가 요셉에게 고센 땅을 줌(47:1-6)

- 바로와 야곱의 만남(47:7-10)

- 고센 땅 라암셋을 야곱에게 줌(47:11-12)

- 요셉의 치리(43:13-26)

- 요셉의 유언(47:27-31)

　

요셉 이야기에 속하는 두 개의 부록 중 하나로서 창세기 48장 1절-49장 27절은 야곱의 축복이다. 이 장면은 두 부분으로 나뉜다. 첫째, 야곱이 요셉의 아들들인 므낫세와 에브라임에게만 축복(창 48:5-20)하는 부분과 야곱의 12아들 모두에게 그들의 특징에 따라서 축복하는(창 49:1-28) 부분이다.

다음은 야곱의 축복을 요약한 것이다. 특히 야곱의 축복은 신명기 마지막의 모세의 축복과 비교된다

야곱의 축복(창 49:3-27)		이름		모세의 축복(신 33:6-25)	
축복의 내용	구절			구절	축복의 내용
장자의 능력/장자권 소실	3-4	르우벤	르우벤	6	후손의 다산을 축복
폭력으로 인한 흩어짐	5-7	시므온			
폭력으로 인한 흩어짐	5-7	레위	유다	7	군사적 승리
축복의 합법적 상속자	8-12	유다	레위	8-11	거룩한 중보자/영적 제사장
해변 거주와 경계의 확장	13	스불론	베냐민	12	지정학적 안정성과 견고성

쉴 곳을 위해 일을 하고 압제 당함	14-15	잇사갈	요셉	13-17	각 산지에서 누리게 될 풍요로움 -에브라임/므낫세의 세력확장(17)
정의를 위한 부르심과 그의 배반	16-18	단	스불론	18-19	바다의 풍요
추격자(참조, 대상 5:18-19)	19	갓	잇사갈	18-19	바다의 풍요
기름지고 풍부한 식물 공급	20	아셀	갓	20-21	영도력과 지도력
암사슴 같이 풍요로움을 누림	21	납달리	단	22	용맹성
풍요, 승리, 번영이 있는 복의 원천	22-26	요셉	납달리	23	야훼의 풍성한 복을 누림
난폭한 기질의 지파	27	베냐민	아셀	24	튼튼한 안전 보장과 군사적 방어

야곱의 형제들은 후에 열두 부족의 형태를 구성한다. 이 이야기 안에 창세기 이후 이스라엘의 상황을 암시하는 구절이 나타난다.

"이스라엘이 요셉에게 또 이르되

나는 죽으나 하나님이 너희와 함께 계시사 너희를 인도하여

너희 조상의 땅으로 돌아가게 하시려니와"(창 48:21)

창세기 49장 29절부터 50장 26절까지 살펴보면, 49장 29절에서 50장 14절까지는 야곱 이야기의 최종 결말에 해당된다.(49: 29-50: 14) 죽음 앞에서 야곱은 자신을 선조들이 묻힌 곳에 장사 지내 달라고 유언한다.(49: 29-32) 그곳은 바로 아브라함이 삯을 주고 산 땅 마므 레 앞 막벨라 굴(창 23:1-20)이다. 그곳은 아브라함, 이삭이 장사된 곳 이며, 미래에 야곱이 묻힐 곳이다. 결국 이러한 보고는 이스라엘 자 손이 오랜 시간 그 땅을 떠나 있을지라도 여전히 그곳이 하나님이 허 락하신 땅이라는 암시가 숨어 있다. 야곱은 사망 후, 마므레 앞 막벨

라 굴에 장사된다.

야곱의 죽음은 그동안 드러나지 않았던 요셉과 형제들 사이의 갈등을 폭발하게 하며, 그동안 숨겨져 있었던 하나님의 의도를 파악할 수 있는 실마리를 제공한다. 동시에 아브라함, 이삭, 야곱 족장들 그리고 요셉과 그의 형제들 간의 모든 갈등이 해소된다. 요셉의 죽음으로 창세기는 막을 내린다.(창 50:22-26)

II. 출애굽과 광야생활 그리고 시내산 이야기(출애굽기-레위기-민수기)

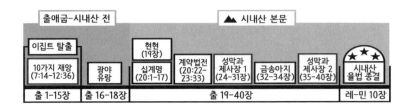

출애굽-시내산 전		시내산 본문					
이집트 탈출		현현 (19장)		성막과 제사장 1		성막과 제사장 2	★★★
10가지 재앙 (7:14-12:36)	광야 유랑	십계명 (20:1-17)	계약법전 (20:22-23:33)	(24-31장)	금송아지 (32-34장)	(35-40장)	시내산 율법 종결
출 1-15장	출 16-18장			출 19-40장			레-민 10장

출애굽기: 오경의 두 번째 책

히브리성서는 모세의 두 번째 책을 쉐모트[שמות(이스라엘 자손들의)이름들]라고 한다. 헬라어성서 70인역과 라틴어성서 불가타는 내용에 따라, 출애굽기[Exodus]라 한다.

1. 출애굽과 첫 번째 광야 이야기(출 1- 18장)

1.1. 전체 구조

	고난 - 탈출 - 모세의 승전가					시내산으로	
이스라엘의 고난	모세 전반기 생애	바로 앞에서의 모세	열 가지 재앙	출애굽~ 홍해	홍해~ 엘림	만나와 메추라기	르비딤 에서
1:1-22	2:1-4:31	5:1-7:13	7:14-12:36	12:37-14:31	15:1-27	16장	17장

출애굽기 1장은 이주가정의 성장과 그 성장으로 인한 이집트와의 갈등과 노예로의 전락이다. 그 뒤에 출애굽기 2장부터 18장은 네 단락으로 나타난다. 예비 단계: 출애굽을 위한 준비, 탄압의 시작(출 1장), 첫 번째 단계: 모세의 개인적인 상황과 소명(출 2–4장), 두 번째 단계: 이집트에서 하나님의 백성을 탈출시키는 모세(출 5:1–15:21) 그리고 세 번째 단계: 시내산에 도착하기 전까지 광야생활(Ⅰ)(출 15:22–18:27)을 묘사한다.

1.2. 내용

1.2.1. 예비단계 | 출애굽을 위한 준비(출 1장)

모세가 이끄는 거대한 공동체의 시작은 하나님이 선택한 가정에서 시작되었다. 창세기에서 하나님에 의해 선택된 가정 그리고 야곱을 통해 이스라엘이라는 이름을 부여받은 가족들이 이집트로 이주한다. 창세기는 그 명단을 기술한다.(창 46:8–27) 그 명단이 출애굽기의 시작(출1:1)에서 다시 언급됨으로써 창세기와 출애굽기의 연속성을 보여준다. 출애굽기 1장은 시간이 흐른 뒤에 그들이 어떻게 성장했는가를 한 절로 묘사한다.

"이스라엘 자손은 생육하고 불어나 번성하고
매우 강하여 온 땅에 가득하게 되었더라."(출 1:7)

이 구절은 창세기에서 창조(1:22), 노아(9:1) 그리고 선조들에게 했던 약속의 성취로 보인다. 그것은 대략 400년이라는 오랜 시간이 지나면서 비록 야곱의 후손들이 하나님을 잊어버렸을지라도 하나님의 약속은 계속되고 있음을 시사한다.

요셉을 알지 못하는 새 왕이 일어나 이집트를 다스리더니(출 1:8)

'요셉을 알지 못하는 새 왕'을 통해 이집트에서 살고 있던 야곱의 후손들의 생활에 변화가 일어난다. 이스라엘 백성의 놀랄만한 성장이 이집트 백성들과의 공존에 갈등을 일으킨 것이다.(출 1:9-10) 이집트 사람들은 이미 오래전에 요셉을 통하여 도움을 받았던(창 47:13-20) 일을 기억하지 못했다. 또한 하나님이 행하신 '생육과 번성'(출 1:7)을 통한 이스라엘의 성장은 이집트인들을 두려워하게 했고, 이는 이집트의 정책에 변화를 가져왔다. 이스라엘은 이집트의 '이주 공동체'에서 이집트의 '노예 공동체'로 신분이 변한다. 이스라엘의 이러한 신분 격하와 고난에도 불구하고, 아직 하나님은 이 상황의 해결사로서 나타나지 않는다.

이집트는 이스라엘 공동체의 성장을 세 가지 방법으로 저지하려고 하였다. 첫째, 이집트는 이스라엘 사람들의 신분을 노예로 격하시키고, 비돔과 라암셋을 건축하는 데 강제노역(출 1:11)을 시켰다. 그러나 학대를 받으면 받을수록 이스라엘 백성들은 강하게 성장하였다.(출 11-12) 그런 모습을 본 이집트는 점점 더 노동의 강도를 높였다.(출 1:13-14) 그럼에도 불구하고 이스라엘의 성장은 멈추지 않았다.

이는 보이지 않는 하나님의 언약의 힘이 작동하고 있었기 때문이다.

그러자 이집트는 더 잔인한 방법을 실행한다. 이스라엘 여인이 해산할 때 남자아이가 태어나면 죽이고, 여자아이가 태어나면 살려 두라고 명령한 것이다. 이것이 이집트가 이스라엘의 성장을 막기 위해 내린 두 번째 방법이었다. 그러나 하나님은 산파들을 통해 일하셨고, 그들의 집안을 흥왕하게 하셨다.

그 산파들은 하나님을 경외하였으므로
하나님이 그들의 집안을 흥왕하게 하신지라.(출 1:21)

이 같은 압제와 폭력은 이스라엘 공동체로 하여금 미래를 포기하게 만든다. 아무런 희망이 없는 상황이 전개될 때, 인간은 자신의 힘을 포기한다. 그러나 그때가 하나님이 일하시는 때이다. 하나님이 숨어 계신 것 같지만, 사회적 상황을 세밀하게 살펴보면, 하나님은 보이지 않는 가운데서 일하고 계셨다.

마지막으로 이집트는 가장 잔인한 방법을 택한다. 즉, 그것은 여자는 살려주고, 남자는 나일강에 버리는 것이었다.(출 1:22) 이 방법은 성공한 듯 보였다. 왜냐하면 출애굽기 1장의 남자아기를 나일강에 버리는 사건을 끝으로 모세 이야기가 전개되며, 모세가 하나님에게 명을 받아서 이스라엘 백성을 이끌기까지 이스라엘 백성은 80년을 더 기다려야 했기 때문이다.

1.2.2. 제1단계 | 모세의 개인적인 상황과 소명(출 2-4장)

출애굽기 2장부터는 이스라엘 백성의 비극을 전환시키기 위하여 하나님이 계획하고 일하시는 장면으로 시작한다. 즉, 창세기에서도 요셉이 당한 고난을 이스라엘을 구원하시기 위한 선으로 바꾸신 (창 45:5; 50:20) 것과 같이, 이집트인들이 남자아기를 나일강에 버린 사건을 통하여 하나님은 자신의 백성을 구원하시기 위해 준비하신다. 한 레위 가족이 어린 남자아이를 갈대 상자에 담아서 나일강에 버리는데, 그 아이의 운명은 죽음을 향해 가는 것 같지만, 바로의 딸에게 극적으로 구해진다. 그 일로 모세는 이집트의 궁중에서 자라게 된다.(출 2:1-10) 이 시기에 모세는 히브리인이라는 자의식이 있었던 것 같다. 아마도 일정한 기간 동안 모세는 어머니 요게벳의 손에서 자랐으며(출 2:10), 이때 그는 자신의 정체성을 배웠을 것이다. 그렇기 때문에 장성한 후 히브리인을 괴롭힌 이집트인을 살해했고, 도망자 신세가 된다. 미디안으로 도망간 모세는 그곳에서 이드로의 딸 십보라와 결혼한다.(출 2:16-22) 이집트 궁중에서 왕족 대우를 받던 모세는 하루 아침에 도망자 신세로 전락하고, 거의 40년 동안 미디안 장인의 집에서 목자의 삶을 살아간다. 이때까지도 모세에게는 희망이 없는 것처럼 보인다.(출 2:22)

어느 날 하나님은 모세를 통해서 자기 백성을 구원하시려고 하신다. 성서는 모세를 만나기 전의 이스라엘 백성의 이집트 상황을 짧게 보고한다.

23 "여러 해 후에 이집트 왕은 죽었고 이스라엘 자손은 고된 노동으로

말미암아 탄식하며 부르짖으니

그 고된 노동으로 말미암아 부르짖는 소리가 하나님께 상달된 지라

24 하나님이 그들의 고통 소리를 들으시고

하나님이 아브라함과 이삭과 야곱에게 세운 그의 언약을 기억하사

25 하나님이 이스라엘 자손을 돌보셨고 하나님이 그들을 기억하셨더라."(출 2:23-25)

이러한 보고는 하나님이 생각하시고 계획하신 때가 무르익었음을 나타낸다.

출애굽기 3장에서 하나님은 드디어 모세를 통하여 자기 백성을 구원하기 시작하신다. 이스라엘 백성이 이집트의 압제와 억압으로 인하여 탄식하고 있을 때, 하나님께서는 미디안에 있던 모세를 부르셨다. 40년의 광야생활은 모세에게 참으로 어렵고 힘든 시기였을 것이다. 모세를 교육시키는 하나님의 교육 방법은 우리가 다 알지 못한다. 모든 것을 잃고 죽을 것 같은 상황 속에서 하나님은 조금씩 모세의 인간적인 방법을 내려놓게 하시고, 하나님만을 전적으로 믿게 하신다. 모세는 40년 동안 분노를 조절하고, 절망을 받아들이는 삶을 살았을 것이다. 그리고 하나님은 그런 모세를 끊임없이 기다리며 지켜보았을 것이다.[1]

---

1) 성서의 중요한 연대 순위가 거의 400년, 40년 또는 40일로서 기록되는 것을 볼 수 있다. 모세의 이집트 양육기간 40년, 미디안 광야생활 40년, 모세가 시내산에 올라가서 머문 것이 40일, 요나에게 니느웨 멸망의 기간이 40일, 다윗의 왕위 연도 40년(왕상 2:11) 등. 아마도 이러한 기간은 원하는 대상이 하나님의 뜻을 깨닫고 돌아오는데 인내하고 침묵하며 기다리는 기간이었을 것이다; 이용호, 『하나님의 자유』, (토비야, 22017), 134.

출애굽기 2장 후반부에 있는 이스라엘과 이집트 관계에 대한 보고는 출애굽기 3장에 모세의 소명장이 나타나는 이유이다. 구약성서에서 하나님으로부터 소명을 받는 이야기는 전형적인 양식으로 나타난다. 그 중에서 모세의 소명 양식은 자신의 소명을 거절하는 대표적인 거절 양식에 속한다.[2]

- 하나님의 현현(하나님의 산 호렙의 떨기나무의 불꽃 사건: 출 3:1-3)
- 야훼가 모세를 부르심(4-5절)
- 부르심의 근거(6-9절)
- 이스라엘 구원을 위한 첫 번째 명령(10절)
- 부르심에 대한 첫 번째 거절(11절)
- 하나님의 보증(12절)
- 모세의 하나님 이름 요구(13절)
- 대답과 두 번째 명령(14-15절)
- 모세에게 하나님이 하실 일을 제시(16-22절)

이러한 패턴에서 나타나는 가장 중요한 구절은 '내가 너와 함께 한다'(출 3:12)는 하나님의 동행이다. 인간은 스스로 자신의 삶을 희생하면서까지 소명을 이룰 용기나 능력이 없다. 그러나 오직 하나님이 함께 할 때 그것은 가능하다.

---

2) 소명의 거절: 출 3:1-4:17; 삿 6:11-24; 렘 1:4-10 비교, 삼상 9:1-10; 겔 1-3장; 소명의 순종: 이사야 6장 등.

불타는 떨기나무 사건은 모세에게 40년간의 광야생활을 마감하고 하나님의 계획을 시작하게 하는 중요한 전환점이다. 그 전환점은 떨기나무 가지로 제시된다. 첫째, 하나님으로부터 모세는 감당할 수 없는 소명을 받았다.(출 3: 2-11) 둘째, 모세는 자신의 소명을 거절하면서 가장 중요한 질문을 한다. "야훼 하나님 당신의 이름이 무엇입니까?"(출 3: 13) 모세를 움직이게 하는 원동력과 장차 이스라엘이, 더 나아가서는 온 인류가 섬겨야 할 이유를 제시한 것이 하나님의 자기 이름 계시(출 3:13-15)이다. 구약성서에서 유일하게 단 한 번 드러난 하나님의 이름은 '예이히 아세르 예이히'[אהיה אשר אהיה 나는 스스로 있는 자이다, 출 3:14]이다. 하나님은 자신의 이름을 "스스로 계신 자"(출 3:14)로 계시하셨다. 어떤 사람이나 지역에 의존하여 예배나 찬양을 받는 신이 아니라 스스로 어떤 것에도 얽매이지 않고 능동적으로 활동하는 신이라는 의미이다. 그렇기 때문에 이 이름의 의미는 인간이 바치는 숭배나 물질과 관련되지 않는다. 하나님은 인간을 자신을 숭배하게 하기 위한 도구로 생각하는 것이 아니라 함께 동역하는 파트너로서 생각한다.[3] 가나안의 신인 바알이 인간을 물질로 취급한다면, 야훼는 인간을 'I' 또는 'You'로 생각한다. 그것이 바로 '인격적'이라는 것이다. 야훼와 인간의 관계는, 하나님의 부여한 '이스라엘'이라는 이름을 통해 고대 이웃 나라들과 차이를 나타낸다.

출애굽기 4장은 모세가 재차 소명을 거부하는 장면이 나온다.(출

---

3) D. M. Freedman & P. O Conner, יהוה, *ThWAT III*, (Stuttgart [u.a.], 1982), 533-554.

4:1) 하나님은 그런 모세를 다시 한 번 여러 가지 표징으로 설득한다.(지팡이, 뱀, 피, 문둥병 등; 출 4:2-9) 이러한 표징에도 불구하고 모세는 다시 말을 잘하지 못하는 자(출 4:10)라는 이유로 소명을 거부한다. 야훼는 대언자로 아론을 세우시고 그들을 이집트로 보낸다.(출 4:11-17) 모세가 바로에게 가는 도중에 할례와 관련된 피남편 사건이 보고된다.(출 4:18-26) 이 같은 작은 사건들은[4] 출애굽기 1장-18장까지를 적절하게 커다란 사건과 사건을 이어주는 역할을 한다.

1.2.3. 제2단계 | 이집트에서 하나님 백성을 탈출시키는 모세(출 5:1-15:21)

출애굽기 2장~4장까지 모세의 출생과 그의 소명에 관한 준비 과정이었다면, 이후에 이어지는 상황들은 한 사건이 다음 사건을 일으키는 연쇄작용을 한다. 출애굽기 5장에서 모세는 바로에게 드디어 야훼의 말을 전한다:

"…내 백성을 보내라

그러면 그들이 광야에서 내 앞에 절기를 지킬 것이니라. …"(출 5:1)

바로는 이같은 모세의 요구를 거부한다.(출 5:2) 모세의 요구는 이

---

4) 가족명단(출 1:1-7); 애굽의 상황(출2:23-25); 피 남편(출 4:18-26); 모세와 아론의 조상(출 6:14-29); 뱀이 된 지팡이(출 7:8-13); 미디안의 노래(출 15:19-21).

스라엘에게 더 심한 노역을 가져왔으며(출 5:4-20), 이스라엘 백성이 모세를 비난하는 행위로 연결된다.(출 5:21) 이러한 결과로 모세는 다시 한 번 자신의 소명에 의심을 품게 되지만(출 6:1), 하나님은 다시 모세에게 두 번째 소명을 준다. 이 두 번째 소명은 구체적으로 하나님의 의지를 나타낸다. "이스라엘은 내 백성이다. 그리고 나(하나님)는 이스라엘의 하나님이 될 것이다"라고 선언하신 것이다. 그리고 여기에서 출애굽기의 실질적인 주제가 드러난다.

> "너희를 내 백성으로 삼고 나는 너희의 하나님이 되리니,
>
> 나는 이집트 사람의 무거운 짐 밑에서 너희를 빼낸
>
> 너희의 하나님 여호와인 줄 너희가 알지라."(출 6:7)

이 자기선언은 지속적으로 야훼 스스로 자신을 출애굽 사건들을 통하여 이스라엘뿐만 아니라 후에 가나안 지역까지 알리는 영향력을 발휘한다.

이 두 번째 소명을 통하여 모세는 다시 바로 앞에 선다. 모세의 두 번째 요구는 말뿐만 아니라 지팡이가 뱀이 되는 기적(7:8-13)을 행한다. 그러나 바로는 또 다시 거절한다. 이로 인해 하나님은 자신의 권능을 보여주는 10가지 재앙을 내리게 된다.

첫 번째 재앙	피로 변한 나일강	이집트 마술사로 행함–나일강만(7:18)
두 번째 재앙	개구리	이집트 마술사로 행함–장소의 확대(8:5)
세 번째 재앙	이	이집트 마술사가 행하지 못함(8:18)

네 번째 재앙	파리	재앙이 미치지 못한 땅, 고센 구별(8:22)
다섯 번째 재앙	(짐승)전염병	가축을 죽음으로 몰아감(9:3-4)
여섯 번째 재앙	종기/궤양	온 이집트(9:3)
일곱 번째 재앙	우박	먹거리 위협(9:25)
여덟 번째 재앙	메뚜기	남겨진 먹거리 위협(10:12)
아홉 번째 재앙	흑암	심리적 재앙(10:22-23)
열번 째 재앙	장자의 죽음	최고의 절정, 사람의 죽음(12:30)

　　10가지의 재앙은 단순한 재앙이 아니다. 그 재앙을 통해 하나님은 출애굽의 진정한 의미를 보여주길 원하셨다. 하나님이 기사와 이적을 한 번에 행하실 수 있음에도 불구하고 열 가지 재앙을 내린 것은 "온 세상의 주가 되시는 하나님, 진정한 하나님, 완전한 우주의 신"이라는 것을 알게 하기 위함이다. 재앙은 나일강을 피로 바꾸고, 개구리, 이, 파리의 창궐과 악질로 인한 가축의 죽음으로 점점 더 강도높게 변해 간다. 나일강은 이집트가 세상과 생명의 근원으로 여기는 것이며, 그 외의 곤충과 가축들은 이집트 신들의 형상이다. 표면상으로 10가지 재앙은 이스라엘 민족의 해방을 촉발하지만, 엄격하게 보면 이스라엘이라는 노예의 신인 야훼가 이집트 신들을 파멸시키려는 의도를 그리는 것이다. 그 일을 행하시며 야훼는 "너희는 내가 누구인 줄 알리라"(출 6:7)라고 선언하신다.[5]

　　피부병의 전염, 우박, 메뚜기, 어둠의 재앙들은 두 가지로 구별할 수 있다. 이집트인과 히브리인의 구별이며 또한 고센 땅의 거주 여부

---

5) W. H. Schmidt, 차준희 역, 『구약신앙』 (대한기독교서회, 22010), 151.

에 따라 구별된다. 자기 백성을 보호하는 것이야말로 하나님이 어떤 신인지를 밝히는 가장 중요한 요소이다. 하나님은 자신의 백성을 보호하기 위하여 이집트인들과 그의 백성을 그리고 이집트 땅과 히브리인들이 살고 있는 지역을 구별하셨다.

무엇보다도, 이러한 혼란 속에 있는 것은 이집트의 지도자 바로가 하나님을 알지 못한 것에 그 원인이 있다.

> "바로가 가로되 여호와가 누구 관대 내가 그 말을 듣고 이스라엘을 보내겠느냐! 나는 여호와를 알지 못하니 이스라엘도 보내지 아니하리라."(출 5:2)

백성들이 재앙을 만나는 가장 큰 이유는 지도자에게 있다. 재앙 앞에서 이집트의 지도자들이 이집트의 신들이 자신들을 구원할 수 없다고 재빠르게 판단했다면, 나라가 망하지 않을 수도 있었을 것이다. 어떤 재앙은 자신이 감당할 수 없다는 것을 빨리 깨닫고 포기할 줄 아는 것도 훌륭한 지도자의 요소 중 하나이다.[6]

출애굽기 7장 4절-11장 10절에 이르는 10가지 재앙은 바로의 연속적인 거절로 인해 높아지는 재앙의 수위가 주 내용이다. 이 재앙의 절정은 이집트의 전역에 이르는 장자의 죽음이다. 즉, 9번째 재앙 후에 10번째 재앙이 시작되기 전에 모세는 이집트 온 전역에 처음 난 모든 것들이 죽을 것이라고 선언한다.(출 11:5) 그러나 하나님은 그러한 상황에서 구원의 길과 방법을 열어 놓으신다. 하나님은 어린양의

---

6) 이용호, 조갑진, 윗글, 95.

피를 문설주에 바르면(출 12:1-13), 멸하는 자가 침범하지 않겠다는 조건(출 12:23)을 준다. 믿음은 행위가 뒤따라야 한다. 하나님은 어린양의 피를 바른 모든 자의 하나님이며, 어린양의 피를 바른 이스라엘만의 하나님이 아니다. 출애굽에는 이스라엘뿐만 아니라 수많은 잡족(출 12:38)도 포함하고 있다. 그런데 우리가 여기에서 생각해 볼 부분이 있다. 피를 문설주에 바른다는 것을 너무 강조하게 되면 문설주에 피를 바르는 의식을 주술처럼 생각하게 된다. 그러나 이것은 단지 하나의 표식일 뿐이다. 그렇다면 왜 문설주에 피를 바른 곳에서는 이 재앙이 나타나지 않았을까?

> "여호와께서 애굽 사람을 치러 두루 다니실 때에
> 문인방과 좌우 설주의 피를 보시면 그 문을 넘으시고 멸하는 자로
> 너희 집에 들어가서 너희를 치지 못하게 하실 것임이니라."(출 12:23)

많은 사람들은 하나님께서 이집트의 처음 난 것을 죽이셨다고 말한다. 그러나 출애굽기 12장 23절은 다르게 말한다. 즉, 멸하는 자가 그 지역의 처음 난 것을 멸하러 다녔다는 것이다. 그렇다면 그때 하나님은 어디 계셨을까? 하나님은 멸하는 자와 같이 밤새도록 함께 일하신다.(출 12:23) 자신의 백성을 보호하시는 하나님, 바로 그 하나님이 당신의 하나님이다.

이스라엘 사람들은 요셉을 통하여 이집트 땅에 들어가 거주한 지 430년(출 12:40)만에 이집트에서 나왔다. 하나님께서는 이스라엘 선조들과 맺은 약속 두 가지(땅과 자손) 중에서 한 가지(자손)는 지키셨다. 출

애굽 하는 문제는 단순하게 이스라엘 민족이 원한다고 되는 것이 아니었다. 장정 60만 명의 노예가 사라지는 것은 이집트에게는 커다란 손실이었다. 이스라엘 백성이 출애굽을 할 수 있었던 것은 그들의 능력이 아니라 전적인 하나님의 은혜와 구원의 역사라는 것을 기억해야 한다. 이스라엘 민족이 출애굽을 하기 전에 문설주에 어린 양의 피를 바른 행위는 후에 이스라엘 구원을 위한 기념절로 나타난다. 우리는 그것을 유월절이라고 한다.(출 12:25)

출애굽기 12장 37-39절의 짧은 보고는 이스라엘의 출애굽 상황을 설명한다. 그리고 13장 17절부터는 가나안으로 향할 때, 가까운 길로 가지 못한 이유를 설명한다. 그 사이에 사건을 전환시키기 위해 출애굽 상황을 요약하며 각 절기들의 제정을 되돌아본다. 출애굽 상황 요약(출 12:40-42), 유월절 규례(출 12:43-51), 무교절 규례(출 13:1-10)와 태에서 처음 난 것의 의미와 제정(출 12:11-16).

출애굽기 13장 17절부터 15장 31절은 이집트에서 탈출하는 마지막 이야기이다. 성서는 출애굽기 13장 17절을 통해서 이스라엘 백성이 가까운 길로 갈 수 없었다고 증언한다.

"바로가 백성을 보낸 후에 블레셋 사람의 땅의 길은 가까울지라도

하나님이 그들을 그 길로 인도하지 아니하셨으니

이는 하나님이 말씀하시기를 이 백성이 전쟁을 하게 되면

마음을 돌이켜 이집트로 돌아갈까 하셨음이라."(출 13:17)

17절의 증언은 블레셋 길로 갈 수 없었던 이유를 하나님의 의도라고 말한다. 이제 이스라엘 백성은 홍해의 광야 길 숙곳을 떠나서 광야 끝 에람에 첫 야영지를 선택하고 장막을 친다.(출 13:20) 하나님은 낮에는 구름 기둥으로, 밤에는 불 기둥으로 자신의 백성을 보호하신다.(출 13:21-22)

출애굽기 14장부터는 에담부터 홍해까지 그리고 그 홍해를 건너는 과정들에 대한 이야기이다. 이스라엘이 바다와 믹돌 사이 비하히롯 앞 곧 바알스본 맞은 편에 장막을 쳤을 때, 이집트는 도망간 노예를 다시 데려오기 위해 무장하고 추적하기 시작한다. 이스라엘 자손들은 혼란에 빠져 불평하기 시작한다.

11 그들이 또 모세에게 이르되 "이집트에 매장지가 없어서 당신이
우리를 이끌어 내어 이 광야에서 죽게 하느냐! 어찌하여 당신이 우리를
이집트에서 이끌어 내어 우리에게 이같이 하느냐! 12우리가 이집트에서 당신에게
이른 말이 이것이 아니냐 이르기를 우리를 내버려 두라 우리가 이집트 사람을
섬길 것이라 하지 아니하더냐? 이집트 사람을 섬기는 것이
광야에서 죽는 것보다 낫겠노라."(출 14:11-12)

이러한 불평은 광야생활 전체에 걸쳐서 계속된다.[7] 이스라엘 백성들은 뒤에서 쫓아오는 바로와 그의 군대와 앞에 있는 바다를 통해

---

7) 이 전형적인 불평의 양식은 민수기의 다베라에서(민 11:1-3)를 보라.

두려움에 휩싸인다. 그러나 하나님은 이스라엘 민족에게 다시 한 번 큰 기적을 행한다. 그 기적을 행하기 전에 모세의 말을 통해서 출애굽의 주제를 만날 수 있다.

모세가 백성에게 이르되

"너희는 두려워하지 말고 가만히 서서

여호와께서 오늘 너희를 위하여 행하시는 구원을 보라!

너희가 오늘 본 이집트 사람을 영원히 다시 보지 아니하리라."(출 14:13)

구원은 언제나 하나님에게 속한 것이며, 하나님만이 행하시고 완성하실 수 있다.

홍해를 건넌 후 출애굽기 15장에서는 노래(출 15:1-19)와 찬양(출 15:21)이 보고된다. 자연스럽게 출애굽 이야기와 광야생활 이야기가 구분된다.

1 "여호와를 찬송하리니 그는 높고 영화로우심이요

말과 그 탄 자를 바다에 던지셨음이로다 ……

11 여호와여 신 중에 주와 같은 자가 누구니이까

주와 같이 거룩함으로 영광스러우며 찬송할 만한 위엄이 있으며 기이한

일을 행하는 자가 누구니이까 ………

19 "바로의 말과 병거와 마병이 함께 바다에 들어가매

여호와께서 바닷물을 그들 위에 되돌려 흐르게 하셨으나

이스라엘 자손은 바다 가운데서 마른 땅으로 지나간지라."(출 15:19)

21 "미리암이 그들에게 화답하여 이르되

너희는 여호와를 찬송하라 그는 높고 영화로우심이요

말과 그 탄 자를 바다에 던지셨음이로다 하였더라."(출15:21)

모세의 찬양(출 15:1-19)과 미리암의 노래(출 15:21)는 야훼께서 이스라엘 백성을 구원하셨음을 고백한다. 이 고백은 야훼께서 이스라엘 백성을 보호하시고 인도하시고, 필요한 것을 채워주심을 말한다.(출 15:7-10)

모세의 노래는 지금까지 출애굽의 상황을 묘사하며, 출애굽의 주제로 다가선다. "신 중에 주와 같은 자가 누구인가?" 이집트의 어떤 신도 야훼보다 뛰어나지 않는다고 고백하고 찬양한다.[8](15:11) 여기서 흥미로운 것은 미리암의 노래로 오래된 히브리인들의 노래로 알려졌으며(15:21), 사사기의 데보라의 노래(삿 5)와 사무엘하 2장의 한나의 노래와 함께 구약성서에 등장하는 대표적인 여인의 찬양이다.[9]

1.2.4. 제3단계 | 시내산 전까지 초기 광야생활

(출 15:22-18:27)

이제 우리는 출애굽기, 레위기와 민수기 10장까지 이르는 첫 단

---

8) J. I. Durham, 손석태 · 채천석 역,『출애굽기』, WBC 3, (2000), 363.
9) 마틴 뢰절, 김정훈 역,『구약성경입문』(기독교문서선교회, 2017), 168.

락의 마지막 부분에 이르렀다. 이 마지막 단락은 출애굽기 15장 22절부터 18장까지 시내산에 도착하기 전의 광야 여정을 그리고 있다. 이스라엘 백성은 수르 광야에서 본격적인 광야 유랑을 시작한다. 광야는 불편함과 고난을 상징한다. 그 속에서 이스라엘 백성은 언제나 불평을 한다. 이 불평에 대한 하나님의 반응은 시내산에 도착하기 전과 시내산에서 출발한(민 10장 이후) 이후가 다르다.

출애굽기 15장 22-27절에서 이스라엘은 광야 여정 가운데 최초로 물 부족이라는 어려움에 빠진다. 하나님은 필요한 물을 제공하면서 동시에 '법도와 규례'를 제시한다. 마라의 사건은 출애굽기 15장 27절을 읽어야 이해할 수 있다.

> 그들이 엘림에 이르니 거기에 물 샘 열둘과 종려나무 일흔 그루가 있는지라
> 거기서 그들이 그 물 곁에 장막을 치니라.(출 15:27)

이스라엘은 광야생활에서 절대적으로 필요한 것을 준비하시고 또한 공급해 주시는 하나님을 통해 많은 기적을 경험했음에도 하나님을 진정으로 알지 못했다. 왜냐하면 그들은 하나님의 기적과 보호 그리고 양육을 아주 당연한 것으로 여겼기 때문이다. 그것은 성서가 말하고자 하는 본질이 아니다. 성서는 이러한 구원의 기억들을 통해 하나님이 지금 당신의 자리에서 그 옛날 이스라엘 사람들에게 베푸셨던 기적을 지금도 계속 베푸신다는 것을 말하고 있다. 그것이 바로 성서가 말하고자 하는 본질이다.

출애굽기 16장에서 이스라엘은 엘림을 떠나서 신 광야에 이른다.(출 16:1) 신 광야에서 이스라엘은 아마도 식량이 부족했던 것 같다. 왜냐하면 그들의 불평이 물이 아니라 양식에 대한 불평이었기 때문이다. 그들은 이집트에서 먹은 양식과 비교하며 불평하기 시작한다.

이스라엘 자손이 그들에게 이르되
우리가 이집트 땅에서 고기 가마 곁에 앉아 있던 때와
떡을 배불리 먹던 때에 여호와의 손에 죽었더라면 좋았을 것을
너희가 이 광야로 우리를 인도해 내어
이 온 회중이 주려 죽게 하는도다.(출 16:3)

하나님은 마라에서와 같이 백성들에게 물을 주신다. 왜냐하면 물의 공급도 '내가 야훼, 너희의 하나님인 줄 알리라'(출 16:12)라는 출애굽기 주제의 한 모습이기 때문이다.

출애굽기 16장 13-36절까지는 '만나와 메추라기' 이야기이다. 만나 이야기는 광야 지면에 떨어져 있는 만나를 거두는 법, 그것을 사용하는 법 그리고 안식일을 대비해 만나를 두 배로 거두는 방법을 제시한다. 각 사람은 만나를 한 오멜씩 거두고 아침까지 남겨두지 말아야 한다.(출 16:16-20) 그러나 백성들은 이 말에 순종하지 않았고, 하루가 지나자 못 먹게 되었다. 즉, 만나는 남겨놓아도 다음 날 먹을 수 있는 것이 아니라 그 날 소비해야만 하는 것이었다. 어린아이, 나이든 사람, 부유한 자, 가난한 자 모두 한 오멜씩만 거둘 수 있었다. 이것은 창조에서 모든 인간이 평등하다는 생각에서 유래한다. 평등

의 원칙은 광야생활의 만나 이야기에서도 엿볼 수 있다. 후에 이 만나
의 원칙은 땅 점령 후 토지 분배에 대한 이상적인 이론이 아니었을까?

출애굽기 17장에서는 두 개의 이야기가 나온다. 첫 번째 이야
기는 르비딤에서 마실 물이 없는 이스라엘 백성들이 불평하지만 그
럼에도 불구하고 물을 공급해주시는 하나님에 관한 이야기이다.(출
17:1-7) 백성들의 불평은 계속되는 하나님의 돌보심과 보호 그리고
실질적인 도움에도 불구하고 더 심각해져 간다. 처음에는 단순하게
말로 불평했지만(출 15:25), 르비딤에서 이스라엘 백성의 불평은 모세
의 말에 따르면 물리적인 위협까지 할 정도로 거세어졌다.

모세가 여호와께 부르짖어 이르되
"내가 이 백성에게 어떻게 하리이까?
그들이 조금 있으면 내게 돌을 던지겠나이다!"(출 17:4)

모세는 하나님의 말씀대로 호렙산의 반석을 쳐서 나온 물을 이스
라엘 백성에게 마시게 한다. 따라서 그 곳을 이름하여 맛사 또는 므
리바라 불렀는데 이는 "야훼를 시험하여 이르기를, 야훼께서 우리 중
에 계신가 안 계신가이다." 야훼는 이스라엘 백성의 이러한 의심에도
불구하고 그들이 원하는 것을 들어주신다. 그러나 이러한 상황은 민
수기 11장부터 변하기 시작한다.

출애굽기 17장의 두 번째 사건은 아말렉과의 싸움이다. 아말렉

과의 싸움은 두 부분으로 나누어진다. 첫째 부분은 싸움의 상황(출 8-13절)과 후대에 기념할 것을 명령(출14-16절)하는 부분이다. 이 싸움은 이스라엘 백성이 광야 길로 들어선 후 첫 번째 전쟁 이야기이다. 아말렉은 에서의 후손이다.(창 36:12; 15-16) 창세기에서 이들과의 관계는 처음에는 미움과 갈등(창 27:41)의 관계였지만, 나중에는 화해의 단계로 돌아섰다.(창 33:3-4) 비록 이 싸움이 일어난 직접적인 원인을 알 수는 없지만, 이 전쟁 이후에 아말렉은 이스라엘과 적대관계로 나타난다. 신명기는 이러한 상황을 다음과 같이 요약한다.

> 17 너희는 이집트에서 나오는 길에 아말렉이 너에게 행한 일을 기억하라
> 18 곧 그들이 너를 길에서 만나 네가 피곤할 때에
> 네 뒤에 떨어진 약한 자들을 쳤고
> 하나님을 두려워하지 아니하였느니라.
> 19 그러므로 네 하나님 여호와께서 네게 기업으로 주어
> 차지하게 하시는 땅에서
> 네 하나님 여호와께서 사방에 있는 모든 적군으로부터
> 네게 안식을 주실 때에 너는 천하에서 아말렉에 대한 기억을 지워버리라
> 너는 잊지 말지니라."(신 25:17-19)

이스라엘과 아말렉의 관계는 다윗 때까지 적대 관계로 나타난다.(삿 3:13; 5:14; 6:3; 삼상 14:48; 15:2; 30:18; 삼하 1:1) 그 때문에 이 싸움은 앞으로 이스라엘 백성들이 가야하는 약속의 땅을 향한 여정이 험난하다는 것을 암시하며, 또한 그 백성을 위하여 하나님이 싸우신다는

것을 제시한다. 게다가 므리바 사건이 하나님이 우리 중에 계신가를 묻는 것이라면, 아말렉과의 싸움은 모세, 아론과 훌 그리고 여호수아를 통해서 하나님이 우리 중에 계시며 우리를 위하여 싸우시는 성스러운 전쟁을 수행하신다는 대답이다.

아말렉과의 싸움의 두 번째 부분은 기념과 기억에 관한(출 17:14-16) 것이다. 모세가 단을 쌓은 것은 야훼가 개입하여 승리한 것을 기억하게 한다. 그리고 그와 함께 그 이름을 야훼의 닛시(야훼의 깃발)라고 이름짓는다. 이 닛시[ㅇ 네스]의 의미는 산 위에 세운 신호기나 깃발로 사용되며, 특히 시편 60편에서는 하나님을 믿는 자를 보호하기 위하여 피신할 수 있게 하는 깃발로 사용된다.[10]

출애굽기 18장은 출애굽기-민수기 10장에 이르는 단락의 마지막 부분이다. 시내산에 도착해서 하나님과 계약을 맺고 율법을 받기 전에, 이스라엘 민족은 체제를 정비한다. 이스라엘 체제의 시작과 발단은 모세의 장인 이드로의 방문에서 비롯된다. 모세의 장인 이드로는 '하나님께서 모세와 그의 백성에게 하신 일'을 듣고(출 18:1) 모세를 만나 하나님께서 행하신 일을 듣고 찬양한다.(출 18:10) 다음 날 장인 이드로는 모세가 혼자서 자기 백성의 시시비비를 가리는 것을 보고 도울 자들을 세우게 된다.

출애굽기 15장-18장까지는 이스라엘 민족의 초기 광야생활을 보여준다. 왜 하나님은 걸어서 한 달이면 갈수 있는 길을 두시고 험

---

10) J. I. Durham, 『출애굽기』 WBC 3, 400-401.

난하고 고된 광야의 길로 인도하셨을까? 이스라엘 백성은 부푼 희망을 안고 "약속의 땅"으로 출발하지만, 하나님은 그들이 그 땅에 들어가는 시간을 늦추셨다. 적어도 한 달 정도면 이집트에서 가나안까지 충분히 도달할 수 있었지만 그들은 쉽고 평탄한 길이 아닌 시간이 많이 걸리는 길을 통하여 가나안 땅에 들어가게 된다. 그 때문에 이집트에서 나온 이후에 어느 정도 시일이 지나면서 백성들 사이에서는 불평과 불만이 생기기 시작했다. 자신에게 위기가 닥쳤을 때, 사람들은 하나님의 방법보다는 내 방법이 합리적이고 이성적이라고 생각한다. 30일만에 갈 수 있는 거리를 40년이나 걸렸다는 것은 인간의 이성적인 생각에서는 참으로 어리석은 방법이다. 이집트의 탈출 이후에 백성들은 하나님의 방법이 어리석은 것이라고 생각하기 시작했다. 심지어 모세를 제거하려는 반란의 음모(출 16:1~3; 민 14:1~4; 16:1~35)까지 있었다.

왜 하나님은 이런 방법을 선택하셨을까? 이집트에서 살던 이스라엘 사람들의 습관과 관습은 조상들인 아브라함, 이삭과 야곱에게 주어진 관습과는 달랐다. 곧바로 이스라엘 사람들이 가나안 땅에 들어갔다면, 그들은 야훼 하나님도 이집트의 신들과 같이 동일하게 취급했을 것이다. 아마도 하나님은 이런 이스라엘인들의 생각을 변화시키려고 했을 것이다. 그래서 하나님은 이스라엘을 고립시키기 위해 광야를 선택하신다. 왜냐하면 광야에서는 그들을 도울 이가 하나님 밖에 없기 때문이다. 하나님의 방법이 잘못된 것일까? 우리도 가끔은 우리의 신앙을 위하여 하나님만 바라봐야 하는 광야 같은 삶이 필요하지 않을까?[11]

2. 시내산 이야기(출 19장 - 레 - 민 10장)

2.1. 전체 구조

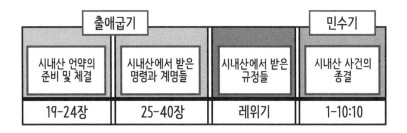

출애굽기			민수기
시내산 언약의 준비 및 체결	시내산에서 받은 명령과 계명들	시내산에서 받은 규정들	시내산 사건의 종결
19-24장	25-40장	레위기	1-10:10

이 단락은 4부분으로 나누어진다. 첫 번째 부분은 출애굽기 19장부터 24장까지 시내산 언약 준비와 체결까지이다. 그 안에 십계명(출 20:1-17)과 언약법전(출 20:18-23:33)이 있다.

두 번째 부분인 출애굽기 25장부터 40장까지는 모세가 산 위에서 40일을 지내는 동안 성막 제작(출 24-27; 30:1-31:18)과 제사장에 관한 규정들(출 29장)에 대한 세부적인 설명을 듣고 십계명 돌판을 받을 때(출 31:18)까지 이다. 모세가 십계명 돌판을 받을 때에 이스라엘 백성은 금송아자를 만들어 하나님 앞에 악을 행한다. 돌판을 가지고 내려오던 모세는 그 모습을 보고 십계명 돌판을 깨뜨린다. 모세는

---

11) 이용호 • 조갑진, 『성서의 이해』 98.

다시 야훼 하나님의 명령에 의하여 새로운 돌판을 받기 위하여 시내산으로 올라간다. 이후 출애굽기 35-40장은 두 번째 십계명 돌판과 함께 성막 제작이 완성되는 과정을 보고한다.

세 번째 부분은 레위기이다. 레위기는 제사 방법(레 1-7장), 제사장에 관한 규정(레 8-10장), 정함과 부정함의 구별(레 11-15장), 대속죄일 규정(레 16장)이 있다. 그 뒤로 성결법전(레 17-26장)과 서원과 십일조(레 27장)로 끝난다.

마지막 네 번째 부분은 시내산 이야기의 종결(민 1:1-10:10) 부분이다. 이 부분은 시내산을 떠나기 전의 준비 과정과 인구 조사의 실행(민 1장), 지파 배열과 행군 순서의 결정(민 2장) 그리고 레위인에 대한 규정(민 3-4장), 간통, 나실인과 제사장의 축복문 등 레위기에 빠진 사회·종교적 규정(민 5-8장)의 보충과 두 번째 유월절과 길을 안내하는 구름 기둥과 불 기둥을 보고하며(민 9장) 나팔 신호로서 시내산에서의 출발(민 10:1-10)을 제시하며 끝난다.

2.2. 시내산 이야기: 출애굽기(출 19-40장)

2.2.1. 여러 가지 율법(출 19-24장)

하나님 현현	십계명	계약 법전	시내산 언약
19:1-25	20:1-17	20:18-23:33	24:1-18

출애굽기 19-24장은 율법의 핵심을 이룬다. 하나님의 산인 시내산에서 하나님의 현현을 이야기 형식(출 19:1-25)으로 보고한 후에 십계명(출 20:1-17)과 언약법전(출 20:18-23:33)이 나온다. 언약법전은 두 개의 이야기 틀과 두 개의 신학적 틀로 되어 있는데, 첫 번째 신학적 틀(출 20:23-24, 형상금지와 25-26 제단법)이 핵심부분(출 21:1-23:33) 앞에 위치하고 또 다른 신학적 틀(23:10-13 안식일(년)과 14-19절 3가지 축제)이 언약법전의 뒤에 놓인다. 이 단락의 첫 이야기 틀과 마지막 이야기 틀은 하나님의 현현에 관한 이야기로, 하나님에 의해 수여된 법령들임을 강조하고 있다.

● 서론(출 19장)

출애굽기 19장에서 이스라엘 사람들은 르비딤에서 출발하여 시내 광야에 도착한다. 이집트에서 출발한 지 3개월이 지난 시점이다.(출 19:1-2) 하나님은 자신의 백성이 선민으로서 어떻게 살아야 하는지를 규정한다. 하나님의 현현을 묘사하는 출애굽기 19장 3-15절은 이 단락 전체의 서론이다. 이 단락의 가장 중요한 주제인 야훼의 현현은 이후에 전개되는 율법수여, 하나님과 백성 간의 언약을 체결하는 길잡이로서 기술된다.

출애굽기 19장 4-9절은 율법의 서론에 해당하며, 야훼가 어떻게 자기 백성을 보호하고 안전하게 인도하셨는가를 제시한다:

4 "내가 애굽 사람에게 어떻게 행하였음과
내가 어떻게 독수리 날개로 너희를 업어 내게로 인도하였음을 너희가 보았느니라
5 세계가 다 내게 속하였나니

너희가 내 말을 잘 듣고 내 언약을 지키면

너희는 모든 민족 중에서 내 소유가 되겠고

6 너희가 내게 대하여 제사장 나라가 되며 거룩한 백성이 되리라

너는 이 말을 이스라엘 자손에게 전할지니라."(출 19:4–6)

하나님의 말씀은 조건적이다. 만일 너희가 하나님의 말씀에 순종하면 첫째, 하나님의 소유가 되고 둘째, 제사장 나라가 되며 셋째, 거룩한 백성이 된다는 것이다. 이 구절은 시내산 이야기의 중요 구절 중 하나이다. 왜냐하면 이 구절을 통해 비로소 야훼 하나님과 이스라엘 백성 사이에 관계가 설정되기 때문이다. 여기에서 계약 수여자는 하나님이며, 계약 당사자는 이스라엘 백성이 된다. 계약 수여자와 계약 당사자는 어느 한쪽이 아니라 모두에게 책임이 부여된다. 야훼 하나님은 성실하게 자기 백성을 보호하고, 이스라엘 백성은 하나님 말씀에 순종해야 한다. 그러면 야훼 하나님은 이스라엘의 하나님이 되며, 이스라엘은 하나님의 백성이 된다. 그러므로 이제 이 계약을 통하여 이스라엘은 선민이 된다. 모세가 이 말을 백성들에게 전하자 백성들은 일제히 응답한다. "야훼께서 명령하신대로, 우리가 다 행하리이다.(출 19:8)" 이러한 응답을 통해서 이제 하나님이 백성에게 나타나시며 계약의 체결과 율법의 수여가 이루어진다.

야훼의 현현은 백성들로 하여금 모세의 말을 믿게 만들기 위함(출 19:9)이다. 야훼가 시내산에 내려오시기 전에, 이스라엘 백성들은 성결 의식을 행한다. 이것은 최초로 이스라엘 백성을 다른 백성과 구별시키는 역할을 하며 성결한 하나님의 백성이 되게 한다. 하나님의 현

현은 출 19장 16-19절까지 자연 현상(우뢰, 번개, 빽빽하게 덮인 구름 등)으로 표현된다.(16절) 20-25절은 장소의 거룩함에 관한 것이다. 이 규정은 산에 오르지 말라는 금지 명령으로 표현된다. 결국에 하나님과 이스라엘 백성의 구별은 성결과 장소로 확고하게 확립된다.

● 십계명(출 20:1-17)

십계명은 출애굽기 20장 2절부터 시작한다. 2절은 십계명의 서론으로서 출애굽 역사가 언급된다. 이 구원의 역사가 이스라엘 백성의 역사에서 계속 반복되는 것은 하나님의 권위보다는 오히려 하나님의 보호와 도우심을 약속하는 것이다. 즉, 자신의 백성의 구속과 자유를 알리는 것이다.(시 146:7; 삼상 10:19)

십계명의 형식은 "너는 ~을 하지 마라" 그리고 "너는 ~을 해야 한다"라는 명령형이다. 확실하게 십계명의 10이라는 숫자는 인간에게 기억되기 쉽다. 먼저, 십계명은 하나님 백성이라는 공동체를 향하지만 동시에 각 개인에게도 요구된다. 두 번째로 십계명은 완전한 요구, 즉 무조건 행해야만 하는 것이다. 마지막으로 십계명은 법적인 형량과 무죄에 대한 형벌 규정을 포함하지 않으며, 죄를 범한 자에게 죄를 묻는 것이 아니다. 오히려 아직 발생하지 않은 범죄에 대하여 경고하는 것이다.

먼저 십계명 중 1-4계명은 하나님을 어떻게 사랑하는가에 대한 것이다. 하나님을 사랑하라는 강력한 권고는 1계명에 속하며, 형상 금지와 이름 금지 선언인 2, 3계명은 어떤 형상이나 이름으로도 하나님을 좌지우지(左之右之) 할 수 없다는 것을 내포하고 있다. 4계명인 안식일 준수에 대한 계명은 휴식과 관계된다. 그 휴식은 자신의 일에서 벗어나 하나님께 대한 온전한 섬김을 향한다. 5계명은 윤리적인 율법과 신학적인 율법 사이에 있는 부모공경에 대한 계명이다. 부모는 자식의 형상을 결정한다. 마찬가지로 하나님의 형상은 우리의 형상과 같다. 왜냐하면 하나님의 형상으로 우리를 만들었기 때문이다. 그 때문에 부모를 공경하는 것은 하나님을 공경하는 것과 같다. 따라서 5계명은 자연스럽게 신을 사랑해야 하는 이유와 인간들이 지켜야 할 윤리를 결합하고 있다. 그리고 6계명부터 마지막 계명까지는 인간과 인간이 서로 지켜야 할 도덕적이고 윤리적인 태도에 관한 것이다. 살인(6계명), 강간(7계명), 거짓말(8계명) 그리고 도적질(9계명) 등이 안에서 밖으로 나가는 윤리적 의식을 표현한다면, 10계명은 마음속에 품고 있는 욕망과 탐심을 표현한 것이다.[12] 십계명의 내용은 신약에서 예수에 의해 사랑의 큰 계명으로 요약된다.(막 12:28-32)

요약하자면, 십계명 중 4개의 계명들은 하나님에 대한 계명이며 (3-11절), 또한 5개의 계명들은 인간과 관련된 계명(13-17절)이다. 4개의 하나님 계명과 5개의 인간의 계명 사이에 부모 공경(12절)의 계명이 하나님을 향한 계명과 인간을 향한 계명을 나누고 있다. 부모는 하나님의 형상(창 1:26-28)을 계승하는 자이기에 하나님의 계명과 인간의 계명을 연결하는 계명이 된다. 신약성서의 견지에서 십계명은 '어떻게 하나님과 인간을 사랑할 수 있는가?' 이다. 그것은 하나님이

---

12) 이용호 • 조갑진, 『성서의 이해』 99.

원하시고 기뻐하시는 것이다.[13]

● 언약법전(출 20:18-24:18)

이야기 틀	신학적인 틀	핵심적 법률들	신학적인 틀	이야기 틀
20:18-22	20:23-26	21:1-23:9	23:10-19	24:3-8

언약법전의 시작 이야기 틀(출 20:18-22)은 하나님의 현현을 묘사하는 출애굽기 19장 16-19절을 계승하기 때문에 언약법전을 하나님이 주시는 권위있는 계명으로 이해하게 한다. 이어지는 우상금지(출 20:23)와 제단에 관한 법(출 20:24-26)은 언약법전의 신학적 틀로서 제시된다. 언약법전의 핵심적 법률(출 21:2-23:9)은 두 부분으로 되어 있는데, 그 중 첫 번째 부분(출 21:2-22:17)은 조건법으로 이루어져 있으며 다음과 같은 내용들을 담고 있다:

노예법(출 21:2-11)

사형 규정에 관한 것들(출 21:12-17)

각종 사체 상해에 관한 규정들(출 21:18-36; 21:23-26은 동태복수법)

각종 손배 보상 의무 규정들(출 21:37-22:17)

두 번째 부분(출 22:18-23:9)은 금지명령들(출 22:18절 이하), 신학적으로 중요한 훈계적 적용들(출 23:1 이하들)을 가지고 있다:

종교적 규정들(출 22:18-20, 28절 이하)

사회적 행위(출 22:21절 이하)

---

13) W. H. Schmidt, Die Zehn Gebote, 13-24.

재판 절차들(23:1절 이하)

언약법전은 다시 핵심적 법률들을 에워싸는 신학적 틀(안식년(일)과 세 가지 축제(출 23:10-19)과 이야기체로 된 틀(출 24:3-8)로 되어 있으며, 그 안에 언약법전의 부록(출 22:21-24)이 삽입되어 있다. 언약법전을 마감하는 이야기 틀에서 모세는 하나님에게 전권을 위임받고 모든 이스라엘 백성들에게 율례를 전하고 백성들은 순종의 서약을 맹세한다.(출 21:3) 다음 날 모세는 제단을 쌓고 백성과 함께 피로써 하나님과 이스라엘 백성 사이의 언약을 세운다.[14] 언약법전은 공동체의 다양한 행위관계를 규정하기 때문에, 공동체 유지에 필수적이다. 제단과 이스라엘 백성 사이의 언약은 이 법을 주신 분이 하나님이시며, 이 법이 신적 권위에 의한 것임을 보여준다. 동시에 하나님이 주신 것은 항상 의무가 수반된다는 것을 제시한다.[15]

마지막으로 언약법전을 에워싸고 있는 또 다른 이야기 틀은 출애굽기 24장 9-18절이다. 이 이야기틀은 3가지 단계로 이스라엘 백성의 진영이 나누어지는 것을 이야기한다.

이스라엘 백성은 산 밑에

---

14) M. 노트, 『출애굽기』 국제성서주석 (한국신학연구소, 92001), 237-238.
15) W. H. Schmidt, 『구약성서입문』 169-171.

서 진영을 치며, 아론과 나답, 아비후와 이스라엘 장로 70인은 산으로 올라와 하나님을 뵙고 그 앞에서 먹고 마신다.(출 24:9–11) 이러한 공동 식사는 일종의 계약을 체결하는 형식을 나타낸다.[16] 이 같은 공동 식사의 개념은 초대교회에서 다시 나타난다.(행 2:42–47)

　　전체적으로 출애굽기 19–24장은 하나님 현현을 묘사하는 이야기로 시작하여 율법이 하나님으로부터 수여된 것임을 제시한다. 십계명(출 20:1–17)과 언약법전(출 21:2–23:9)의 핵심 내용을 제외하면 전체 이야기 틀은 이상적인 계약을 위하여 하나님이 이스라엘 백성에게 내려오셨다는 것이다. 그 때문에 출애굽기 19장 4–6절이 이 단락의 전체 서론이자 동시에 전체 율법의 핵심이다.[17]

2.2.2. 성막(출 25-40장)

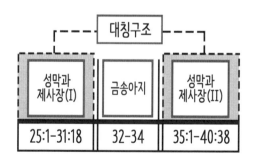

출애굽기 마지막 단락은 금송아지 사건인 출애굽기 32–34장을 중심으로 성막제조에 관한 이야기가 대칭적으로 놓여있다. 모세는 산 위로 올라가서 성막을 제조하는 일에 대해 지시를 받는다. 첫

---

16) M. 노트, 『출애굽기』 국제성서주석, 235.
17) 　J. I. Durham, 『출애굽기』 WBC 3, 566-568.

번째 성막과 제사장(I) 부분은 성막제조를 위한 지침들로 언약궤(출 25:10–22), 진설병 상(출 25:23–30), 등잔대(출 25:31–39), 그리고 성막(26 장), 번제단(27:9–19)이 있고, 제사장 의복(출 28)에 대한 것도 포함된다. 출애굽기 29장은 제사장 위임식에 대한 것이고 출애굽기 31장은 안식일 계명에 대한 부분이다. 두 번째 단락인 출애굽기 32장에서 34 장은 금송아지 사건으로 언약이 파기되었다가 다시 갱신되는 이야기이다. 마지막 부분은 첫 부분(성막과 제사장 I)에서 받은 성막제조를 위한 지침들대로 성막을 제작하고 제사장 위임식을 거행하는 부분이다. 성막을 세우고 성별하자 야훼의 영광이 성막에 충만하게 임한다. 하나님은 이스라엘 가운데 계셔 그들의 길을 낮에는 구름 기둥으로 밤에는 불 기둥으로 인도하신다.

성소 안에 들어가는 성물도 하나님의 임재가 있는 곳에서부터 멀어지는 장소에 따라서 그 중요성이 제시된다. 성막에 사용된 재료도 그러한 관련 속에서 사용된다. 즉, 성소 속에 사용된 재료는 순금으로 만드는 귀한 재료들이 사용되며, 그 뒤로 점점 가치가 떨어지는 재료들이 사용된다: 언약궤(출 25:10–16), 속죄판(출 25:17–22), 진설병 상과 등잔대(출 25:23–40) 이상은 성소의 물건으로 순금으로부터 청동으로 만들어졌다.

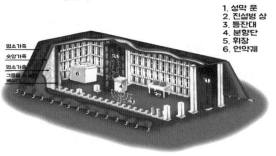

두 번째 성막 천도 가장 안쪽에 덮개는 하늘을 상징하는 하늘 색을 사용한

다. 가장 곱고, 비싼 천을 사용했으며, 그 위에는 구조물을 보호하기 위한 숫양의 가죽과 염소털로 덮힌다. 그 위에는 네 번째로 해우의 껍질을 덮어 바깥 기후에서 견디게끔 제작하였다.(출 25:7-14) 성소 밖에 물건들, 즉 성소를 세우는 널판지, 성소와 지성소를 나누는 휘장(출 25:31-37), 물두멍(놋), 제단들은 은, 청동과 놋쇠 그리고 나무로 만들어졌다.[18](출 27:9-19)

성막은 솔로몬이 성전을 건설하기 전까지 하나님의 임재를 상징하는 하나님의 처소로 사용되었다. 성막에 관한 해석은 너무나 다양하고 장황하기에 여기서는 다루지 않겠다. 다만 성막은 하나님과 이스라엘 백성이 언약을 맺은 후에 세워진 것이기에 매우 중요하다. 그것은 하나님이 이스라엘 백성과 동행하고 계심을 보여주는 것이다. 이는 불가시적 존재인 하나님이 스스로 자신의 초월성과 거룩성을 가시

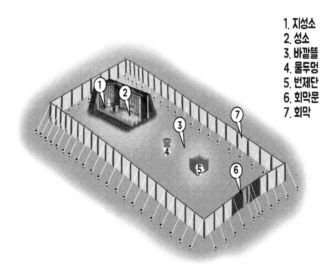

1. 지성소
2. 성소
3. 바깥뜰
4. 물두멍
5. 번제단
6. 회막문
7. 회막

---

18) 트럼프 롱맨 · 레이몬드딜러드, 박철현 역, 『최신구약개론』 (크리스챤다이제스트, 2009), 103-104.

적인 제사와 제도에 국한시킴으로써 백성 가운데 계신다는 것이다.[19]

성막을 제작하라는 첫 지시(출 25-31장)와 성막제작 실행(출 35-40장) 사이에 금송아지 사건이 기록되어 있다. 이 사건은 이스라엘 백성이 이집트에서 습득된 관습과 종교적 태도를 단편적으로 보여준다. 송아지를 만들었다는 것은 이집트의 신들 가운데 우두머리가 되는 황소, 아몬-레를 연상시킨다. 그 때문에 그 행위는 야훼와 이스라엘 관계를 파괴하는 용서할 수 없는 것이다.[20] 이러한 상황 속에서 성막제작의 실행(출 35-40장)은 이스라엘 백성에게 하나님과의 합당하고 바른 관계를 할 수 있게 했다.[21] 성막은 이집트에서 종살이하던 이스라엘 백성을 누구의 도움 없이 스스로 구원한 야훼를 이집트에서 습득한 섬김의 방식이 아닌, 오히려 야훼만의 방식으로 섬길 수 있는 역할을 제시한다.

2.3. 시내산 이야기: 레위기

레위기: 오경의 세 번째 책

레위기는 히브리성서에서 첫 글자를 따서 바이크라[ויקרא 외치다]라는 명칭으로 나타난다. 반면에 헬라어-라틴어성서에서는 제사장들을 위한 책으로 분류하여 헬라어 성서에서 류에이티콘[leueitikon]

---

19) 윌리엄 S 라솔, 박철현 역, 『구약개관』, (크리스챤 다이제스트, 1996), 230.
20) J. I. Durham, 『출애굽기』 WBC 3, 678-679.
21) 강사문 외 3명, 『구약성서개론』, 338.

과 라틴어성서에서 레비티콘[levitikon]으로 불리웠으며, 결국에 헬라어-라틴어성서에 따라서 '레위기'로서 불린다.

| 전체 구조

```
┌─────────────┐
│   제사법    │
│  [레1-7장]  │        ┌─────────────┐
└─────────────┘        │ 〈이야기I〉 │
        ●──────────────│ 제사장 규정 │
┌─────────────┐        │ [레8-10장]  │        ┌─────────────┐
│   정결법    │        └─────────────┘        │  성결법전   │
│ [레11-15장] │  ●─────┌─────────────┐──●─────│ [레17-25장] │
└─────────────┘        │ 〈이야기II〉│        └─────────────┘
                       │  대 속죄일  │                │
                       │  [레16장]   │        ┌─────────────┐
                       └─────────────┘        │〈이야기III〉│
              ┌─────────────┐                 │ 하나님 저주 금지 │
              │    결 론    │                 │ [레24:10-23] │
              │  [레26장]   │                 └─────────────┘
              │-부록: 서원 예물과│
              │  십일조 [레27]│
              └─────────────┘
```

레위기는 처음부터 이 책이 시내산에서 하나님이 모세에게 주신 출애굽 율법의 연속선상에 있음을 제시한다. 레위기 1장 1절과 7장 38절 그리고 27장 3절을 보면, 계시의 장소로서 시내산이 등장한다. 즉, 레위기 1장 1절은 모세가 하나님으로부터 율법을 부여받은 장소와 시기를 출애굽의 연장선상으로 제시하며, 또한 하나님의 현현 → 율법수여 → 제의에 필요한 제도와 기구 제작(이상 출애굽)과 더불어, 후속으로 제의의 이론과 실행을 제시하는 레위기의 시작을 알린다.

레위기 본론에 해당하는 레위기 1-25장은 간단한 구조를 가지고 있다. 먼저 소위 욤 키푸르(Yom Kippur)라고 하는 속죄일이 나타나는 레위기 16장을 기준으로 정확하게 두 개의 주제가 나누어진다. 전반부(레 1-15장)는 인간으로 하여금 하나님 앞에 죄를 어떻게 제거하고 나아갈 수 있는가를 제시하는 제사법과 제사의 실행(레 1-7장)과 하나님과의 교제를 거룩하게 유지하기 위하여 무엇을 알아야 하는지 설명하는 소위 정결법(레 11-15장)이 제시된다.[22] 이 전반부(레 1-15장)는 주제가 두 개인 것 같지만, 정확하게 보면 인간이 하나님에게 나아가지 못하게 하는 것을 제거한다는 측면에서 하나의 주제로 생각할 수 있다.[23] 또한 속죄일(레 16장)을 지나 소위 '성결법전'(Holiness Code)[24]으로 불리우는 법전이 레위기(레 17-27장)를 차지한다.

레위기의 주제를 힘 있게 이끄는 것은 세 가지 큰 단락 속에 섞여서 있는 이야기체들이다. 3개로 이루어진 이야기 형식들은(레 8-10장; 16장; 24:10-23) 주제와 주제를 힘 있게 연결하고, 전개된 주제를 끝내면서 전환점으로서 새로운 주제를 이끈다.[25] 첫 번째 이야기 형식은 제의의 이론과 실행(레 1-7장)을 마감하는 이야기 형식으로 제사장의 위임과 역할에 대한 레위기 8-10장이다. 제사를 드리기 원하는 자와 주재하는 자가 레위기 8-10장을 통해 연결된다. 또한 제사장은 그 뒤에 나타나는 정결법(레11-16장)에서 정한 것과 부정한 것을 판별하는 주체가 된다. 이 이야기에서는 제사를 진행하게 하는 주체와 정결을 판단하게 하는 주체, 즉 제사장이 전반부를 이끌어 나간다.

---

22) 윌리엄 S 라솔, 234-235.
23) 롤란드 해리슨, 류호준 외 2인 역 『구약 서론II』 (크리스챤 다이제스트, 2007), 130.
24) A. Klostermann, "Ezechiel und das Heiligkeitsgesetz", 21.Thk 38, (1877), 401-445.
25) 천사무엘 외 다수 『구약성서 개론』 (대한기독교서회 2010), 260.

두 번째 이야기 형식은 레위기 16장으로서 대속죄일(Day of Atone-
ment)이라고 한다. 선택된 백성이 거룩한 길로 가기 위하여 지난 죄를
회개하고 정리하는 과정을 제시한다.

세 번째 이야기 형식은 세 가지 이야기체 중 가장 짧은 구절로서
레위기 24장 10-23절에 나타난다. 이 이야기는 신성모독(10-16절)과
사법적 결과들(17-23절)을 제시한다. 여기에서 신성모독이 인간이 행
하는 범죄들 중에 가장 극단적인 범죄로 제시하며, 마지막 결론을
유도하는(레 26장) 법전을 강조할 수 있게 한다.

레위기의 결론은 레위기 26장에서 볼 수 있다. 레위기 26장은 축
복(레 26:3-13)과 저주(레 26:14-46)으로 나누어지며, 율법의 순종과 불
순종에 따른 결과를 제시한다. 율법에 대한 순종은 추수를 위한 충
분한 비(레 26:4), 점령한 땅에서의 평화(레 26:6), 마지막으로 가장 중요
한 하나님이 함께 하심(레 26:11-12)이다. 반면에 율법에 대한 불순종
은 병과 슬픔(레 26:16), 전쟁과 기근, 역병(레 26:23-29)들이다.[26] 레위기
전체뿐만 아니라 율법서의 결론을 이끈다.

결론 부분의 마지막 레위기 27장은 종교적 서원으로 나타나는
부록이다. 처음 부분은 자발적인 서약을 다루는 인간(2-8절)과 짐승,
물질(9-13절)과 헌정된 물건(14-2절)에 대하여 다루며, 그 헌정된 것에
대한 제약 규정이 뒤따른다(26-33절). 마지막 서원의 종착역은 십일조
(레 27:30-34)에 해당한다.[27]

---

26) V. P. Hamilton, 강성렬 · 박철현 역, 『오경 개론』(크리스챤 다이제스트, 2005), 388.
27) J. H. 세일해머, 정충하 역, 『서술로서 모세오경』(새순 출판사, 1995) 260-263; J. E., Hartley ,
    김경렬 역, 『레위기』WBC 4, (솔로몬, 2006), 910-911.

2.3.1. 제사법(레 1-7장)

레위기 1-7장은 제사에 대한 율법을 다루고 있는 장들이다. 여기 나오는 제사들은 하나님과 인간의 관계를 긍정적으로 만드는 행위이다. 특히 인간이 거룩한 존재(하나님)와 소통할 수 있는 방법의 시도이다. 이스라엘은 제물과 제물을 드리는 자와 제사장이 중심이 되어 거룩한 존재와의 만남을 시도하였다. 다음에 제시되는 5개의 제사법은 이스라엘 제의의 가장 기초적인 제사 방법이다.

번제(레 1장): 히브리어 명칭은 올라(עלה 레 1장; 6:8-13)이며, '올라가는 것'이라는 의미이다. 번제는 가죽과 부정한 부위(예, 새의 모이 주머니 등)를 제거하고 동물 전체 부위를 화제(불에 태우는 행위)로 드린다. 원역

사의 이른 시기부터(창 4:4; 8:20; 15장: 아브라함) 드려진 제사이다. 이 제사가 속죄의 기능을 가졌다는 것은 아마도 희생제물 머리에 손을 얹는 행위 때문일 것이다. 그러나 하나님에게는 선물로서 작용한다.[28] 레위기 6장

---

28) 트럼프 롱맨, 『최신구약개론』, 114; D. Kelermann, עלה, *ThWAT VI*, (Stuttgart[u.a.], 1989), 105-124

8-13절에 또 한 번 나오는 번제는 제사장의 책임이 적혀 있다. 제사장은 제물을 밤새도록 타게 해야 하며, 아침에 옷을 갈아 입고 단 옆에 있는 재를 치우는 역할을 했다.[29]

소제(레 2장): 히브리어 명칭은 민하(מנחה 레 2장; 6:14-18)이다. 이 단어의 원래 의미는 '선물'이다. 즉, 권력자에게 호의를 불러 일으킬 목적으로 주는 예물이라는 의미를 담고 있다.[30] 레위기 2장에서 사용하는 공식 명칭은 '소제' 또는 '음식제'이다. 소제물은 곡식 가루로 드리는 제사이다. 번제가 가축을 드리는 제사라면, 소제는 밭에서 추수한 곡식을 드리는 제사이다. 동물보다는 저렴한 가격의 곡식으로 드려진다는 점에서 가난한 자들이 드리는 것이다. 레위기 6장 14-18절에서 제사장들은 한 움큼의 소제물을 단위에 향과 함께 태워야 했다. 나머지는 누룩을 넣지 않고 아론과 그의 자손들이 먹을 수 있었다.[31]

화목제(레 3장): 이 제사는 히브리어 단어 샬롬(שלום: 평강)에서 나온 단어와 희생 제물을 뜻하는 제바흐(זבח)를 합성해서 사용하는 용어이다. 두 단어에서 보듯이 이 제사의 특징은 내부적 평안보다는, 다른 사람에게 평안을 비는 용어로 사용된다.[32](창 29:6; 삼하 18:30 등)

---

29) J.H. 세일헤머, 190.
30) M. Weinfeld, מנחה, *ThWAT IV*, (Stuttgart[u.a.], 1984), 988-1001
31) 정중호, 레위기 만남과 나눔의 장, 한들 출판사, 22004, 50
32) F.J. Stendebach, שלום, *ThWAT VIII*, (Stuttgart[u.a.], 1995), 12-46

이 제사는 짐승의 기름기 일부만 제단에서 태워 하나님께 드리며, 나머지는 제사를 드리는 사람들과 주위에 있는 자들이 나눠 먹는다. 나눔의 교제는 화해와 화목을 전제로 한다. 후반부 제사장 규정(레 7:11-16)에서 화목제물은 감사의 표현으로 무교병과 무교전병으로 드리며(레 7:12), 서원이나 자원하는 맹세(레 7:16)로도 드려진다. 제사장의 몫으로는 가슴과 오른쪽 뒷다리이며, 아론과 그 아들들에게 속한 것이다.[33](레 7:28-34)

속죄제와 속건제(레 4:1-6:7): 이 단락은 두개의 비슷한 제사종류로서 속죄제(레 4:1-5:13)와 속건제(레 5:14-6:7)로 나눠진다. 속죄제와 속건제는 위에서 제기한 3개의 제사 −번제, 소제와 화목제 - 와는 다른 차이를 제시한다. 물론 5개의 모든 제사가 개인의 속죄에 관련되기는 하지만, 그럼에도 불구하고 앞의 3개의 제사(번제, 소제 그리고 화목제)는 인간이 지은 직접적인 죄와 관련된 것이 아니라 하나님께 스스로 드리는 감사와 찬양의 성격을 가진다. 반면에 속죄제와 속건제는 부지 중에 '야훼의 계명을 어긴 경우'(레 4:2)에 해당한다. 위의 세가지 제사가 자발적인 행위라고 한다면, 속죄제와 속건제는 부지중에 죄를 범한 경우에 드리는 제사이다.

위의 개념설명에서 보듯이, 속죄제는 히브리어에서 죄에 대하여 말하는 하타[חטא:죄를 짓다]라는 동사에서 나온 명사로서 핫타아[חטאה:일반적인 죄(창 31:36); 죄를 깨끗하게 하는 매개물(속죄물: 민

---

33) J. H. 세일해머, 191-192.

19:9); 속죄제(레 6:18, 23; 겔 40:39; 42:13; 45:19; 스 8:35; 6:17비교, 느 10:34)]라
고 한다. 단어가 지적하듯이 죄와 관련되어 있으며, 죄의 영향을 다
루고 있다.[34] 즉, 하나님과 인간에게 죄를 지은 후에 잘못되었다는
것을 깨달았을 때 드리는 제사이다. 이것을 부지중에 지은 죄(레 5:1-
6)라고 한다.[35] 속죄제는 죄를 지은 사람의 지위에 따라 제물이 달라
지기도 한다.

속건제는 히브리어 단어 아샴[אשם:죄, 범죄(민 5:7,8); 값, 대속물,
속건제물(삼상 6:3, 4, 8, 17; 사53:10); 속건제(레 5:15, 18, 19, 25; 6:10; 7:1, 2, 5
,7 등)]이라고 하며, 이 역시 '보상함으로 죄값을 치르다'라는 동사에서
나온 단어이다.[36] 그래서 이 단어는 단순한 범죄의 속죄보다는 속죄
와 배상의 의미를 같이 가지고 있다. 그 죄과를 치르기 위하여 제사
장에게 1/5을 추가로 배상 지급해야 한다.[37](레 5:16)

* 5개 제사의 차이점[38]

첫째, 번제, 소제와 화목제는 "여호와께 향기로운 냄새"(번제: 레
1:9, 13, 17; 소제: 레 2:2, 9; 6:15, 21; 화목제: 레 3:5, 16)가 주제인 반면에, 속죄
제와 속건제는 "속죄와 사함을 받으라"(속죄제: 레 4:20, 26, 31, 35)는 주
제이다.

---

34) 전정진,『레위기 어떻게 읽을 것인가』(성서유니온선교회, 2012), 56; K. Koch, חטא, ThWAT II,
(Stuttgart[u.a.], 1977), 857-870
35) 김덕중,『거룩한 성소에서 만나는 거룩하신 하나님』(킹덤북스, 2011), 129; 강사문 외3,『구약
성서 개론』,347; V. P. Hamilton,『오경 개론』(크리스챤다이제스트, 2005), 309-310.
36) D. Kellermann, חטא, ThWAT I, (Stuttgart[u.a.], 1973), 463-473.
37) 트럼프 롱맨, 117.
38) V. P. Hamilton,『오경 개론』, 308-313.

둘째, 번제, 소제와 화목제는 제사를 드려야 하는 시기와 죄의 종류에 대하여 언급이 없다. 왜냐하면 '자발적'이기 때문이다. 반면에 속죄제와 속건제는 자발적이기 보다는 제사를 드려야만 하는 조건적[39]인 경우이며 또한 속죄와 보상의 의미를 가지고 있다.

셋째, 이 제사들은 전부 '피의 사용법'을 제시한다. 그러나 번제, 소제와 화목제는 피를 성막 바깥으로 가져가서 뿌려진다.(레 1:5, 11, 15; 4:25 등) 그러나 속죄제와 속건제는 피를 성막 안으로 가지고 들어가서 성소와 지성소 앞 분향단의 뿔 등에 뿌린다.

전체적으로 보면 레위기 1-7장에서 이러한 제사의 종류를 제시하는 방법이 동일하게 두 부분으로 나뉘어 있는(레 1:1-6:7과 레 6:8-7:38) 것 같지만, 명백하게 앞의 제사(레 1:1-6:7)는 제물을 바치는 사람을 중요시하며, 평신도를 염두에 둔다. 그리고 뒤에 제사(레 6:8-7:38)는 제사장의 책임을 강조한다. 이것은 야훼에게 드리는 제사가 평신도와 제사장이 함께 했을 때 진실한 영향력을 발휘한다는 것을 의미한다.

2.3.2. 제사장 법(레 8-10장)

출애굽기에서 성막이 만들어지고(출 25-40장), 레위기에서 제사의 종류와 규정(레 1-7장)이 주어진다. 그리고 레위기에 속한 3개 이야기 형식 중에 하나인 레위기 8-10장은 하나님 예배를 집전할 제사장들

---

39) 속건제: '부지 중(레 4:2); 속죄제- 해야 할 것을 하지 않아서 저질러지는 죄'

에 대한 이야기를 하고 있다. 이것은 앞의 제의에 관계되는 여러 가지 경우를 판별하게 하는 결정적인 주제와 예배를 인도할 힘을 가진다는 것을 통하여 레위기 1-7장을 마무리 하고 있다.[40] 그리고 또한 이 이야기의 목적은 이미 출애굽기 29장 43-46절에 기록되어 있다.

43 "내가 거기서 이스라엘 자손을 만나리니

내 영광으로 말미암아 회막이 거룩하게 될지라

44 내가 그 회막과 제단을 거룩하게 하며 아론과 그의 아들들도

거룩하게 하여 내게 제사장 직분을 행하게 하며,

45 내가 이스라엘 자손 중에 거하여 그들의 하나님이 되리니

46 그들은 내가 그들의 하나님 여호와로서 그들 중에 거하려고 그들을

이집트 땅에서 인도하여 낸 줄을 알리라

나는 그들의 하나님 여호와니라."(출 29:43-46)

전체적으로 이 이야기를 끌고가는 것은 "하나님이 명하신 대로 그대로 행했다"(레 8:4, 5, 9, 13, 17, 21, 29, 34, 36; 9:6, 7, 10, 21; 10:7, 13, 15)라는 말이다. 이것은 야훼의 지침에 대한 절대적 순종을 의미하며, 그 순종은 제사장과 그의 가족들, 결국에는 이스라엘 모든 백성들이 따라야 한다는 것을 의미한다.[41]

---

40) 강사문외 3, 『구약성서 개론』 260.
41) J. E., Hartley, 『레위기』 WBC 4, 279.

레위기 8-10장은 세 부분으로 나누어지는데, 제사장의 위임식(레 8장)[42]과 제사장의 직분을 올바르게 수행하는 방법(레 9장),[43] 마지막으로 제사장 직무 수행에 있어서 금기사항(레 10장)[44]을 제시한다. 제사장의 기원을 주제로 하는 레위기 8장은 아직 제사장으로 임명되지 않은 아론과 그의 아들들이 주인공이 되며, 이 임명 절차로 그들은 전적으로 제사장 가문으로서 이스라엘의 모든 제사를 집전하게 된다. 레위기 8장의 구조는 위임식 준비(1-4절), 위임식의 거행(5-32절) 그리고 추가규정(33-36절)으로 구성되어 있다. 특히 위임식 준비에서 모세가 온 회중(에다: עֵדָה)이라고 말하는 단어는 중요한 사건에 대한 집단 증인으로서 작용한다. 비록 능동적으로 제사를 집행하지는 않지만, 그들이 그 사건에 있다는 것 자체로 그 사건을 정당화한다. 즉, 온 회중을 모았다는 것은 모든 이스라엘 민족이 이 위임식의 증인이 된다는 것을 의미한다. 그

다음 위임식 거행에서 아론의 착복식(5-9절), 제사장에게 기름 부음 (10-13절), 제사장이 드리는 제사(속죄제: 14-17절; 번제: 18-21절), 위임에 대한 화목제사(22-30절)의 순서로 이어진다. 레위기 8장은 출애굽기 29 장과 닮은 꼴을 형성한다. 즉, 출애굽기 29장이 실행 규칙을 제정한

---

42) 제사장 위임식: 아론과 그의 아들들(레 8:1-36).
43) 위임받은 제사장의 첫 번째 제사: 아론의 직무 수행(레 9:1-24).
44) 나답과 아비후의 사건(레 10:1-20).

것이라면, 레위기 8장은 실제로 거행된 것을 보고하고 있다.

레위기 9장은 이레동안 위임식을 거행한 다음, 이제 정식적으로 완전하게 승인된 대 제사장을 중심으로 제사를 드린다. 그렇다고 해서 모세의 역할이 줄어든 것은 아니다. 레위기 8장에서 이레동안 위임식을 행한 시기(레 8:33)와 칠 주야를 기다린 행위(레 8:35)를 통하여 모세가 이 제사의 주재자 임을 알 수 있다. 또한 레위기 9장에서도 대 제사장 아론의 직무가 시작되기 전에 첫 번째 공식적인 제사 지침을 모세가 명령(레 9:1-7)한다. 그 명령 후에 아론이 공식적인 첫 제사를 시작한다. 아직까지는 증인으로서 '온 회중'을 모으지 않는다. 공식적으로 준비는 아론, 그의 아들들 그리고 이스라엘 장로들이다.(레 9:1) 그리고 난 후 모세는 '온 회중'을 모은다.(레 9:5) 그리고 야훼의 영광이 나타날 것을 기대하며, 모세는 아론에게 제사의 시작을 명령한다.(레 9:6-7)

아론의 제사는 자신을 위한 제사로 시작한다. 첫 번째, 아론 자신을 위한 속죄제(레 9:8-11)와 번제(레 9:12-14)를 드린다. 대 제사장이라 할지라도 하나님 앞에 나아가기 위하여 자신부터 정결해야 한다. 그 다음 단락은 온 이스라엘 백성을 위한 속죄제, 번제, 화목제 그리고 소제를 드린다.(레 9:15-21) 그리고 아론의 축도(레 9:22-23)와 야훼의 영광(레 9:24)이 나타나며 9장이 끝난다. 9장의 진정한 목적은 제사를 통한 "야훼의 영광"이 회막에 나타났으며(레 9:23), 그리고 그 영광을 이스라엘이 경험했다는 것이다. 그리고 그들이 경험한 것을 이스라엘은 두 가지로 표현한다. 소리지르며[רנן:룬] 그리고 엎드렸다[נפל:

나팔]. 여기에서 룬[רון]은 기쁨을 가지고 소리 지르는 것을 의미한다. 또한 여기에서 '엎드리다'라는 표현은 문맥상 불이 내려와 번제물을 태우는 것을 보고, 두려움 속에서 엎드린 것을 의미한다. 이러한 상황은 두려움만을 표현했다기보다는 존경을 포함한 경외를 의미한다.[45] 백성들은 제사를 통하여 야훼의 임재를 경험하고 기쁨의 환성 속에서 야훼 경외를 경험한다. 이것은 오늘날 성도들이 예배를 통한 야훼 임재를 경험하는 것과 다를 바가 없다.

레위기 10장에서 야훼께서 명하지 않은 불을 분향함으로 올바른 예배가 손상되었다. 그리고 하나님의 불을 통한 심판이 나타난다.(레 10:1-3) 미사엘과 엘사반과 아론이 모세의 명을 순종함으로 손상된 예배가 회복된다.(4-7절) 이어서 모세가 아닌 야훼께서 처음으로 아론의 대 제사장직을 확인하는 명령이 나타난다.(8-11절) 거룩하고 속된 것을 분별하라는 명령은 자연스럽게 레위기 11-15장으로 연결하게 하는 작용을 한다. 마지막으로 모세 지시와 아론 사람들의 지시 불이행에 대한 논쟁과 모세의 수용으로 이어지는 레위기 10장 12-20절은 먼저 모세가 소제에 관하여 명령(12-15절), 엘르아살과 이다말의 지시 불이행(16절), 모세의 책망(17-18절) 그리고 아론의 중재(19 절) 마지막으로 모세의 수락(20절)으로 끝난다.[46]

제사장이 올바른 예배를 드리게 하는 것을 레위기 9장이 제시한

---

45) 김덕중, 195.
46) 전정진, 110-111.

다면, 레위기 10장은 아론의 두 아들 나답과 아비후가 분향을 진행하는 순서에서 죽임을 당하는 이야기로 시작한다. 이 이야기는 명백하게 예배가 인간의 자의적인 조작으로 인하여 하나님을 조절하도록 미혹하는 것을 금지한다는 것을 제시한다. 왜냐하면 하나님은 완벽한 규정을 지배하시는 주권자이기 때문이다.[47] 또한 레위기 10장 8절에서 "야훼가 아론에게 말씀하셨다"라는 말과 함께 제사장의 권위 문제가 아론을 통하여 구체화된다. 즉, 이스라엘을 거룩한 길로 인도해야 하며 그리고 레위기 10장 이후의 주제인 거룩한 것과 속된 것을 구별해야 하는 제사는 제사장의 전문적인 기능이라는 것을 재확인함으로써 대 제사장 직분의 재확인과 동시에 아론계 제사장 직의 유일성을 확보하게 한다.[48](8-20절) 마지막으로 모세가 지시한 속죄제의 분깃에 대한 모세와 아론의 논쟁은 속죄제의 피를 가지고 행한 의식에 따른 제사장 제물의 먹는 것에 대한 논쟁으로 아론이 중재함으로 일단락된다.

2.3.3. 정결법(레 11-15장)

제사의 종류에 대한 규정(레 1-7장)과 제사장에 대한 규정(레 8-10장)이 제시된 후에 전반부 마지막으로 제의에 참여할 수 있는 정당성을 제공하는 레위기 11-15장이 나타난다. 즉, 동물들과 개인들에 대한

---

47) Thomas Hieke, *Levitikus Erster Teilband: 1-15*, HThKAT, (FREIBUR, 2014), 332.
48) 전정진, 110-111.

규정, 일상생활에서 나타나는 규정을 통하여 레위기 16장의 속죄일에 참여할 수 있는 또한 참여하기 위하여 준비해야 하는 정결법(Rein-heit)을 제공한다. 레위기 11-15장 중에서 먼저 정한 또는 부정한 동물을 다루는 레위기 11장이 제시된 후에, 레위기 12-15장은 인간의 신체에 관한 부정한 것들을 다룬다.[49] 전체적인 구조는 음식법과 부정한 짐승들에 대한 규정(레 11장), 출산 후 여인에 대한 제의적 정결법(레 12장), 피부, 옷 그리고 집안의 벽에 핀 곰팡이에 대한 규정(레 13-14장) 그리고 생식기의 유출에 대한 규정(레 15장)이다. 더 자세하게 살펴보면 각 주제별로 그 규정들은 거의 세 부분으로 나누어져 있다: 규정 – 정결예식 – 마무리. 그러나 레위기 11장에서 음식 규정은 정결예식이 없으며, 또한 레위기 12장에는 마무리가 없다. 마무리 문장으로 11장에는 처음 거룩(Heiligkeit)을 위한 기본문장(11:45)이 나타나며, 그 다음 레위기 13-14, 15장의 마무리에는 이 거룩하라는 명령이 없다.

정결법을 통해서 전체적으로 몇 가지 생각해볼 것은 첫째, 이 규정은 각 개인들을 위한 규정이며, 둘째, 제의 참여의 정당성 또는 자격과 관련해 정결 행위를 다룬다. 레위기 10장 10절에서 제사장의 판단을 통하여 제물은 "정결한 XX"(rein) 또는 "부정한 XX"(unrein)로 나뉘며, 제의의 정당성 여부가 결정된다. 셋째, 정결한 것은 여기에서 정상적인 외형의 상태를 표시하며, 부정한 것은 정상적인 것에서 벗어난 것을 의미한다. 넷째, 정결한 또는 부정한 것은 도덕적 – 윤

---

49) 김덕중, 274; 전정진, 142.

리적인 판단으로 이루어지지 않는다. 그 판단은 인간들의 삶에서 나타나는 상식적이고, 일반적이고 또한 보편적인 형태에 집중한다. 다섯째, "XX는 정결하다" 또는 "XX는 부정하다"라는 표시는 공동체의 안녕을 위한 것이며, 또한 유출과 전염병을 통한 공동체의 분리와 재편입을 위한 것이다.[50]

정결법의 첫 번째로서 레위기 11장은 음식에 관한 타부로서 시작한다.[51] 레위기 11장은 서론(11: 1-2a)과 마지막 야훼의 토라 형식으로 되어있는 마무리(44-47절)가 본론(2b-43절)을 감싸고 있다. 본론으로는 정한 동물과 부정한 동물의 분류(2b-23, 41-43절)와 그 가운데 동물 사체와 접촉으로 인한 부정에 대한 규정(24-40절)이 삽입되어 있다.[52]

● **음식법과 부정한 짐승들에 대한 규정**(레 11장)

서론(1-2a절): "말하라[רבד: 명령형. 남성 단수]

정결한 음식 규정과 정결한 동물과 부정한 동물의 규정(2b-23, 41-43절)

동물 사체와 접촉으로 인한 부정에 대한 규정(24-40절)

거룩을 위한 기본 문장과 마무리(레 11:45-47):

45"나는 너희의 하나님이 되려고 너희를 이집트 땅에서 인도하여 낸 여

---

50) Thomas Hieke, *Levitikus 1-15*[HThKAT], 402.
51) 음식법이 타부와 함께 규정되었는가에 대한 이론들을 정중호는 다음과 같이 제시한다. 위생적, 제의적, 심미적, 상징적, 사회가치적, 경제와 물질적, 도덕적 상징적 이론. 이러한 이론들을 참조하려면, 정중호, 199-203를 참조하라.
52) J. E., Hartley, 『레위기』 WBC 4, 361

호와라 너희도 거룩할지어다 왜냐하면 내가 거룩하기 때문이다.[53)]

46이는 짐승과 새와 물에서 움직이는 모든 생물과 땅에 기는 모든 길짐

승에 대한 규례니 47부정하고 정한 것과 먹을 생물과 먹지 못할 생물을

분별한 것이니라."(레 11:45-47)

레위기 11장은 제의법의 시작(레 1:1)과 제사장에 대한 이야기(레 8:1)에서의 야훼는 모세만 부르지 않고, 아론도 함께 불러 정결법을 제시한다. 아마도 이것은 레위기 10장 10절의 제사장 역할을 강조하는 동시에 모세의 영향력이 아직 제사장에게 미치고 있다는 것을 나타낸다. 그리고 레위기 11장 2절은 명령형 "말하라"[רבד:명령형. 남성 단수]를 통하여 모세와 아론을 포함한 제사장들이 백성들에게 마땅히 지켜야 할 것을 선언해야 함을 알려준다.[54)]

정한 동물과 부정한 동물의 분류의 첫째 부분은(레 11:2b-23)은 네 가지 영역에서 발생하며, 원자료[55)]인 세 가지 영역(신 14장: 동물들, 물고기, 새들)에 곤충을 집어 넣어서 방향을 제시하는 네 가지 영역으로 발전한 것을 볼 수 있다. 동물들(레11:2b-8), 물고기(레 11:9-12), 새들(레 11:13-19) 그리고 곤충들(레 11:20-23)인 네 가지 경우에 해당하는 숫자 4는 구약성서에서 4방위를 지칭하며, 그 의미는 모든 생물과 사

---

53) 원인을 제시하는 히브리어 접속사와 함께 1인칭 사용.

54) 김덕중, 220.

55) 원자료의 문제는 다양하고 복잡하게 전개되었다. 현재까지는 레위기 11장과 신명기 14장의 유사성 때문에 그 본문의 비교를 통한 다양한 연구가 진행되었다. 어떤 것이 먼저 의존하였는가에 대한 문제는 서로 팽팽하게 진행되었다. 신명기 14장을 원자료 보는 학자들과 레위기가 자신의 독특한 문체로 원자료라고 주장하는 사람들이 있다. 또한 두 저자의 공통 자료라는 연구도 있다. 여기서는 역사적 문서의 진행에 의거하여 신명기가 원자료라는 바탕으로 시작한다; 더 정확하게는 J. E., Hartley, 『레위기』 366-367을 참조.

물을 포함하는 모든 것을 제시한다.(욥 23:8, 9; 암 9:3-4) 두 번째 부분에서 사체와의 접촉 역시 4개의 단위(레 11:24-40)로 구분되는데, 표제(24-25절[56]), 첫 문단과 병행을 이루는 거대한 육상 동물에서 비롯되는 부정한 동물(레 11:26-28=11:2-8), 다음 단위는 설치류와 도마뱀이라는 부정한 동물(29-38절)을 마지막으로, 자연사한 동물의 부정함에 대한 법(39-40절)으로 분류한다. 마지막 세 번째 부분은 다시 정한 동물과 부정한 동물의 분류의 첫 번째 부분과 결합한다. 즉, 정한 동물과 부정한 동물의 분류 중 먹을 수 없는 것들(41-44절)로서 "기어다니는 것과 발이 여러 개 달린 것"들을 부정한 것으로 분류한다. 정결법의 권위를 더하기 위하여 마무리를 '거룩을 위한 문장'으로 시작한다. "너희도 거룩할지어다, 왜냐하면 내가 거룩하기 때문이다."[57](45절)

이 정결법은 자연스럽게 이스라엘이 하나님의 자녀이며, 하나님의 자녀로서 어떻게 살아야 하는가를 제시하고 교육한다. 음식을 통한 정한 동물과 부정한 동물의 구별은 그들의 삶에서 구별된 자의 역할을 필요로 했다. 그러나 이러한 음식에 대한 정결법은 나사렛 예수 이후에 다른 의미로 나타난다. 즉, 인간이 자신의 먹거리로 음식을 섭취하는 것은 부정하지 않지만, 인간이 내뱉는 것이 인간을 부정하게 만든다.(막7:15) 음식의 범위에서 터부를 제거해 버린 이 사건은 결정적으로 유대교와 기독교를 분리하게 했으며, 기독교를 보편 종교로 만드는 데에 결정적인 기여를 하였다.[58]

---

56) 24절: 사체와 접촉 시 부정한 결과를 설명함; 25절: 정결하게 되는 제사법 규정
57) J. E. Hartley 『레위기』, 361-364
58) Thomas Staubli, *Begleiter*, 199-200.

정결법의 두 번째로서 레위기 12장은 인간의 내부에 병이든 또 다른 원인이든 간에 내부에서 발생하는 부정함의 문제를 다룬다. 이처럼 유출되는 것들의 시작으로 여성들의 출산에 관한 규정을 다룬다. 여성들의 출산은 항상 죽음의 상황과 직결된다. 왜냐하면 출산은 다량의 피의 유출이 필수불가결하게 나타나기 때문이다. 또한 이러한 피의 유출은 정결법상 부정으로 간주된다.

● 출산 후 여인에 대한 제의적 정결법(레 12장)

도입 형식문(레 12:1): '야훼가 모세에게 말씀하여 이르시되'

산모를 위한 규정(레 12:2-5)

남자 아기 출산(2-4절)

여자 아기 출산(5절)

정결 예식(레 12:6-7): 산모를 깨끗하게 하는 번제와 속죄제

가난한 사람들을 위한 대안 제물(레 12:8)

출산한 여성은 공통적으로 한 주간 격리되어 있어야 한다.(레 12:2) 아마도 이러한 관습은 주술적인 요소가 아니라 오히려 고대 근동에서 공통적으로 산모의 건강을 회복하기 위한 기간으로 보인다.[59] 그 다음에 태어난 아기의 성(Geschlecht)에 따라서 산모의 격리 기간이 구분된다. 남자아기를 낳았을 경우(40일: 2-4절)와 여자아기를 낳았을 경

---

59) 정중호, 213.

우(80일: 5절) 정결의 기간이 두 배 차이가 난다. 그리고 그 기간이 지나고, 여인이 부정한 기간이 지난 후에 드려야 할 번제와 속죄제가 제시된다.(레 12:6-7) 마지막으로 가난한 자를 위한 배려로 '양'을 드리지 못할 경우 '비둘기'로 대체할 수 있음을 알리며 마무리한다.(레 12:8)

레위기 12장은 오늘날의 시각에서 다시 한 번 생각해볼 것이 두 가지가 있다. 첫째, 출산으로 인한 유출이 왜 부정한가? 둘째, 왜 아기의 성별에 따라 산모의 정결 기간이 다른가? 남자아기(40일)를 낳은 산모보다 여자아기(80일)를 낳은 산모는 왜 두 배나 되는 정결 기간을 거쳐야 하는가? 첫 번째 물음에 대한 답변으로 '부정하다'(레 12:2)는 의미가 다른 죄를 짓는 행위 또는 하나님에게 반역하는 행위와는 다르게[60] 산모의 보호를 위한 격리의 의미를 가지며, 출산 시 피와 유출물로 인하여 죽음을 이기는 힘든 육체적 고통 속에서 치료받는 기간을 의미한다.[61] 두 번째 물음에는 아직 만족할 만하게 대답할 수 없지만, 이런 경우의 우선적인 대답은 아마도 고대 의학적 지식이 작용한 것인듯 하다.[62] 그러나 또한 문화적인 관점도 무시할 수는 없다. 인도에서 출산 후 산모를 격리시키는 기간이 남자아이의 산모는 30일, 여자아이의 산모는 40일이다. 이처럼 문화적 관습과 풍습에서 그 해답을 찾아볼 수 있다.[63]

---

60) 빅터 헤밀턴, 『오경 개론』, 349.
61) 김덕중, 278; 정중호, 213; 전정진, 145.
62) D. I. Macht, "A Sacrifice Appreciation of Leviticus 12:1-5", *JBL* 52, 253-260에서 미쉬나(Nid 3:7)에서 남자아기(41일)과 여자아기 (81일)을 제시하며, 또한 그리스의 히포크라테스는 여자아기가 남자아기보다 피의 유출이 많다는 것을 전한다; 김덕중, 278; 전정진, 145.
63) 또한 정중호, 211

정결법의 세 번째인 레위기 13-14장은 유출에 관한 두 번째 규례로 병으로 인해 나오는 유출을 다룬다. 그리고 이 유출의 상황을 이해하기 위한 중요한 단서는 히브리어 단어 짜라아트[צרעת: 악성 피부병]이다. 이 단어는 구약성서 전체에서 명사로 35번 나타난다. 그 중에서 29번이 레위기 13-14장에[64] 나타난다. 이 단어는 명백한 의학용어이면서, 하나의 질병을 뜻하는 병명이라기보다 피부병[65]이라는 큰 범위의 증상을 제시하는 의학용어에 속한다.[66]

● 피부, 옷 그리고 집안의 벽에 핀 곰팡이(레 13-14장)

도입 형식문(레13:1): '야훼가 모세와 아론에게 말씀하여 이르시되'

다양한 피부병에 대한 규정(13:2-58)

종결 어구(13:59): ~~에 대한 규례이다.

도입 형식문(14:1): '야훼가 모세에게'

정결의식(14:2-31)

종결 어구(14:32): ~~에 대한 규례이다.

도입 형식문(14:33): '야훼가 모세와 아론에게'

---

64) 13:2, 3, 8, 9, 11, 12 (2번), 13, 15, 20, 25 (2번), 27, 30, 42, 43, 47, 49, 51, 52, 59; 14:3, 7, 32, 34, 44, 54, 55, 57; 레위기를 제외하고 신 24:8(계명); 왕하 5:3, 6, 7, 27(나아만); 대하 24:8(웃시야)에서 나타난다; T. Seidl, צרעת, ThWAT VI, (Stuttgart [u.a.], 1989), 1129.

65) 레위기와 신명기에는 이 용어와 동의어로서 사용하는 단어들이 나타난다: 삽파하트[ספחת:, 부스럼; 레 13:2], 바헤레트[בהרת:, 피부에 생기는 흰 반점, 레 13:2], 얄래페트[ילפת:, 종기, 레 21:20; 22:22], 압배래트[יבלת:, 부스럼 또는 고름, 레 22:22], 가라브[נרב", 부정한 피부병의 일종, 레 21:20; 22:22; 신 28:27]등등; 더 자세하게는 정중호, 224-227과 WBC, 423-427에 자세하게 나와 있다.

66) J. F. A. Sawyer, A Note on the Etymology of ṣrʿat, VT 26(1976), 242; 김덕중, 283; Thomas Staubli, Begleiter, 200.

건물에 생긴 곰팡이(14:33-48)

정결의식(14:49-53)

종결어구(14:54): ~~에 대한 규례이다.

13-14장의 마무리(14:54-57):

"… 어느때는 부정하고 어느때는 정함을 가르치는 것이니

나병의 규례가 이러하니라."(14:57)

레위기 13-14장은 각 장마다 도입 형식문(레 13:1; 14:1; 14:33 '야훼가 모세와 아론에게', '야훼가 모세에게')과 종결어구(레 13:59; 14:32; 14:54 '~~에 대한 규례이다')를 가지고 있으며, 각 장의 내용으로는 다양한 피부병에 대한 규정(레 13:2-46), 정결의식(레 14:2-32) 그리고 다시 건물에 생기는 곰팡이 규정(레 14:33-48)과 정결 의식(레 14:49-53), 마지막으로 토라 형식으로 마무리된다.(레 14:54-57)

레위기 13장은 두 가지 주제를 다룬다. 한편으로 사람에게 나타나는 각종 피부병들(1-46절)과 또한 의복에 나타나는 곰팡이(47-58절)이다. 특히 악성 피부병은 7개로 나누어진다. 일반 부스럼(레13:2-6), 난육으로 발생한 피부병(7-17절), 종기로 발생한 피부병(18-23절), 화상으로 인한 피부병(24-28절), 머리와 수염에서 발생한 옴 또는 백선(29-37절), 백반병으로 인한 발진(38-39절), 대머리와 피부병(40-46절).

또한 이러한 질환에 대한 진단과 판결을 위한 패턴은 다음과 같다. (1) 의심(레 13: 2, 9, 18-19, 24, 38, 40, 47), (2) 제사장의 검진(레 13:3a,

10a, 20a, 25a, 39a, 43a, 50a) (3) 증상에 관한 언급(레 13:3b, 10b, 20b, 25b, 39b, 43b, 51) (4) 제사장의 판결(레 13:3b, 11, 20b, 25b, 39b, 44, 51b)과 마지막으로 (5) 진 밖으로 추방(46절). 특히 제사장의 판결은 3가지 형태로 나타나는데, 첫째, 부정하다(3절), 둘째, 정결하다(6절) 셋째, 일주일 동안 집행이 유보된다.[67](4절)

레위기 14장의 핵심 본문으로는 13장에 대한 정결 예식(레 14:1-32)과 레위기 13장의 마지막 부분인 의복에 나타나는 곰팡이(레 13:47-58)와 연결되어 건물 안에 생긴 곰팡이에 대한 기록(레 14:33-48)이다. 즉, 14장을 유도하는 도입 형식문에서 레위기 13장과 달리 '야훼가 모세에게' 향한다.(레 14:1) 도입 형식(레 14:1)과 종결 어구(레 14:54)를 제외하면, 14장은 세 부분으로 나누어진다. 첫 부분은 레위기 13장과 연결되는 악성 피부병에 의하여 부정하게 된 자에 대한 정결 예식(레 14:1-32)과 그 다음 부분은 건물 안에 생긴 곰팡이에 대한 기록(레 14:33-48)이며, 마지막으로 건물 안에 생긴 곰팡이에 대한 정결 예식(레 14:49-53)이다.

첫 부분인 악성 피부병에 의하여 부정하게 된 자에 대한 정결 예식(레 14:1-32)은 세 단계를 거쳐야 한다. 첫째, 이 정결 예식은 제사장에게 병자가 오면, 제사장이 진찰한다. 그리고 제사장이 환부의 치유 여부를 판별한다. 나았다고 판결된 병자는 진 중에 머물 수 있다.(레 14:2-8) 둘째, 7일이 지나 병자는 몸의 털을 밀고, 의복을 빤다.(레 14:9) 그리고 마지막은 적절한 희생 제물을 드림(레 14:10-32)으로 공동체 내

---

67) 김덕중, 291-292.

부로 받아들인다.[68] 여기에서 다시 레위기 1–7장과 12장에서 보인 가난한 자의 배려가 다시 나타난다.(레 14:21–31) 두 번째로 건물 안에 생긴 곰팡이에 대한 기록(레 14:33–48)은 가나안 땅을 배경으로 하는 것으로 보인다. 이 내용은 두 부분으로 나누어지는데, 첫째, 어떤 집에서 나병 색점을 발견하여 제사장이 진단과 치료(레 14:33–47)를 명하는 경우와 둘째, 첫 번째 시행 후에 재발하는 경우(레 14:43–47)이다. 마지막으로 나병 색점으로 더러워졌다가 치료가 된 집과 또는 13장에서 말하는 의복에 대한 치료 후에 대한 정결 예식이다.(레 14:49–53)

레위기 13–14장은 이러한 진단과 판결 그리고 병, 의복, 집의 전염에서 고침과 허가가 제사장 중심으로 이루어졌다는 것을 생각해야 한다. 사실 이러한 증상을 판결 받는다는 것은 격리라는 혹독함을 치러야 한다는 뜻이다. 현대 세계와는 달리 격리는 가족과의 결별뿐만 아니라 하나님을 위한 예배에서의 추방을 의미한다.[69] 그러나 제사장은 의사가 아니라 현상에 대한 판단만 한다. 왜냐하면 그 현상에 대한 치료자는 하나님이기 때문이다.[70] 그럼에도 불구하고 제사장은 그 현상과 진단의 중심이다. 왜냐하면 결국에 제사장은 그 공동체를 유지하고 보존해야 하는 막중한 책임을 감당해야 하기 때문이다.

정결법의 마지막으로서 레위기 15장은 남녀 생식기로부터 정상적

---

68) 빅터 헤밀턴, 351-352
69) J. E. Hartley, 442-443.
70) 김덕중, 292

이든 또는 비정상적이든 간에 유출 또는 배출되는 것을 다룬다. 레위기 15장은 다른 정결법의 어법과 다르게 조건법[71]으로 구성되어 있다.

　– 생식기 유출에 대한 규정(레 15장)

　(1) **도입 형식문**(15:1-2a): **야훼가 모세와 아론에게**

　(2) 남자의 생식기로 인한 유출병에 대한 규정(15:2b-17)

　　– 남자의 생식기로 인한 비정상적 유출(15:2b-12)

　　– 정결 예식(15:13-15)

　　– 남자의 생식기로 인한 정상적 유출(15: 16-17)

　(3) 성관계(15:18)

　(4) 여자의 생식기로 인한 유출병에 대한 규정(레 15:19-27)

　　– 여자의 생식기로 인한 정상적 유출(월경)(15:19-24)

　　– 여자의 생식기로 인한 비정상적 유출(15:25-27)

　(5) 정결예식(15:28-30)

　(6) **마무리**(15:31-33): "너희는 이와 같이 이스라엘 자손이 그들의 부정에서 떠나게 하여 그들 가운데에 있는 내 성막을 그들이 더럽히고 그들이 부정한 중에서 죽지 않도록 할지니라."(레 15:31)

레위기 15장은 정교한 문학적 구조로 되어 있다. 먼저 정결 예식은 비(非) 정상적 유출의 경우에만 해당하도록 남자의 생식기로 인한 비정상적 유출(15:2-12) 후의 정결 예식과 여자의 생식기로 인한 비정

---

[71] 레 15:2b는 만일 남자가[אִישׁ כִּי, 이쉬 키…] 또는 만일 여자가[אִשָּׁה כִּי, 잇사 키]로서 조건문 형식을 가지고 있다: G-K&159 aa/bb

상적 유출(15:25-27) 후의 정결 예식이 나타난다. 그러한 정결 예식을 제외하면 레위기 15장 18절의 성관계를 중심으로 명백한 대칭 구조로서 구성된 것을 볼 수 있다.

남자의 비정상적 유출(레 2-12)		
	남자의 정상적 유출(레 15:16-17)	
		성관계(레 15:18)
	여자의 정상적 유출(레 15:19-24)	
여자의 비정상적 유출(레 15:25-27)		

그리고 마지막으로는 마무리(레 15:31-33)를 통하여 정결법을 마감한다.

레위기 15장에서 생각해야 할 것은 성 생활을 통한 성병과 성윤리에 대한 것이다. 우선적으로 생식기는 생명의 탄생에 그 의미를 가진다. 그 때문에 생식기가 병들었다는 것은 생명의 탄생에 문제가 되기에 부정하다고 할 수 있다. 고대 근동에서는 서로가 뒤섞여서 정액을 유출하는 것이 다산과 곡식의 풍년을 의미하지만,[72] 고대 이스라엘 사회는 정액의 유출을 절제시킴으로, 다산과 곡식의 풍년이 자연을 통해 죽고 부활하는 고대 근동의 신들이 주는 것이 아닌 야훼에게서 나오는 것이라고 말한다. 사실 성 윤리는 인간의 개인적인 문제인 것 같지만, 엄격하게 보면 종교적인 산물이 그 바탕으로 되어있다.

두 번째로 생각해야 할 것은 '정상적인 성적 유출을 부정하다고

---

72) 김덕중, 325.

하는(레 15:18) 것을 어떻게 받아들여야 하는가?' 이다. 물론 성병과 월경에 관해서는 고대 근동의 개념을 많이 반영하고 있는 것이 사실이지만,[73] 엄격하게 보면 남자의 비정상적인 유출을 우리가 성병으로 간주하고, 여자의 비정상적인 유출을 월경으로 간주하며, 비정상적인 유출을 알 수 없는 하혈로 간주한다면 이 레위기 15장의 생식기에 관한 유출은 고대 근동에서는 여인을 보호하기 위한 법으로 생각할 수 있다. 여자가 월경하는 중에 성교의 금지를 제시할 수 있는데, 이는 성병으로부터의 보호를 의미하기도 한다. 그렇기 때문에 18절은 정상적인 성 생활의 금지를 말하는 것이 아니라 오히려 무분별한 성 생활의 절제를 뜻한다.[74]

2.3.4. 대 속죄일(레 16장)

레위기 16장은 레위기의 중심을 이루는 핵심이다. 그리고 시내산에서 이루어지는 전체 이야기 중에서 가장 중요한 통과의례를 제공하는 부분이다. 레위기에서 이야기 형식(레 8–10장; 16장; 24:10–23)으로 되어있는 세 개의 본문 중 두 번째 부분에 해당한다. 특히 이야기 형식으로 구성된 레위기 16장은 앞에서 제시한 개인에 대한 정결법(레 11–15장)을 통하여 모든 이스라엘 민족 전체가 하나님의 백성이 되기 위한 통과의례적 사건을 이야기체로 이끌고 있다.

---

73) 정중호, 263.
74) J. E. Hartley『레위기』, 462–463.

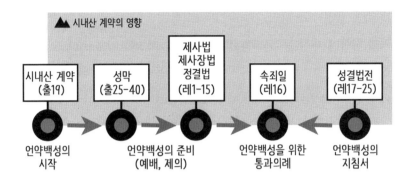

▲▲ 시내산 계약의 영향

시내산 계약 (출19)	성막 (출25-40)	제사법 제사장법 정결법 (레1-15)	속죄일 (레16)	성결법전 (레17-25)

언약백성의 시작 → 언약백성의 준비 (예배, 제의) → 언약백성을 위한 통과의례 ← 언약백성의 지침서

위의 그림은 레위기 16장이 이스라엘을 언약 백성으로 만들기 위해 아주 중요한 부분이라는 것을 나타낸다. 즉, 언약 백성의 시작으로, 시내산에서 민족 전체가 이제부터 하나님의 백성이라는 계약(출19장)을 맺었다. 그러나 이 계약은 완성이 아니라 시작이며, 앞으로 언약 백성이 하나님의 백성으로서 무엇을 해야 하는지 그 다음 준비 과정을 통하여 제시한다. 그 언약 백성의 준비로, 먼저 하나님은 성막(출 25-40장)을 통하여 하나님의 임재와 언약 백성이 하나님께 예배 또는 제의를 할 수 있는 장소를 제공한다. 그 다음에 언약 백성이 어떻게 예배와 제의를 드려야 하는가를 레위기[제사법(레 1-7장); 제사장법(레 8-10장); 정결법(레 11-15장)]에서 제시한다. 이러한 준비와 함께 이제 언약 백성이 하나님의 백성으로 살아가야 하는 첫 출발로서 레위기 16장의 속죄일을 거친다. 또한 이러한 통과의례는 개인적인 죄와 부정으로 더러워진 것을 정화하는 작업뿐만 아니라 또한 민족 전체의 죄와 부정을 제거하며 그리고 하나님의 백성으로 앞으로 살아가

게 하는 힘을 제공한다.[75] 속죄일의 시작은 인간이 처음으로 행하는 죄의 정화에 대한 통과의례이며, 하나님의 백성이 되기 위한 첫 번째 과정이지만, 그 다음 해부터는 죄의 정화 과정으로 인도한다.[76] 레위기 16장은 다음과 같은 구성으로 되어 있다.

Ⅰ. 대 속죄일에 대한 역사적 배경(1절-레 10장 참조)

Ⅱ. 연설의 시작(야훼께서 모세에게 그리고 모세가 아론에게: 2a절)

Ⅲ. 대 속죄일을 위한 제의 의식(2b-28절)

　　1. 의식의 준비(2b-5절)

　　2. 정결예식과 속죄 제사(6-10절)

　　　(1) 제사장을 위한 속죄 제사(6절)

　　　(2) 백성을 위한 속죄 제사(7-10절)

Ⅳ. 대 속죄일의 의식 거행(11-28절)

　　1. 아론과 그의 집안을 위한 속죄제사(11-14절)

　　2. 백성을 위한 속죄제사(15-16절)

　　3. 대제사장의 유일한 행위: 성소에 접근 금지와 요약 진술(17절)

　　4. 제단에서 진행되는 의례: 두 속죄제물의 피(18-19절)

　　5. 아사엘 염소 의식(20-22절)

　　　- 염소 위에 죄의 고백과 안수(20-21절)

　　　- 광야로 염소를 보냄(22절)

　　6. 제단 위에서 번제와 함께하는 의식(23-25절)

---

75) 김덕중, 333

76) Thomas Hieke, Levitikus 1-15(HThKAT), 568

　레위기 16장의 대 속죄일은 이야기 형식으로 1절을 통하여 레위
기 10장에 나답과 아비후의 죽음에서 그 배경을 가진다고 보고한다.
그리고 마지막 절인 34b절 역시 이야기 형식으로 레위기 16장을 끝
맺는다. 그 외에 2a절에서 시작하는 **"야훼가 모세에게 말했다"**라는
야훼의 연설은 34a절까지 중단없이 이어진다. 레위기 16장은 처음과
끝의 이야기 형식을 제외하면 중단 없는 연설의 시작(2a절), 신에게서
뿜어 나오는 영광 중에 제사장을 보호하기 위하여 필요한 제물들(제
의 짐승과 세마포 겉옷)을 소개하는 대 속죄일을 위한 제의 의식(2b–8절)이
보고된다. 특히 여기에서 제의 집행을 위하여 아론이 중심이 된다.
그리고 속죄 제사의 의식을 위한 준비(2b–5절)는 그 다음 정결 예식과
속죄 제사의 집행을 위한 준비라는 중요한 보고를 한다. 특히 아론
을 위한 숫송아지와 한 마리의 숫양은 야훼를 위하여(8절) 그리고 다
른 한 마리는 아사셀(8절)을 위하여 바치는 양들이 제물 짐승들로 구
성된다. 이 제물들은 대 속죄일 축제를 이끄는 가장 핵심적인 클라이
맥스를 장식한다.(6–10절)

　그 다음으로 이러한 준비 과정과 함께 대 속죄일의 의식이 거행
된다.(11–28절) 대 속죄일의 거행 순서는 아론과 그의 집안(11–14절) 그
리고 이스라엘 백성(15–16절)을 위한 속죄 제사를 드린 후에, 대 속죄일
의 최대 절정인 아사셀에게 대 제사장이 안수하고, 그 염소를 광야로

보내는 의식을 거행한다.(21-22절) 이 같은 대 속죄제가 끝난 다음에 이스라엘 백성을 위하여 번제를 드림으로 대 속죄 의식이 모두 끝난다.[77](23-25절)

마지막으로 대 속죄제가 끝난 다음에 남은 제물들의 청소와 제의를 돕는 사람들의 제의적 정결방식을 묘사(26-28절) 함으로 모든 순서가 종결된다.

특히 대 속죄일의 의식이 거행되는 중간 중간 예식에 대한 설명(레 16:16, 21)이 언급되는 것을 볼 수 있는데, 이러한 설명은 아마도 제물과 의식 행위가 무엇을 위하여 사용되는가를 설명한다. 이러한 설명을 통하여 이 예식은 아주 중요한 의미를 제공한다. 즉, 하나님으로부터 멀어진 자를 하나님과 화해시키기 위하여(16절) 그리고 이스라엘 자손들의 불의와 그 범한 모든 죄를 정화하기 위하여 이러한 예식을 드린다고 말한다. 레위기 16장은 대 속죄제를 통한 3가지 변화를 말하고 있다. 첫째, 하나님에게 멀어진 자들(아론과 그의 제사장 집안과 이스라엘 백성들)이 하나님과 화해하고, 둘째, 더럽혀진 성소와 제단(아마도 레 10장을 상기시킴)을 정화하고, 셋째, 죄에서 해방하는 변화를 말한다.[78]

---

77) 김덕중, 338.
78) Thomas Hieke, *Levitikus 1-15*, HThKAT, 568-569.

레위기 16장 29-34a절은 이전 단락인 대 속죄제의(2-28절)와는 다른 강조점을 가진다. 앞 부분에서는 아론이 대 속죄일의 중심이며 이스라엘을 3인칭으로 호칭하는 반면에, 두 번째 부분(29-34a 절)은 인칭을 전환하는 신호 없이 곧바로 2인칭 복수로 이스라엘 전체를 호명한다. 그 때문에 두 번째 부분은 대 속죄일을 거행하는 주체가 대제사장에서 이스라엘로 바뀐다. 특히 이러한 규정과 대 속죄일을 지키고 행해야 하는 대상을 레위기 16장 29절은 '본토민(이스라엘)이든 거류하는 거류민(이방인)'이든 상관없이 거기에 있는 모든 사람으로 정하고 있다. 앞으로는 의식만 가지고 속죄가 완전해지는 것이 아니라 실생활에서 대 속죄일과 그 다음에 나타나는 절기(29절)와 안식일 중의 안식일(31절)을 행해야 한다.[79] 그것은 민족의 속죄뿐만 아니라 그 너머로 하나님과의 '화해'(Versöhnung)를 유도한다. 그리고 그 다음에 뒤따라 나오는 레위기 16장 32-33절은 대 속죄제의에 대한 요약이며, 34절은 16장 전체를 요약하며 끝난다.

2.3.5. 성결 법전과 부록(레 17-27장)

이 율법 모음집은 1893년 클로스터만의 발표[80]에서부터 성결법전(Heiligkeitsgesetz)이라고 명명되었다. 물론 그 뒤에 한 세기를 넘어서

---

79) 김덕중, 349.

80) August Klostermann, "Ezechiel und das Heiligkeitsgesetz," *ZLThK 28* (1877), 401-445, in: Ders., *Der Pentateuch. Beiträge zu seinem Verständnis und seiner Entstehungsgeschichte*, (Leipzig 1893), 368-418.

그 모음집의 발생 연대와 내용의 연구에 대하여 많은 논란이 있었
다.[81] 여기서는 이 성결법전을 레위기 전체와 연관지어 어떤 기능을
가지고 있는가를 살펴보고자 한다.

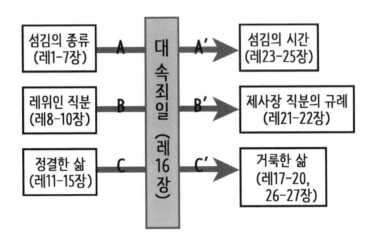

대 속죄일을 기준으로 앞에 레위기 1-15장이 하나님의 백성이
시내산에서 하나님과 언약을 맺은 후에 하나님과 인간을 어떻게 사
랑해야 하는가를 제시하는 것이라면, 성결법전은 제의와 더불어 어
떻게 삶의 상황속에서 하나님의 백성들로 살아야 하는가를 제시한
다. 물론 하나님 백성의 삶의 중심이 제의에서 시작하기 때문에, 레
위기 1-15장과 성결법전의 연관성은 무시할 수가 없다.

레위기 1-15장이 하나님과 모세와 제사장들이 일반 이스라엘 백
성으로 하여금 '거룩한 삶'을 살게 하기 위한 규정을 제시한 준비였

81) 참고, Henry, T. C. Sun, *An Investigation into the Compositional Integrity of the So-called Holiness Code Leviticus 17-26*, Diss. Claremont, 1990; Jan, Joosten, "People and Land in the Holiness Code", *VTS 67*,(Leiden 1996); Frank Crüsemann, *Die Tora*, (München 1992).

다면, 성결법전은 이스라엘 백성과 제사장들이 어떻게 그 규정을 준수해야 하는가를 제시한다.[82] 섬김의 종류는 섬김의 시간으로, 레위기의 직분은 제사장 직분의 규례로 그리고 정결한 삶은 거룩한 삶으로 규정과 실행이 서로 연결된다.

● 레위기 17장[음식에 대한 규정]

도입 형식문과 임무부여(1-2절), 회막 밖에서 도살 금지(3-7절), 회막 밖에서 희생 금지(8-9절), 도살 짐승에 대한 피 흘림 금지(10-12절), 사냥한 고기의 피 흘림 금지(13-14절), 그리고 죽은 짐승의 식육 금지(15-16절)

● 레위기 18-20장[성적인 정결]

레위기 18장: 도입 형식문과 임무부여(1-2a절), 훈계(2b-5절), 성관계 금지의 법(6-23절),[83] 그리고 가증한 것을 숭배하는 것에 대한 훈계(24-30절).

레위기 19장: 도입 형식문(1-2a절), 거룩함의 요구와 근거(2b 절), 부모의 존경과 안식일 준수(3절), 이방 신 금지와 형상 금지(4절), 이웃과 나그네에 대한 배려(5-10절),[84] 다섯 가지 사회적 금지 법령(11-18절),[85] 혼합 교배 금지(19절), 약혼한 여자 노예와 성교 금지(20-22절), 4년째

---

82) 빅터 헤밀턴, 375-376.
83) 근친상간적 관계 금지(6-18절), 기타 성적인 이탈: 월경 중 성관계 금지(19절), 간음(20절), 몰렉에게 자녀 바침 금지(21절), 동성 연애 금지(22절), 수간 금지(23절)
84) 이웃을 위한 화목제(5-8절)과 가난한자와 이방인의 배려(9-10절); 정중호, 312.
85) 절도와 거짓말, 거짓 맹세 금지(11절), 힘없는 자에 대한 억압 금지(13-14절), 불의한 재판 금지(15절), 이웃에 대한 비방 금지(16절), 형제 사랑과 이웃 사랑(17-18절).

되는 나무의 첫 열매는 하나님에게(23-25절), 이방 풍습의 금지(26-28절),[86] 신전 창기 금지(29-30절), 신 접한 자와 주술 금지(31절), 노인에 대한 공경(32절), 이방인의 보호(33-34절), 정직한 상거래 장려(35-36절), 마지막으로 결론적 권고(37절).

레위기 20장: 도입 형식문(1-2a절), 목록(Molech)에 대항하는 죄(2b-5절), 접신한 자와 박수 무당과 음란 금지(6절), 거룩에 대한 훈계(7-8절), 첫 번째 법 모음[다양한 근친 상간의 금지: 9-21절],[87] 두 번째 법 모음[역사적 회상을 통한 계명 준수를 위한 경고: 22-25절], 거룩에 대한 훈계[구별과 거룩: 26절] 그리고 접신과 박수 무당의 행위 금지(27절).

다음과 같이 표로 구별할 수 있다:[88]

접신한 자와 박수 무당에 물음 금지(6절)		
	거룩에 대한 훈계(7-8절)	
		첫 번째 법 모음[9-21절]: 다양한 근친 상간의 금지 두 번째 법 모음[22-25절]: 역사적 회상을 통한 계명 준수를 위한 경고
	거룩에 대한 훈계[구별과 거룩: 26절]	
접신과 박수 무당에 대한 물음 금지(27절)		

---

86) 피 먹는 행위금지, 점 금지, 술법 행위 금지(26절), 수염과 머리 밀기 금지(27절), 죽은 자를 위한 문신 금지(28절)

87) 부모 저주(9절), 형을 수반하는 법들[간음(10절), 근친 상간(11-12절), 남성의 동성 연애(13절), 아내와 그녀의 장모와 동침 금지(14절), 수간(15-16절) 민족들 앞에서 끊어짐의 법들[누이와의 결혼(17절), 월경 중에 성관계(18절)], 친가와 외가의 아주머니와 성관계(19절), 숙모와 형제 아내와 성관계(20-21절).

88) Thomas Hieke, *Levitikus: 16-27*, HThKAT, 774.

● 레위기 21–22장[제사장의 정결]

(1) 레위기 21:1–15: 아론의 자손 제사장들에게, 제사장 자신에 대한 관계	(3) 레위기 22: 1–16: 아론과 그의 아들들에게, 성물을 먹는 것에 대한 제사장의 규례
(2) 레위기 21:16–24: 아론에게, 제사장 직무를 위한 제사장의 신체적 장애	(4) 레위기 22:17–33: 아론과 그의 아들들과 이스라엘 온 족속에게, 바치는 제물에 대한 관련성

이 4개의 단락은 다음과 같이 양 쪽으로 대치된다. 그리고 그 안에서 다음과 같이 평행을 이룬다:

A			레 21:1–9[제사장의 상과 결혼에 대한 첫 번째 연설]
A'			레 21:10–15[대 제사장의 상과 결혼에 대한 두 번째 연설]
	B		레 21:16–24[신체적 손상을 가진 아론 자손을 위한 규정]
		C	레 22:1–9[성물을 먹는 것과 관련된 법]
		C'	레 22:10–16[성물을 먹을 수 있는 제사장과 그의 가족의 범위]
	B'		레 22:17–30 [제물에 대한 긍정과 부정의 평가]
D			레 22:31–33 [결론]

(1) 레위기 21:1–15[아론의 자손 제사장들에게]:

도입 형식문(1절)

제사장의 상과 결혼에 대한 첫 번째 연설(2–9절)[89]

대 제사장의 상과 결혼에 대한 두 번째 연설(10–15절)[90]

---

89) 죽은 친족과 관련하여 금지된 것들(2-4절), 애도 관습의 금지(5절), 그리고 제사장의 거룩과 관련된 법(6-8절) 그리고 창녀가 제사장 딸에 대한 법(9절).

90) 시체와 관련된 금지(10-12절), 결혼 가능한 대 제사장의 여자에 관한 법(13-14절) 그리고 자

(2) 레위기 21:16-24[아론에게]:

　　도입 형식문(16-17a절)

　　신체적 손상을 가진 아론 자손을 위한 규정(17b-23절)

　　말씀 전달에 대한 보고(24절)

(3) 레위기 22:1-16[아론과 그의 아들들에게]:

　　도입 형식문(1-2a절)

　　성물을 먹는 것과 관련된 법(1-9절)

　　성물을 먹을 수 있는 제사장과 그의 가족의 범위(10-16절)

(4) 레위기 22:17-30[아론, 그의 아들들과 이스라엘 온 족속에게]:

　　도입 형식문(17-18a절),

　　제물에 대한 평가(17-25절)

　　제물 짐승에 대하여(26-30절)

● 레위기 22:31-33[21-22장의 결론]:

거룩으로의 부름 "나는 너희를(그들을) 거룩하게 하는 야훼다"

● 레위기 23장[거룩한 절기들]: 이스라엘 절기들은 토마스 히케

손의 정결하지 않는 것을 막는 법(15절).

[Thomas Hieke]에 의한 다음과 같은 도표에서 자세하게 볼 수 있다.[91)]

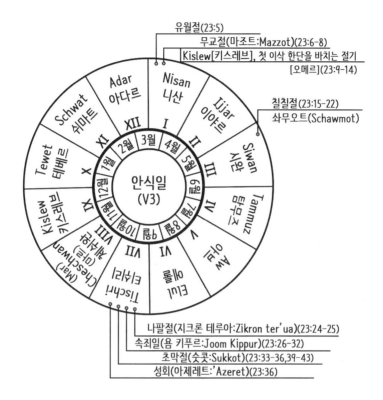

유월절(23:5)
무교절(마조트:Mazzot)(23:6-8)
Kislew[키스레브], 첫 이삭 한단을 바치는 절기
[오메르](23:9-14)

칠칠절(23:15-22)
솨무오트(Schawmot)

나팔절(지크론 테루아:Zikron ter'ua)(23:24-25)
속죄일(욤 키푸르:Joom Kippur)(23:26-32)
초막절(숫콧:Sukkot)(23:33-36,39-43)
성회(아제레트:'Azeret)(23:36)

● 레위기 24:1-9[이스라엘 자손들에게]:

도입 형식문(1-2a절)

등잔불의 처리 규정(2b-4절)

성전에 들어갈 진설병에 대한 규정(5-9절)

---

91) Thomas Hieke, *Levitikus 16-27*, HThKAT, 881.

● 레위기 24:10-23[신성 모독이야기]

레위기의 이야기 형식(레 8-10장; 16장; 24:10-23)들 중 마지막에 해당하는 이 이야기는 다음과 같은 형태로 나누어진다:

하나님을 저주한 사건과 결말(10-14절)

　　하나님을 저주한 상황의 설명(10-12절),

　　하나님의 결정까지 보호(13절)

　　하나님의 결정: 진 밖에서 돌로 쳐 죽임(14절)

살해와 상해에 대하여(15-21절)

　　살해법(16-17절) 동태 복수법(ius talionis: 18-20절), 요약(21-22절)

본토인과 체류인의 공평한 법 적용 요구(22절)

신성 모독자에게 향하는 판결의 보고(23절)

이 이야기는 성결법전에 나타난 모든 사회적 규정을 야훼를 섬기는 문제, 즉 신성 모독과 연결시킴으로 성결법전(레 17-25장)을 반드시 지켜야 한다는 결단을 촉구하고 있다.[92] 또한 이 다음에 전개되는 결론에 강력한 힘을 실어주는 역할을 한다. 즉, 축복과 저주에서 저주를 버리고 축복을 택하라는 요구이다. 특히 이 법은 그 이야기 가운데 살해와 상해에 관한 소위 동태 복수법[93]을 제시하며 이러한 법의 적용은 이스라엘인들에게만 제한되는 것이 아니라 모든 사람에게

---

92) 천사무엘 외 다수,『구약성서 개론』(대한기독교서회, 72010), 260-261.

93) 소위 타리온 법(ius talionis)으로 여기에서와 출 21:23b-25와 신 19:21절에 나타난다; Klaus Grünwaldt, *Das Heiligkeitsgesetz Leviticus 17-26 Ursprüngliche Gestalt, Tradition und Theologie*, Berlin[u.a], 1999, 95-96.

적용시킴으로 하나님의 법이 자국민을 우선으로 처리하는 고대 근동과는 다르게 보편적인 성격을 가지게 한다는 것을 알 수 있다.

● 레위기 25장[안식년과 희년][94]

도입 형식문(1-2a절): **"이것은 야훼께서 시내산에서 이스라엘 자손을 위하여** 모세에게 명령하신 계명이니라"

안식년(2b-7절)

안식년 기본 규정: 땅의 휴식(2절)

세부 항목: 정상적으로 6년 경작(3절),

7년째 땅의 휴식 규정(4-7절)

희년(Jobeljahr: 8-54절)

희년의 기본 규정(8-22절)

희년의 기본 규정(8-1절): 희년에 대한 절기월력(8절), 희년 선포(9절), 희년의 개념과 회복 명령(10절) 그리고 희년에 대한 해설(11-13절)[95]

희년과 땅의 임대 규정(14-22 절): 땅과 관련된 희년의 회복에 대한 기본 진술(14절), 세부항목 진술(15-17절), 규례에 대한 훈계(18-19절)

---

94) J. E. Hartley, 『레위기』, 815-817; Thomas Hieke, *Levitikus 16-27*(HThKAT), 1055-1056; 정중호, 408; Klaus Grünwaldt, *Das Heiligkeitsgesetz Leviticus 17-26 Ursprüngliche Gestalt, Tradition und Theologie*, (Berlin[u.a], 1999), 102-103.

95) Thomas Hieke, *Levitikus 16-27*, HThKAT, (Stuttgart, 2014), 985.

백성들의 이론 제기에 대한 반론(20–22절)

가난한 백성에 대한 희년법 적용의 규정들(23–54절)

토지 매매에 관한 희년 규정(23–34절)

대부에 관한 희년 규정(35–38절)

노예에 대한 희년 규정(39–54절)

결말: 희년의 근거와 동기: "이스라엘 자손은 나의 종들이 됨이
라 그들은 내가 이집트 땅에서 인도하여 낸 내 종이요
나는 너희의 하나님 여호와이니라."(레 25:55)

레위기 25장은 일반적으로 레위기의 결론이라고 말하지만, 레위
기 25장 1절은 명백하게 계명으로 정해져 있기 때문에 사실상 성결
법전의 마지막 내용으로 해석한다. 안식년과 희년은 '원래 상태로의
회복'(retitutio integrum)을 의미한다. 안식년의 7번째를 희년으로 정하고
있기 때문에 안식년과 희년이 구분될 필요는 없다. 성서는 안식년(출
23:10–11; 느 10:32)과 희년(민 36:4; 겔 46:17)을 기능과 영향력에서 구분하
는 것이 아니라 단지 시간적으로 구분하고 있기 때문에 개념은 동일
하다고 할 수 있다.

안식년/희년의 계명은 성서의 다른 곳(민 36:4)에서도 나타난다. 그
러나 레위기에서 이 항목들은 더 다듬어지고 정교하게 만들어져 있
다. 특히 희년의 경우 안식년보다 상세한 실행 규정이 첨가되어 있
다. 이 두 계명은 얼핏 보면 그 땅에 살았던 사람들의 경제 논리를
제시하며, 이상적인 국가 경제를 제시하는 것 같다. 그러나 한편으
로 남녀 창조(창 1:27)와 광야에서의 만나 이야기(출 16: 11–25)에서와 같

이 평등을 향한 하나님의 계획을 실현하는 행위이다. 다른 한편으로 여호수아의 땅 분배 후에 시간이 지나면서 땅의 소유에 대한 혼란이 가중되는 경우, 일정한 시간이 되면 자신이 부여받은 기업을 제외하고, 더 잉여화되고 축적된 것을 가난한 자에게 돌려준다는 개념이다. 이것은 부자가 노력해서 물질을 얻은 것을 빼앗는다는 개념이 아니라 '원래 상태로 돌려 놓는다'는 개념으로 받아들여야 한다. 그 때문에 가진 자의 모든 물질을 빼앗는 것이 아니다. 단지 선조의 땅을 소실하여 그 땅을 되돌리는 회복에 대한 개념에서 출발한다. 땅은 누구의 소유가 아니라 하나님 것이라는 개념이다. 따라서 사회 환원이다. 이것은 땅의 회복을 통하여 공동체의 삶의 유지를 가져오는 역할을 한다.[96]

● 성결법전의 전체적 결론[레위기 26장과 부록(레 27장)]

레위기 24장 9-23절의 신성 모독 이야기를 제외하고 레위기 25장에서 성결법전의 내용은 끝난다. 그런 의미에서 레위기 26장은 성결법전의 결론이자, 레위기 전체의 결론을 말하고 있다. 우선 레위기 결론 부분은 축복과 저주를 말하는 26장과 마지막 부록의 기능을 하는 27장으로 나누어진다. 이것의 구성은 다음과 같다.

● 레위기 26장[축복과 저주][97]

---

96) 정중호, 403; 앤드류 힐 존 월튼, 유선명 · 정종성 역, 『구약개론』(은성, 1993), 158.
97) J. E. Hartley, 『레위기』 870-871; Thomas Hieke, *Levitikus 16-27*(HThKAT), 1055-1056; 정중호, 408

제의적 금지와 계명(1-2절)

　우상 숭배의 금지(1절)

　안식일과 성소 경외에 대한 계명 준수(2절)

축복에 대한 계명(3-13절): 하나님 계명의 준수에 대한 약속(Ver-heißungen)

　조건(3절): 만일… 한다면(계명 준수의 조건절로 시작)

　결론(4-12절): 그렇다면 ～이 될 것이다(축복의 약속)

　　경작하는 땅의 많은 수확을 약속(4-5절)

　　평화의 약속(6-8절)

　　민족의 다산 축복 약속(9절)

　　새 곡식의 약속(10절)

　　성막에서 하나님 임재의 약속(11-12절)

축복의 결말(13절): 야훼의 자기 소개 형식문—"나는 너희를 이집트 땅에서 인도해내어 그들에게 종 된 것을 면하게 한 **너희의 하나님 여호와이니라** 내가 너희의 멍에의 빗장을 부수고 너희를 바로 서서 걷게 하였느니라."(레 26:13)

저주에 대한 계명(14-39절): 계명의 오용에 대한 경고들(Warnungen)

조건(14-15절): 만일 … 하지 않는다면(계명의 경멸, 하나님의 규정에 대한 혐오, 언약의 깨짐)

결론(16절): 그렇다면 ～～이 될 것이다(발생하는 저주의 종류 묘사)

　발생하는 저주의 종류 묘사(16-39절)

　　많은 역병과 전쟁에서 패배(16-17절)

　　가뭄(18-20절)

들 짐승(21-22절)

전쟁, 페스트 그리고 기근(23-26절)

비참한 파괴와 유배(27-39절)

언약에 대한 하나님의 기억(40-45절): 회개의 기회

조건절/조건들(40-41절): 죄의 고백과 자기 굴욕(회복의 조건)

결론절/약속(42-45절): 언약과 땅에 관계하는 하나님의 기억

(회복의 내용)

결과(46절): "이것은 **야훼께서 시내산에서 자기와 이스라엘 자손 사이에 모세를 통하여 세우신 규례와 법도와 율법**이니라."(레 26:46절)

● **레위기 27장**(부록)[98]

도입 형식문(1-2a절): 이스라엘 자손에게.

서원에 대하여(2-25절)

사람과 짐승에 대한 서원(2-13 절): 사람(2-8 절)과 짐승(9-13절)

부동산에 대한 서원(14-24 절): 집(14-15 절)과 토지(16-24절)

통화 기준으로 세겔의 가치에 대한 규정(25절)

서원물에 대한 제한 규정(26-33절)

첫 새끼에 대하여(26-27절)

헌물에 대하여(28-29절)

---

98) J. E. Hartley, 『레위기』 WBC 4, 910-911; Thomas Hieke, Levitikus 16-27 *HThKAT*, 1107; 정중호, 427; 정정진, 282-283.

십일조에 관하여(30-33절)

요약 형식문: "이것은 **야훼께서 시내산에서 이스라엘 자손을 위하여** 모세에게 명령하신 계명이다."(레 27:34)

명백하게 살펴보면 레위기 26장에 왜 이 성결법전의 결론이 나타 날까? 다른 계명들과 달리 레위기 26장은 조건절과 결론절이 축복 과 저주에 대하여 쌍으로 나타난다. 성결법전에서 보여준 법전의 형 식도 아니고 또한 제사의 규정도 아니다. 단지 계명을 지키는 자에 대한 하나님의 축복(레 26:3-13)과 계명을 무시하거나 어기는 자에 대 한 저주받을 삶(레 26:14-46)을 구분하고 있다. 특히 레위기 26장 1-2 절은 출애굽기의 황금 송아지 사건(출 32:1-5)을 연상하게 하는 서론 을 사용하여 법전의 순종과 불순종의 결과가 축복과 저주의 형식으 로 나타난다고 말한다. 마지막으로 레위기 27장은 서원하고 지켜야 할 계명이 아니라 오히려 그 서원을 이행할 수 없을 때, 그 서원을 철 회할 수 있다는 규정을 두어서 죄를 짓지 않게 하고, 자신의 행위에 대한 정당성을 부여하기 위함이다.

2.4. 시내산 이야기: 민수기(민 1:1-10:10)

민수기: 오경의 네 번째 책

민수기는 히브리성서에서는 '광야에서'를 뜻하는 밤미드바르 [במדבר]로, 70인역에서는 '(수를)세다' 또는 '계산'[Zählungen/Aufzählung] 을 뜻하는 아리트모이['Αριθμοι]로 명명된다. 민수기의 내용이 시 내산에서의 첫 번째 인구조사(민 1~4장)와 26장의 두 번째 인구조사를 제외하고는 거의 광야에서 이스라엘 백성의 삶을 다루고 있기 때문에, 70인역보다 히브리성서의 명칭이 민수기의 특징과 성격을 잘 나타낸다고 볼 수 있다.

| 민수기의 전체 구조

민수기는 다음과 같은 5개의 구조로 나뉜다.

후기 시내산 이야기	시내산에서 바란광야로	바란광야에서 [가데스바네아]	바란광야에서 모압으로	모압에서
1:1-10:11	10:12-12장	13-19장	20-21장	22-36장

민수기 1장 1-10장 11절은 가나안을 향한 여정을 준비한다. 이 곳에서 이스라엘 전체 조직이 다시 한 번 정돈되고 정비된다. 즉, 전체 인구가 전체 인구가 계수되고, 가나안을 향해 효과적으로 진군할 준비를 한다.

민수기 10장 12−12:16절에서 이스라엘은 이집트를 떠난 지 2년째 되는 해에 하나님의 언약궤를 메고 출발한다.(민 10:11−35) 시내산에서 바란 광야까지 이르는 여정 중 이스라엘은 다시 불평과 원망(민 11:3)을 시작한다.[99]

민수기 13−19장에서는 바란 광야의 가데스바네아 사건을 다룬다. 각 지파에서 뽑힌 열두 명이 40일 동안 가나안을 정탐한 후(민 13:1−25) 보고하는데, 여호수아와 갈렙을 제외한 열 명은 가나안 땅의 정복은 불가능하다고 말한다. 그에 비해 여호수아와 갈렙은 하나님이 함께 하시면(민 14:8) 능히 정복할 수 있다고 보고한다. 이 사건으로 인해 출애굽 1세대는 가나안에 들어가지 못하게 되고, 이스라엘은 40년간 광야에서 방황하게 된다.

민수기 20−21장은 가데스바네아(바란 광야)에서 모압 평지까지의 여정을 다룬다. 이 여정에는 미리암의 죽음,(민 12장) 모세와 아론이 가나안에 못 들어가는 이유(민 20:12)가 포함된다. 또한 아모리 족속과 치른 전쟁에서의 승리는, 앞으로 전개되는 요단 동편 정복과 모압 평지에서의 정착 그리고 여호수아 정복 전쟁에 큰 영향을 준다.

민수기 22−36장은 모압 평지에서 일어난 일들을 다룬다. 모압왕 발락이 발람 선지자에게 이스라엘을 저주하도록 하였으나, 발람은 야훼의 명령에 따라 이스라엘을 축복한다.(민 22−24장) 이후 가나안 진입을 위한 마지막 준비로 두 번째 인구조사(민 26:1−65절)가 실시되는데, 이

---

99) 강사문(외3), 『구약성서개론』, 363 ; 이경숙 외 다수 『구약성서개론』, (대한기독교서회, 2005), 76-77.

인구조사는 본격적으로 출애굽 2세대가 이스라엘의 모든 것을 진두 지휘하게 됐다는 것을 의미한다. 여기에서도 다시 한 번 출애굽기와 레위기에서 제시하였던 법과 절기들을 보충한다.(민 27:1-29:40) 모압에서 최대의 전쟁은 미디안과의 전쟁이다. 이 전쟁은 요단강 건너편의 정착을 고착시키는 결과를 가져오며, 르우벤, 갓과 므낫세 반 지파가 요단 동편에 거주하게 된(민 31:1-32:42) 이유를 설명한다. 마지막으로 모압 평지에서 가나안에 들어가서 할일을 정리하며 민수기는 끝난다.

민수기는 지리적 장소에 따른 구조 외에 내용에 따라서도 구조를 나눌 수 있다. 즉, 민 1-25장(출애굽 1세대)과 민수기 26-36장(출애굽 2세대)은 전체적으로 서로 대칭되는 내용을 담고 있다.[100]

출애굽 1세대	출애굽 2세대
12지파 인구조사(1장)	12지파 인구조사(26장)
레위 지파 인구조사(3장)	레위 지파 인구조사(26장)
여인을 포함한 법률적 강화(5장)	여인을 포함한 법률적 강화(27장)
서원에 관하여(6장)	서원에 관하여(30장)
제물에 관하여(7장;15장)	제물에 관하여(28장; 29장)
유월절 축제(9장)	미래의 유월절 축제(28:16-25장)
제사장이 부는 나팔에 관한 규정(10;8-9)	미디안 전쟁과 나팔(31:6)
땅 정탐을 위한 명단(13장)	약속의 땅 분할을 위한 부족 지도자 선출 명단(34장)

---

100) 이 대조되는 표는 데니스 올슨, 김봉익(편집),『민수기』현대성서주석, (한국장로교출판사, 2000), 27를 따랐다.

출애굽1세대의 반역과 죽음 이야기(13-14장)	땅 정탐 회고(13-14장)와 결과에 대한 교훈 (32:6-15)
광야 여행의 지리적 표시(10-25장)	광야에서 여행 장소 요약(33장)
레위 지파의 조건(18:21-32)	레위 지파 도시의 조건(35장)
시혼과 옥의 왕과 요단 동편 땅(21:21-35)	요단 동편 시혼과 옥과 요단 동편 땅 분배(32장)
미디안족을 통한 이스라엘의 타락(25:17-18)	미디안과 전쟁(31장)

2.4.1. 인구조사와 제도 정비(민 1-4장)

가나안으로 행군을 준비하는 출애굽 1세대의 인구조사(민 1장)와 숙영 순서 그리고 이동 순서(민 2장)가 묘사된다. 민수기 1장은 인구조사 날짜와 명령(민 1:1-2), 인구조사의 기준(민 1:3과 45절)을 말하며, 마지막으로 계수된 자의 총계를 제시한다.(민 1:46)

전체 인구조사의 결과는 다음과 같다.(민 1: 4-43; 26:5-50)

민수기 1장과 26장에 나온 인구조사 결과					
민수기 1장			민수기 26장		
지파	인구숫자	성서구절	지파	인구숫자	성서구절
르우벤	46,500	1:20-21	르우벤	43,730	26:5-7
시므온	59,300	1:22-23	시므온	22,200	26:12-14
갓	45,650	1:24-25	갓	40,500	26:15-18
유다	74,600	1:26-27	유다	76,500	26:19-22
잇사갈	54,400	1:28-29	잇사갈	64,300	26:23-25
스블론	57,400	1:30-31	스블론	60,500	26:26-27
에브라임	40,500	1:32-33	에브라임	32,500	26:29-34

므낫세	32,300	1:34-35	므낫세	52,700	26:35-37
베냐민	35,400	1:36-37	베냐민	45,600	26:38-41
단	62,700	1:38-39	단	64,400	26:42-43
아셀	41,500	1:40-41	아셀	53,400	26:44-47
납달리	53,400	1:42-43	납달리	45,400	26:48-50
총합	603,550		종합	601,730	

민수기 1장 3절에서는 이 인구조사의 목적과 기준을 '만 20세 이상 전쟁에 나갈 수 있는 자'[101]로 정한다. 전쟁에 나갈 수 있는 나이는 고대 근동에서 관습적으로 나타나는 것이다.[102]

민수기 2장은 열두 지파의 진 편성과 행군 순서를 제시한다.

동쪽(민2: 3-9): 유다(746,000), 잇사갈(54,400), 스블론(57,400)

남쪽(민 2:10-15): 르우벤(46,500), 시므온(59,300), 갓(45,650)

서쪽(민2:16-24): 에브라임(40,500), 므낫세(32,200), 베냐민(35,400)

북쪽(2: 25-31): 단(62,700), 아셀(41,500), 납달리(53,400)

민수기 3장은 처음에 아론과 그의 집안을 소개하며(민 3:1-4), 제사장을 돕는 레위 사람에 대하여 언급한다. 레위인의 특징 중에 가장 중요한 것은, 레위인이 하나님의 소유라는 말씀이다.

---

101) P. D. Miller, "The Divine Council and the Prophetic Call to War" *VT18*, (1968),100-07.
102) M. 노트, 이경숙 역, 『민수기』 국제성서 주석, (한국신학연구소, ⁷2001), 34.

"보라 내가 이스라엘 자손 중에서 레위인을 택하여 이스라엘 자손 중에 태를 열어 태어난 모든 자를 대신하게 하였은즉 레위인은 내것이라."(민 3:12)

이스라엘 열두 지파가 외곽에 포진했다면, 아론과 그의 집안 그리고 레위인들은 성막을 중심으로 포진하고 제사와 성막에 관한 모든 일을 맡는다.(민 3:5-13) 다음으로 그들은 레위인들의 전체 인구 조사를 해야 했으며, 이스라엘 전체의 맏아들 구실을 해야했다.(민 3:14-39) 그후에 각각 그들에게 임무가 부여 되었다.(민 4장)

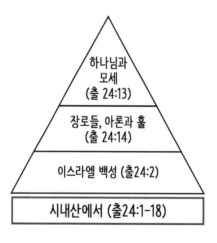

민수기 2-4장에 나타난 열두 지파의 숙영지와 이동 형태의 모습은, 출애굽기에서 시내산에 머물 때의 형태(출 24:1-18)와 동일하다. 옆 그림에서, 모세와 하나님이 계신 곳 아래에 장로들과 아론과 훌이 머무르며, 마지막으로 이스라엘 백성이 산 밑에서 포진해 있다. 이러한 모습은 민수기 2-4장에 나타난 이스라엘 숙영지의 형태와 거의 동일하다.

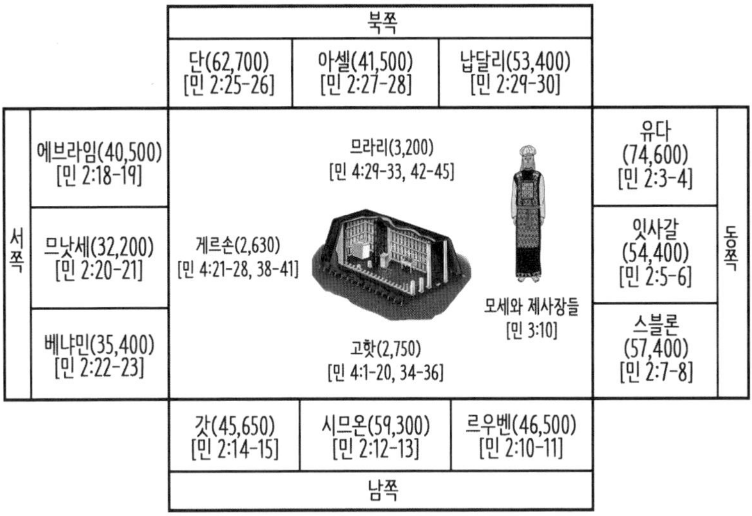

	북쪽		
	단(62,700) [민 2:25-26]	아셀(41,500) [민 2:27-28]	납달리(53,400) [민 2:29-30]

(diagram layout)

서쪽

에브라임(40,500)
[민 2:18-19]

므낫세(32,200)
[민 2:20-21]

베냐민(35,400)
[민 2:22-23]

므라리(3,200)
[민 4:29-33, 42-45]

게르손(2,630)
[민 4:21-28, 38-41]

고핫(2,750)
[민 4:1-20, 34-36]

모세와 제사장들
[민 3:10]

동쪽

유다
(74,600)
[민 2:3-4]

잇사갈
(54,400)
[민 2:5-6]

스블론
(57,400)
[민 2:7-8]

갓(45,650)
[민 2:14-15]

시므온(59,300)
[민 2:12-13]

르우벤(46,500)
[민 2:10-11]

남쪽

민수기 3-4장에 나타난 제사장의 직무, 이동시 제사장과 레위인들의 임무는 다음과 같다.

	제사장과 레위인	직무	인원(30-50세)	성서 구절
동	아론과 그의 집안	제사장 직무		민 3:10
남	고핫 자손	회막 안의 지성물	2,750	민 4: 1-20, 34-36
서	게르손 자손	성막 이동시 성막	2,630	민 4: 21-28, 38-41
북	므라리 자손	성막 이동시 성막이외의 것	3,200	민 4: 29-33,42-45

2.4.2. 레위기 이후 율법의 보충(민 5-6장)

민수기 5-6장은 다음과 같은 구조로 되어 있다.[103]

---

103) 빅터 해밀턴, 407-409.

1. 진의 거룩함을 지키기 위한 규정(민 5장)

    1) 부정한 자들의 처리 규정(민 5:1-4)

    2) 배상을 대신 받는 것에 대한 규정(민 5:5-10)

    3) 간음이 의심되는 여인에 대한 규정(민 5:11-31)

2. 나실인의 삶(민 6장)

    민수기 5장에 나타난 부정한 자의 처리 규정(민 5:1-4)은 레위기에서 부족한 규정(레 13-14장)을 보충한다. 전염병에 걸린 자는 진 밖으로 내보내야 하는데(민 5:2), 이것은 진을 전염병으로부터 보호하여 부정함을 막기 위함이다. 이 규정은 레위기의 정결법(레 11-15)을 보충하고 있다.[104]

    이어서, 배상 받아야 할 대상자가 친적이 없는 경우(민 5:5-10) 제사장과 성소에 배상해야 한다는 규정이 새롭게 나타난다. 이것은 하나님의 성소가 이스라엘의 중심이며, 죄를 지은 자가 배상하는 행위를 통해서 하나님과의 관계가 회복된다는 것을 의미한다. 간음이 의심되는 여인에 대한 규정(민5:11-31)도 새롭게 첨가된다. 이 규정은 남성 중심의 사회 구조에서 아내가 남편에게 간통을 의심받는 경우에 행하는 조치에 관한 법이다.[105](신 22:13-29절과 비교하라)

    민수기 6장은 나실인의 조건과 금기(민 6:1-21)와 아론의 축복(민

---

104) 데니스 올슨, 『민수기』, 67-68.
105) 마틴 뢰절, 『구약성경입문』, 54.

6:22-27) 두 부분으로 나눌 수 있다. 공동체 전체의 거룩함을 위하여 헌신[106]할 목적으로 '성별된 또는 봉헌된 자'라는 의미를 가진 나실인의 조건과 금기는 서원의 성격을 띠는데, 포도주와 독주를 멀리하고 (3-4절), 머리를 밀지 못하며(5절), 시체 접촉이 금지(6-8절)되고, 무의식적으로 죽은 자와 접촉(9-12절)할 경우의 해결책이 제시된다. 이어서, 나실인이 되는 과정(13-21절)과 종결할 수 있는 제의적 방법을 서술한다.

마지막으로 아론이 이스라엘 공동체를 위해 축복하고 민수기 6장이 끝난다. 여기에서 제사장의 주요 임무가 하나님의 백성을 위해 축복하는 일임을 알 수 있다.[107] 물론 복을 주는 당사자는 아론(제사장)이 아니라 하나님이시다. 이 축복의 구절은 유대교뿐만 아니라 기독교에서도 널리 사용되는 축복문이다.

24 "여호와는 네게 복을 주시고 너를 지키시기를 원하며

25 여호와는 그의 얼굴을 네게 비추사 은혜 베푸시기를 원하며

26 여호와는 그 얼굴을 네게로 향하여 드사 평강 주시기를 원하노라 할지

---

106) 데니스 올슨, 『민수기』, 77.
107) J. H. 세일헤머, 282-283.

니라 하라.

27 그들은 이같이 내 이름으로 이스라엘 자손에게 축복할지니 내가 그들에게 복을 주리라."(민 6:24-27)

민수기 6장 24-26절의 전반부는 축복의 행동(복, 얼굴, 얼굴)이며, 뒤따르는 후반절은 축복의 결과(지킴, 은혜, 평강)이다. 이러한 축복의 결과는 하나님의 선물로 간주되며, 지금까지 제시한 율법을 준수하고 순종하며 거룩한 삶을 살아가면 하나님의 복이 함께 하신다는 것을 말한다.[108]

2.4.3. 지도자들의 청지기적 사역(민 7-8장)

민수기 7장은 성막을 봉헌한 후, 한 달 전의 상황을 회고하고 있다.[109] 성막과 부속 기구들 등 필요한 물품들과 황소 열두 마리가 봉헌되었다.(민 7:3) 민수기 6장이 율법의 보충과 공동체에 대한 하나님의 축복을 제시한다면, 민수기 7장은 그 축복에 대한 이스라엘 지도자의 응답이라고 볼 수 있다. 지도자들은 망설임이나 불평과 불만 없이 기꺼이 드렸다. 이러한 마음은 거룩한 물건을 수레로 옮기지 않고 직접 고핫 자손(민 7:9)이 나르도록 했다는 점에서 추정할 수 있다.[110]

---

108) 빅터 해밀턴, 413-415.
109) 모세가 성막을 세운 연대는 출 40:17절에서 둘째 해 첫 달 곧 초하루라고 기록되어 있다. 민 1장은 둘째 해 둘째 달이라고 기록한다. 민 7장은 출 40:7절 바로 다음을 보고한다.
110) 삼하 6:1-18절을 주목하여 보라.

민수기 8장은 아론의 임무(민 8:1-4)와 레위인들의 성직 임명(민 8:5-26)에 대하여 보고한다. 아론의 임무 중에서 등불을 밝히고 조절하는 임무[111]가 추가된다. 아마도 이 등불은 하나님을 상징하는 것[112]으로 보인다. 레위인의 성직 임명은 봉사의 성격을 보고한다는 점에서 큰 의미를 갖는데,[113] 그들은 하나님의 성막에서 봉사하기 위하여 정결케 되어야 한다.(민 8:6-7, 15, 21)

2.4.4. 두 번째 유월절과 행군 시작을 위한 준비(민 9:1-10:10)

시내산에서 가나안으로 가기 위한 모든 준비가 끝나고 출발하기 전 유월절이 지켜진다. 민수기 9장 1-10장 10절은 다음과 같이 구분할 수 있다.

두 번째 유월절(민 9:1-14)
유월절을 정한 기일에 지켜라(민 9:1-5)
유월절을 정한 기일에 지킬 수 없는 경우 규정[114](민 9:6-14)
구름 기둥의 기능과 하나님의 임재(민 9: 15-23)
출발 준비(민 10:1-10)
나팔에 대한 용도(민 10:1-2)

---

111) 등잔 모형과 제작은 출 25:31-40과 37:17-24절에서 제시한다.
112) 필립, J., 붓드, 박신배 역, 『민수기』, WBC 5, (솔로몬, ²2006), 176; 목회신학편집부, 『민수기』-어떻게 설교할 것인가, 두란노How주석 04, (두란노아카데미, 2009), 221-222.
113) 빅터 헤밀턴, 416.
114) 시체로 인한 부정한 자들과 먼 여행 중에 있는 자들(8:6-13), 타국인에 대한 규정(8:14).

나팔에 대한 기능 설명(민 10:3-10)

민수기 9장은 유월절과 구름 기둥이라는 두 개의 이야기를 보고
한다. 유월절을 지키는 행위는 이스라엘 백성이 이집트를 떠난 것을
상기(출 12:29-51)하게 함으로 시내산을 떠난다는 신호와도 같다. 이
곳에서의 유월절 규정은 부분적으로 수정되는데, 시체를 만짐으로
부정해진 자와 여행 중에 있는 자(민 9: 5. 10)는 일정한 의식을 거친 후
유월절을 지키는 것이 허용되었다. 이는 율법의 유연성을 보여준다
는 점에서 중요하다.[115]

출발에 앞서서 유월절을 지킨 이스라엘 백성은, 구름을 통하여
진영 가운데 자신들과 함께 하시는 하나님 임재의 모습(민 9:15)을 본
다. 출애굽기와 민수기에서 구름은 하나님의 임재와 더불어 행군의
진행(민 9:17)을 의미한다. 이 모습은 출애굽기 13장 21-22절에서 처
음 나타난다. 출애굽기에서는 구름이 기둥과 같은 모습으로 나타나
서 야훼의 진퇴를 알리는 단순한 기능으로 작용했다면(출 13:21), 민수
기 9장에서는 성막을 덮는 기능(민 9:15)을 통해 하나님의 임재로 그
의미가 확대된다.

민수기 10장은 아론의 자손 제사장들이 나팔을 불어 전체 이스
라엘의 행군을 지휘하는 모습을 보고한다.(민 10:8) 이는 아론 계열의
제사장들의 지도력과 권위를 부여하는 것을 의미한다. 나팔의 신호

---

115) J. H. 세일 해머, 286.

순서는 다음과 같다.

은 나팔 두개를 붐	회중 소집, 진영 출발	민 10:3
나팔 하나를 붐	이스라엘 천부장이 앞으로 나옴	민 10:4
나팔을 크게 붐(짧게 급히 붐)	동쪽 진영 행진	민 10:5
나팔을 두 번 크게 붐(짧게 급히 붐)	남쪽 진영 행진	민 10:6
나팔을 작은 소리로 짧게 붐	회중을 모음	민 10:7
나팔을 크게 짧게 붐	대적과의 싸움	민 10:9
일반적인 나팔 붐	희락의 날, 정한 절기, 초하루	민 10:10

III. 두 번째 광야 이야기(민 10:11-36:1)

1. 시내산에서 바란 광야로 이동(민 10:12-12:16)

1.1. 구조

이스라엘 백성들은 둘째 해 둘째 달 스무날(민 10:11)에 시내산을 출발하여, 가나안 땅으로 행군한다. 민수기 10:12-12:16의 구조는 다음과 같다.

– 시내산에서 출발(민 10:11-36)

– 다베라에서(민 11:1-3)

– 기브롯핫다아와/하세롯

  (민 11:4-35)

– 하세롯: 미리암의 하락과

  모세의 승귀(민 12:1-16)

이 단락에서 거의 앞으로 전개되는 이스라엘 백성들의 패턴이 확고하게 드러난다. '이스라엘 백성의 원망 → 하나님의 진노 → 모세를 통한 하나님의 구원'(민 11:1-2)이라는 패턴이 계속 반복된다.[1] 광야의 척박한 땅과 먹거리가 불충분한 장소에서 불평을 할 수 있지

---

1) 강사문 외3인, 363.

만, 거듭되는 불평의 반복은 습관 반복이며, 과거 이집트의 생활에 대한 집착이다. 이러한 행위는 그동안 자신을 인도하신 하나님의 성실성에 대한 반역이다.

1.2. 내용

● **시내산에서 출발**(민 10:11-36)

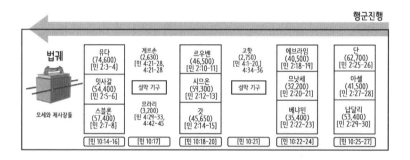

민수기 10장11-36절은 두 부분으로 구성되어 있다. 첫째 부분은 시내산을 떠나는 이스라엘에 관한 간단한 보고와 진군 순서를 제시한다. 아울러 레위지파들이 어떻게 성막을 옮기는가를 제시한다.[2]

둘째 부분은 모세의 장인에 관한 내용인데, 특이한 것은 모세의 장인이 이드로(출 3:1;4:18;18:1-12)나 르우엘(출 2:18)이 아닌 르우엘의 아들 호밥(민 10:29-30; 삿 4:11)이라는 이름으로 나온다는 것이다. 또한 출애굽기와 민수기에서는 모세의 장인이 미디안 사람으로, 사사기

---

2) 필립, J., 붓드, 『민수기』, 208.

에서는 겐족(삿 1:16;4:11)으로 나타나는데, 정확한 출신은 알 수 없다. 모세의 장인의 이름에 관한 많은 연구가 있었는데, 르우엘이라는 이름은 한 지파의 명칭이고, 출애굽기에 나타난 미디안의 제사장 이드로가 모세의 장인 이름인 것으로 본다. 아마도 호밥은 이드로의 다른 이름일 것이다.[3]

모세는 광야생활의 경험이 풍부한 장인에게 이스라엘 인도자가 되어 함께 해 줄 것을 부탁한다. 이 단락은 이스라엘이 가나안으로 가는 준비 과정에 있어서 언약궤(민 10:33), 구름(민 10:34)과 더불어 중요한 요소로 작용한다.[4]

● 다베라에서(민 11:1-3)

민수기 11장은 협력하여 선을 이루어 행군을 시작한 민수기 10장

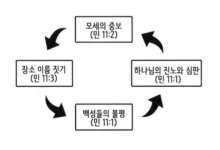

과는 달리 매우 부정적인 사건들을 연속해서 제시한다. 이스라엘은 시내산을 떠나 다베라에 도착한다. 이곳에서 이스라엘 백성들의 불평과 원망의 전형적인 패턴이 전개된다. 백성들의 불평은 '이유 있는 불평'과 '이유 없는 불평'

---

3) H. Seebass, *Numeri (BKIV1)*, (Neukirchen-Vluyn, 1993), 15-16.
4) 데니스 올슨, 『민수기』, 98.

이 있지만, 전체적인 패턴은 동일하다.(윗 그림 참조) '불평 – 진노/심판 – 모세의 중보와 회복 – 장소의 이름짓기'로 이어지는 이 패턴은 민수기 전체에 걸쳐서 나타난다. 민수기에 나타난 불평의 모티브는 출애굽기에 나타나는 모티브(출 14:10-14; 15:22-26; 16:1-3; 17:1-7)와는 다른데, 무엇보다 하나님의 심판이 없다는 점은 민수기의 상황이 출애굽기의 상황과 다르다는 것을 암시한다.[5] 아래의 표를 보면 출애굽기보다 민수기에서 불평이 더 많이 나온다. 이러한 상황은 민수기에서 이스라엘의 불평과 원망은 의식주의 불족함으로 인한 것이 아니라 불신앙과 연결된다고 할 수 있다.[6]

출애굽기			민수기		
구절	원인	장소	구절	원인	장소
출 14:10-14	바로의 추적	홍해	민 11:1-3	원인 없음	다베라
출 15:22-26	물 부족	마라	민 11: 4-34	식량 부족 (만나와 메추라기)	기브롯핫다아와
출 16:1-36	식량부족 (만나와 메추라기)	신광야	민 14:1-24	정탐 사건	가데스바네아
출 17:1-7	물 부족	르비딤	민 20:1-13	물 부족	가데스
			민 21:4-9	에돔 땅 우회	에돔 지역

● **기브롯핫다아와에서**(민 11:4-35)

---

5) 고든 웬함, 『모세오경』, 172; 데니스 올슨, 『민수기』, 105.
6) 천사무엘 외 다수, 『구약성서 개론』, 288-289.

기브롯핫다아와에서 출애굽 초기에 발생한 식량에 대한 불만(출 16:1-36)이 다시 나타난다. 그리고 모세가 임명한 70인의 장로들이 하나님의 영을 받고, 이것을 지켜보는 여호수아가 시기하는 모습을 다룬다. 구조는 다음과 같다.

> 불평의 시작: 다른 인종들의 불평(민 11:4)
> 이집트의 회상과 먹거리 불평(민 11:4-9)
> 모세의 호소와 하나님의 처리(민 11:10-29)
>> 탄식(민 11:11-15)
>> 모세의 70인 장로 선출(민 11:16-17)
>> 백성들의 요구에 하나님의 처리(민 11:18-23)
>> 모세의 70인 장로에게 야훼의 영이 임함(민 11:24-29)
> 불평의 해소(민 11:30-33)
> 결론(민 11:34-35)

다베라에서 떠난 이스라엘은 기브롯핫다아와에 도착한다. 이곳에서 이스라엘 백성들은 원망과 불평을 하는데, 그 원인을 제공한 것은 이스라엘인들이 아니라 출애굽 당시 이스라엘과 함께 떠났던 잡족(출 12:38)이었다. 그들은 음식에 대해 불평하며 이집트로의 회귀를 선동한다. 그들의 불평은 모세에게 향했지만, 하나님의 진노가 이들에게 임한다. 이때 모세는 이스라엘 지도자로서 호소한다. '어찌하여 종을 괴롭게 하시나이까?' 하는 모세의 절박한 심정이 담긴 괴로움의 탄식(11절)은 시편 탄식시를 시작하는 것과 같은 전형적인 표현 방식이다. 15절까지 모세는 지도자로서 절박한 심정이 담긴 호소를 하나님께 토해낸다. 모세의 탄식에 하나님은 '야훼의 손이 짧으냐? 네가 이제 내말이 응하는 여부를 보리라!'(23절)라는 말로 응답하시며, 바다에서부터 메추라기를 몰아 진영에 가득하게 하신다.[7](31-33절)

민수기 11장에서 두 번째로 주목해야할 것은 '70인 장로'들을 선출한 것이다. 많은 장로들 중에서 70명을 선별해서 모세의 가중된 임무를 덜어주려고 한다. 이렇게 선별된 70명의 장로들에게 하나님의 영이 임하는데, 이때 영은 예언자의 영과 같은 황홀경적 체험을 동반한다. 마치 사울이 경험(삼상 10:10-11)하고 예언자들이 경험한 것과 같은 것인데, 카리스마적 지도자의 모습을 보는 것과 같다. 여호수아가 자신이 경험하지 않은 체험을 한 그들을 시기하자, 모세는 이렇게 응답한다.

> "야훼께서 그의 영을 그의 모든 백성에게 주사
> 다 선지자가 되게 하시기를 원한다."(민 11:29)

모세는 단지 몇 사람만이 하나님의 영을 독식하기를 원하지 않으며, 모든 사람이 공유할 때 하나님을 더 깊이 알 수 있다고 고백하는 것 같은데, 이를 통해 모세에게 맡겨진 임무가 참으로 무거웠음을 알 수 있다. 또한 이 사건을 통해 모세와 장로들 사이의 갈등도 사라지게 된다. 모세 혼자서는 이스라엘의 불평을 잠재우기 힘들지

---

7) 한동구, 『오경이해』, (프리칭 아카데미, 2006), 251.

만, 모세와 장로 70명이 함께 힘을 모은다면, 앞으로 닥쳐올 여러 가지 광야의 어려움을 헤쳐나갈 수 있을 것이라는 하나님의 생각을 읽을 수가 있다.[8] 전형적인 이스라엘의 불평 패턴에서 볼 수 있는 것처럼, 이곳 다베라에서도 마지막에 하나님은 진노하시고 큰 재앙으로 심판하셨다. 그리고 이곳의 이름을 '기브롯핫다아와'이라고 불렀다.(민 11:33-34)

● 하세롯에서: 미리암의 하락과 모세의 승귀(민 12장)

시내산에서 떠난 이스라엘이 세 번째로 도착한 장소는 하세롯이며, 이곳에서 아론과 미리암이 모세의 권위에 도전하는 사건이 발생한다. 모세를 향한 미리암과 아론의 비난은 두 가지이다. 하나는 모세가 구스 여인을 취한 것(민 12:1)이고, 또 하나는 모세가 하나님과 단독으로 만나는 것(민 12:2)이다. 결국 미리암과 아론은 자신들도 모세와 동등하다는 것을 주장하고 싶었던 것이다. 이러한 지도자의 권력욕은 자신뿐만 아니라 주변의 모든 사람을 해치는 행위이다. 이런 상황에서 하나님이 개입하시는데, 하나님께서는 "예언자에게는 환상과 꿈으로 말하지만, 모세에게는 직접 대면하여 말한다"라고 아론과 미리암에게 말씀하신다. 이는 모세의 권위에 대한 하나님의 인정이다.(6-8절) 그리고 미리암은 한센병에 걸리게 되는데, 이것은 아마도 모세에게 대적한 행위에 대한 경고일 것이다. 미리암은 모세의 중보

---

8) 빅터 헤밀턴, 426-428.

기도로 깨끗함을 받는다.[9]

2. 바란 광야에서(민 13-19장)

2.1. 구조

바란 광야						
정탐과 패배	가나안에서 제사	안식일에 나무한 자	옷단 귀의 술	고라,나단, 아비람의 반역	제사장과 레위인	붉은 소의 재-정결
13:1-14:45	15:1-31	15:32-36	15:37-45	16:1-17:28	18:1-32	19:1-22

　　이스라엘은 이제 시내산을 떠나서 바란 광야로 들어왔다. 이 곳은 가나안으로 진입하기 위한 전초기지였다. 여기서는 시내산을 떠난 후에 이스라엘이 보였던 불신과 원망의 형태가 더욱 고조된다. 이 바란 광야에서 가장 중요한 장소는 '가데스바네아'이다. 이곳에서 발생한 사건으로 말미암아 이스라엘은 40년 동안 광야에서 생활을 하게 되었으며, 출애굽 1세대는 광야에서 모두 죽고 2세대만 가나안 땅에 들어가는 원인이 된다. 광야 40년은 하나님이 이스라엘 백성의 믿음을 시험하는 기간이며, 동시에 '하나님의 기다림'의 기간이다. 구약성서 여러 곳에서 40이라는 숫자가 하나님의 기다림을 상징하고

---

9) 목회 신학 편집부,『민수기』-어떻게 설교할 것인가, 259-264.

있음을 볼 수 있다.[10]

2.2. 내용

13-14장의 구조는 다음과 같다:

민 13:1-33: 정탐과 보고

1-16: 정탐꾼 선발

17-25: 정탐의 기준과 경로

26-33: 엇갈리는 보고

민 14:1-45: 이스라엘의 원망, 하나님의 판결과 재 원정의 실패

1-10: 백성들의 반응

11-12: 하나님의 개입과 심판

13-20: 모세의 중재와 하나님의 철회

21-38: 불순종과 순종의 결과[죽음과 40년]

39-45: 백성들의 원정 – 실패[11]

민수기 13장에서 바란 광야에 있는 이스라엘 백성은 가나안 정탐을 한다. 열두 부족에서 한 사람씩 선발한 열두 명의 정탐꾼이 모세의 명령에 따라 가나안 땅으로 출발한다.(민 17-20)

---

10) 이용호, 『하나님의 자유』, 138-139.

11) H. Seebass, *Numeri* (BKIV1), 85.

"18 그 땅이 어떠한지 정탐하라 곧 그 땅 거민이 강한지 약한지 많은지 적은지와19 그들이 사는 땅이 좋은지 나쁜지와 사는 성읍이 진영인지 산성인지와 20 토지가 비옥한지 메마른지 나무가 있는지 없는지를 탐지하라 담대하라 또 그 땅의 실과를 가져오라."(민 13:18-20)

40일 동안 정탐을 하고 그 땅의 과실을 가지고 돌아온 정탐꾼들은 그 땅의 비옥함과 부에 대하여 보고하며, 그 땅을 '젖과 꿀이 흐르는 땅'이라고 표현한다. 그리고 그 증거로 포도송이가 달린 가지를 베어 막대기에 꿰어 온다.

그러나 그 땅에 살고 있는 거민들이 강하고, 성읍은 견고하며 아낙자손을 보았다는 부정적인 보고를 하며, "능히 이길 수있다"(30절)라고 말하는 여호수아와 갈렙을 제외한 나머지 열 명의 정탐꾼들은 정복의 불가능을 말한다. 이들은 그 땅이 선조 때부터 하나님이 주시겠다고 약속한 땅이라는 사실을 간과하고 있다.

민수기 14장에서는 부정적인 보고를 한 열 명의 정탐꾼들에게 선동당한 이스라엘 백성이 '지휘관을 내세워 다시 이집트로 돌아가자'(민 14: 4)라고 말하며 반역하는 사건이 나타난다. 이것은 모세에 대한 불신이 아니라 하나님에 대한 불신이다. 인간적인 관점에서 볼 때는 열 명의 정탐꾼들의 부정적인 보고가 상식적일 수 있지만, 이스라엘이 출애굽부터 지금까지 경험한 하나님의 인도하심을 기억하였다면, 앞으로 일어날 일들에 대해서도 소망을 품을 수 있었을 것이다. 믿음은 현재의 절망적인 상황이 아니라 지금까지 행하신 하나님의 일들을 기억하며 언약을 붙잡고 나아가는 것이 믿음이다. 그러나 이스라엘은 그러한 믿음에 아직 도달하지 못했다.

이스라엘 백성들은 불평과 원망을 넘어 분노하고 폭동까지 일으키려고 한다. 하나님의 약속을 믿었던 모세, 아론, 여호수아 그리고 갈렙(5-9절)에게 돌을 던져 죽이려고 하는 이스라엘 백성에게 야훼가 나타나시고, "어느 때까지 나를 멸시하겠는가?"라는 말로 진노하신다. 시내산 금송아지 사건부터 계속해서 이어진 이스라엘의 불신이 하나님의 진노를 쌓았고, 결국 하나님은 전염병으로 모든 민족을 진멸하고, 모세로 하여금 크고 강한 나라를 새롭게 이루시겠다고 하신다. 불순종과 불신의 결과는 파멸이라는 사실을 분명하게 보여주신 것이다.[12]

그러나 모세는 아직 온전한 믿음을 가지지 못한 이스라엘을 심판

12) 토마스 W. 만/김은규, 『구약오경해설』, (대한성공회출판부, 1993), 161.

하시면, 오히려 하나님의 명예가 추락한다면서 이스라엘을 위한 중보를 시작한다.(13-20절) 하나님은 자신의 백성을 살리려는 모세의 계속된 중보를 들으시고 자신의 결심을 철회하신다.(20절) 이스라엘 민족이 척박한 광야에서 살 수 있었던 비결은 하나님의 인도와 보호도 있지만 좋은 지도자를 만났기 때문이다. 하나님의 진멸 계획은 철회되었으나, 이스라엘 백성들이 지은 죄에 대한 대가는 치러야 했다. 비록 모세의 중보로 경감되었더라도, 하나님의 판결은 가혹했다.[13] 이스라엘의 불순종과 순종의 행위에 따른 결과는 세 가지로 나눌 수 있는데, 첫째, 출애굽 세대는 다 죽고 광야 세대만 가나안에 들어간다.(23-32절) 둘째, 출애굽 세대가 시체가 되어 광야에서 소멸될 때까지 40년을 광야에 방황한다.(33절) 셋째, 여호수아와 갈렙만은 가나안 땅에 들어간다. 결국 하나님은 가데스바네아에서 떠나 광야로 돌아가라고 명하신다.(25절)

이러한 심판의 말씀을 들은 이스라엘 백성들은 "우리가 야훼께서 허락하신 곳으로 올라 가리니 우리가 범죄하였음이니이다"(40절)라고 회개하는 것 같지만, 그것은 진실한 회개가 아니었다. 그 증거는 그들이

---

13) 고든 웬함, 『모세오경』, 174.

하나님의 명령에 불순종하여 아말렉과 산간지대에 거주하는 가나안인과 싸우러 올라간 것이다.(41절) 그 결과 그들은 야훼의 말씀처럼 패하게 되고, 이는 '야훼의 함께 하심'이 결여된 전쟁에서는 반드시 패배할 수밖에 없다는 사실을 보여준다.

민수기 15장은 3개의 이야기를 보고한다. 첫째 이야기는 가나안 땅에서 드릴 제사로서, 이것은 현재가 아니라 미래에 일어날 일을 제시한다. 민수기 14장과 15장의 시간적 간격이 얼마나 되는지는 알지 못한다. 호르마에서 패한 직후인지 어느 정도 시간이 지난 후인지 성서는 말하고 있지 않다. 다만 14장과 15장의 상황에서 볼 때, 불순종으로 인한 패배 후에 절망에 빠진 이스라엘에게 다시금 희망의 메시지를 주려는 의도로 보인다.[14] 민수기 15장의 전체적인 구조는 다음과 같다.

구절	주제		요약
민 15: 1–31	가나안 땅에서 드릴 제사		
	1–2a	도입 형식문 ["야훼가 모세에게 ……, 이스라엘 자손에게 말하라"]
	3–13	소제와 전제	
	17–21	첫 열매 제사	
	22–31	부지중에 범죄7	
15: 32–36	안식일에 일한 사람		
15: 37–41	옷단 귀의 술		

14) 토마스 W. 만, 『구약오경해설』, 162-163.

특히 민수기 15장 26-31절에서 이스라엘 자손뿐만 아니라 그들 중에 거류하는 타국인도 포함한다는 것은 놀라운 일이다. 이들은 민수기 14장에서 불평과 불만을 드러냈지만, 가나안 땅에 들어가서도 이들이 한 공동체라는 사실을 분명히 한다. 결국 이 말씀은 하나님의 백성으로서 타국인과 이스라엘인들 사이에 차별을 두지 않겠다는 의도를 보여준다.[15]

두 번째 이야기는 안식일에 일한 자에 대한 규정이다. 이 안식일 규정은 출애굽기 32장 12-17절의 규정을 확장한다. 특히 출애굽기 35장 3절은 안식일에 불을 피우는 행위를 일의 개념으로 본다. 그 때문에 민수기 15장에서 나무를 줍는 것이 일로 볼 것인가에 대한 논란이 있었던 것 같다.(민 33-34) 그러나 야훼의 말씀은 나무를 줍는 행위와 불을 지피는 것을 동일선상에서 보고 그러한 행위를 한 자를 돌로 쳐 죽이라고 명한다.

민수기 15장 마지막에서는 옷 단에 술을 달 것을 명하신다. 고대 근동에서 술의 용도는 주술적인 것으로 재앙 방지를 의미한다. 그러나 성서는 이것을 계명 기억의 상징으로 바꿈으로써 주술적인 의미을 제거

15) 목회신학편집부, 『민수기-어떻게 설교할 것인가』, 280-281.

하였다.[16]

민수기 16-17장[17]은 시간이 어느 정도 경과된 것으로 보이는데, 왜냐하면 장소가 호르마가 아니라 임의의 광야이기 때문이다. 광야에서 일어난 고라, 다단과 아비람의 반역과 영향(민 16장) 그리고 그 결과로 난타난 행위(민 17장)를 다룬다. 민수기 16-17장의 구조는 다음과 같다.

구절		주제	요약
민 16: 1-3		반역[고라, 다단, 아비람]	'모든 공동체가 거룩하다'는 모토를 통한 반역
민 4-17		모세의 응답	누구를 야훼가 택하시는가?[133]
18-35		하나님의 판결	고라, 다단, 아비람과250명의 지도자를 땅이 삼킴
36-40		향로	거룩함을 위하여
41-50		백성의 반역과 심판	야훼 백성을 죽였다고 모세와 아론에게 원망을 하고 반역함
	41-42a	반역	백성의 반역과 모세를 칠려고 함
	42b-45	하나님의 현현	회막에 나타나신 야훼
	46-48	아론의 활약	아론이 제단의 불로 염병을 그치게 함
	49-50	결론	14,700명의 죽음

---

16) M. Noth, 『민수기』 (국제성서주석), 131-132.

17) 민수기 16장과 17장의 절구성에 있어서 히브리성서와 다른 역본들 간에 문제가 있다. 히브리성서는 민 16: 1-35절과 민 17: 1-28절로 나누어진다. 그리고 역본은 내용과 주제별 분류에 의하여 민 16:1-15절과 민 17:1-13절로 나누었다. 여기서는 개역 성경으로 민 16:1-15절과 17: 1-13절을 따른다; H. Seebass, *Numeri*(BK IV1), 172-173.

18) 첫 번째 모세와 고라와 그의 무리와 대화(5-7), 두 번째 고라와 대화(8-11), 세 번째 모세와 다단/아비람과 대화(12-15) 그리고 네번째 고라와 대화(16-17); 김진명, 민수기, 한국 장로교 출판사, 2012, 166-167

17: 1–11	지팡이의 기적	12지파의 지휘관 지팡이 중에서 아론의 지팡이에 싹이남 이것으로 아론의 특별한 지위를 인정
12–13	결론	거룩함 앞에 있어야 하는 민족

　　민수기 15장과는 달리 민수기 16장에서 이스라엘 백성은 다시 광야로 들어가서 야영지에서 야영지로 이동하며 불편하게 지낸 듯 보인다. 그 와중에 레위 자손인 고라와 르우벤 자손 다단과 아비람이 당을 짓고, 이스라엘 총회에서 선택 받은 지도자 250명과 함께 모세에게 반역하였다. 고라는 '회중이 다 거룩하다'라는 모토와 함께 왜 모세와 아론의 집만 야훼의 예배를 집전하는지 의문을 제기한다.(민 1–3) 이것은 레위인들은 왜 예배를 주제하지 못하는가에 대한 불만이었다. '회중이 다 거룩하다'라는 모티브는 매우 신앙적인 것 같지만, 야훼를 향한 예배의 주제는 야훼가 결정하신 것이기에, 이 결정을 부인하는 고라의 행위는 불신앙이다. 다단과 아비람은 고라와는 다른 점에서 불만을 토로하는데, 그들은 모세가 이스라엘을 야훼가 약속한 땅으로 데려가는 데 실패했다고 말한다.(민 16:12–14)

　　모세는 이들과 네 번에 걸쳐서 대화를 하는데, "야훼께서 자기에게 속한 자, 거룩한 자가 누구인지" 보이실 것이니(민 5–7) 고라와 그 무리에게 향로를 들고 야훼 앞으로 나올 것을 요구한다.(민 12–17) 그들이 제각기 향로를 가져와 불을 담고 모세와 아론과 더불어 회막 문에 섰을 때, 야훼께서 모세와 아론에게 이들 곁에서 떠날 것을 명령하신다. 모세는 회중에게 고라와 그 무리의 장막에서 떠나고 그들과 관련된 모든 것을 만지지 말라고 명령하는데, 왜냐하면 그들의 모든 소유가 야훼의 진노 대상이기 때문이었다.[19] 마침내 땅이 갈라져서 고라, 다단, 아비람을 삼켰으며 또한 지도자 250명은 야훼께로부터 나온 불에 타 죽었다.(민 16: 18-35)

이 사건 후에 모세는 불에 타고 있는 향로를 가져오게 하여 망치로 두들겨 제단을 덮는 판으로 만들 것을 명한다. 또한 아론 자손 이외에는 야훼에게 분향하지 못하게 하였다. 이것은 고라와 그 무리를 본받지 말라는 경각심을 주는 역할을 한다.[20](민 36-40절)

고라, 다단, 아비람과 250명의 무리의 반역은, 야훼께서 모세의 편을 들어 주심으로 일단락되는 것 같았다. 하지만 이튿날 그들은 다시금 모세의 역할에 대하여 불만을 품는다.(16:41-50) 이러한 불만은 모세와 아론이 아니라 심판을 내리신 야훼를 향한 것이었다. 야훼는 염병으로 이스라엘 백성을 죽이기 시작했다. 다베라에서 나타난 이스라엘의 불만 패턴(민 11:1-3 참조)과 같이, 모세는 즉각적으로 중보를 시작했다. 특이한 것은, 아론에게 제단에 있는 향로에 불을 피워서 백성들에게 보냈다는 점이다. 아론의 이 행동은 죽은 자와 산자를 갈라 놓았으며, 염병을 그치게 했다. 그 날 죽은 자가 14,700명이었다.

민수기 17장에서 야훼는 모세에게 명령하여 각 지파의 지팡이를 가져와 성막에 두게 하신다. 다음 날 그 지팡이 중에서 아론의 지팡이

---

19) 유진 메릴, 잭 디어/문동학, 『민수기・신명기』, bkc강해주석, (두란노,²2016), 72.
20) 박창환, 『민수기/신명기』, 구약총서 3권, (다다 비주얼, 2016), 79.

에서만 싹이 났다. 이것은 야훼가 아론과 그의 가족을 제사장으로 선택했음을 상징한다. 즉, 아론의 싹난 지팡이는 아론 계열의 사제권이 적법하고 합법 하다는 증거이다.[21](민 17:1-11) 이스라엘은 이것을 기념하기 위하여 증거궤 앞에 두었다.(민 17:10) 제사장 아론에게 불만을 가진 레위인들의 죽음은 이스라엘을 절망에 빠지게 했다. 사람들이 죽지 않게 하는 일이 레위인들의 역할이었는데, 레위인들은 이제 자신도 죽을 수 있다는 절망감과 한탄에 빠졌다. 이는 자신들의 행위가 얼마나 심각한 것이었는가를 깨닫는 모습이다.(민 17:12-13)

민수기 18장은 민수기 17장 결론에 대한 반응이다. 하나님께 가까이 나아갈 수 있는 제사장과 레위인의 역할과 관계를 다시 제시한다. 민수기 18장의 구성은 다음과 같다.

제사장과 레위인의 책임 정리(민 18:1-7)

제사장의 몫(민 18:8-20)

레위인의 몫과 십일조(민 18:21-32)

　레위인의 몫(민 18:21-24)

---

21) 김희권, 『모세오경 2』, (대한기독교서회, 2006), 155.

레위인의 십일조와 헌물(민 18:25-32)

　　민수기 18장은 민수기 16-17장에 나타난 레위인과 제사장 사이의 갈등을 봉합하는 역할을 한다. 즉, 제사장의 임무와 레위인의 임무를 분리하여 서로의 갈등을 없앴다. 성소에 대한 죄는 제사장과 레위인들이 함께 담당하며, 제사장 직분에 대한 죄는 제사장만이 담당한다. 직무와 관련해서는 제사장이 증거의 장막에 있는 경우, 레위인들이 함께 제사장을 돕는다. 레위인은 장막의 직무를 맡지만, 성소의 기구와 제단에는 가까이하지 않으며, 제사장과 협력하여 모든 일과 성막의 직무를 행한다.[22](1-7절)

　　제사장은 이스라엘 자손의 기업(땅)을 얻지 못한다. 오직 하나님께서 그들의 분깃과 기업이 되며(20절), 이스라엘 백성들이 바치는 성물이 그들의 양식이 된다. 그러므로 야훼에게 바치는 성물은 제사장에게 돌아간다.(민18:8-20) 왜냐하면 백성들이 바치는 성물은 하나님의 것이며, 제사장과 레위인들 역시 하나님의 것이기 때문이다. 이러한 언약을 '소금언약'(민 18:19; 레 2:13; 겔 43:24)이라고 한다. 소금은 변하지 않는 것을 상징하며, 서로 약속을 위반하지 않음을 의미한다.[23]

　　그 다음에는 레위인의 몫(민 18:21-24)을 제정하는데, 이스라엘의 십일조가 레위 자손의 몫이 된다. 왜냐하면 레위인도 역시 이스라엘

---

22) 김진명, 『민수기』, 180-181.
23) 박창환, 『민수기/신명기』 (구약총서 3권), 85.

중에서 기업이 없기 때문이다.(24절) 그리고 레위인들은 자신의 십일조 중 최상급을 제사장에게 주어야 한다.(28절) 기업이 없는 레위인들과 제사장들은 이스라엘 백성의 헌물로 살아가는데, 야훼에게 바쳐진 성물이 성막 일을 하는 제사장과 레위인에게 보수가 아닌 선물의 개념으로 주어진다.[24]

민수기 19장은 '이스라엘 백성들이 머무는 진영을 어떻게 하면 거룩하게 유지할 수 있는가'를 보여준다. 정결을 유지하는 방법을 제시하며, 부정하게 되었을 때 다시 정결하게 되는 방법을 알려준다. 민 19장은 두 부분으로 나눌 수 있다.

붉은 암송아지를 통하여 정결 예식의 잿물을 만드는 법(민19:1-10)
사람의 시체를 만진 사람의 정결(민 19:11-22)
　사람의 시체를 만진 자(민 11-13)
　장막에서 사람이 죽은 경우(민 14-22)

첫 번째로 흠이 없고 아직 멍에 메지 않은 붉은 암송아지를 진영 밖에서 도살하여 태우고, 진 밖에서 도살된 붉은 송아지의 피를 뿌리는 절차이다. 그러나 만일 송아지의 피만을 사용할 경우 수많은 송아지가 필요하기 때문에 피를 상징하는 붉은 송아지를 태운 재를 물에 타서 그 잿물을 뿌린다. 정결한 자가 부정하게 된 백성에게 부

---

24) 목회신학편집부, 『민수기』-어떻게 설교할 것인가, 297.

정하게 된 3일째와 7일째되는 날에 이 붉은 송아지를 태운 잿물을 뿌린다.(민 19:17-19) 이러한 의식은 이스라엘 백성 전체가 종교적 동질감을 가진 정체성을 갖게 하려는 의도를 가진다.[25]

두 번째로 사람의 시체를 만지는 다양한 경우를 소개하는데, 그로 인해 부정하게 된 자가 어떻게 정결하게 되는지를 보고한다. 고대 세계에서 죽음은 부정함의 상징이다. 생육하고 번성하라(창1:28)는 창조 행위의 결과와 상반되는 것이다.[26] 고대 근동의 세계에서 장례가 또 다른 세계로 가는 통과의례라면, 성서에서 죽음은 하나님의 말씀에 반하는 것이기 때문에 부정하다. 여기에서 특이한 점은, 장막에서 죽은 자에 대한 규정인데, 이는 통과의례보다는 실제로 썩고 부패하여 병을 일으키는 것을 차단하는 역할을 한다. 성서는 인간의 죽음을 순환 구조 안에 있는 것으로 보지 않는다. 인간의 육체는 흙으로 만들어졌고, 흙으로 돌아갈 뿐이다.[27]

---

25) 필립, J., 붓드, 『민수기』, 364.
26) 김진명, 『민수기』, 190.
27) 김회권, 『모세오경 2』 160.

3. 가데스에서 모압으로 이동(민 20-21장)

3.1. 구조

가데스바네아 바란 광야 그리고 신 광야를 중심으로 민수기 13장(가데스바네아 사건) 야훼 하나님에 대한 불신 때문에 비롯된 세대 교체와 40년간 광야의 삶이 마지막으로 치닫는다. 민수기 20장 1절이 첫째 달이라고 보고되어 있으며, 날짜를 계산하면 출애굽 40년 1월이기 때문에, 민수기 19장과는 시간적 차이가 있다.[28] 이 장에서 다루어질 여행 경로(민 20-21; 33; 참조: 민 14:25; 신 2:1; 신 1-2; 삿11:12-28)는 다음과 같다.

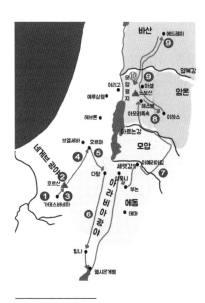

1. 신 광야의 가데스 – 미리암의 죽음(민 20:1)

2. 가데스[므리바] – 물로 인한 백성들의 불만 –모세의 실수(민 20: 2-13)

3. 가데스 – 에돔왕에게 에돔 지역의 길 가고자 허락 요청과 거절(민 20: 14-21)

4. 호르산 – 아론의 죽음과 엘르아살의 대 제사장직을 이어받음(민 20:22-29)

5. 호르마 – 네게브 거주의 가나안 아

---

28) 김진명,『민수기』192.

랏 왕과의 싸움과 승리(민 21: 1-3)

6. 홍해의 길 - 백성들의 원망(에돔 길의 영향)과 결과[불뱀과 구리뱀 이야기]
(민 21: 4-9)

7. 브엘 - 야훼가 백성에게 물을 줌(민 21:16-18)

8. 비스가 산 꼭대기[느보산] - 아모리 왕 시혼에게 아모리 땅을 가고자
허락 요청, 거절 그리고 승리(민 21: 19-30)

9. 아모리 땅 - 야셀과의 싸움 그리고 승리(민 21: 31-32)

10. 바산 [에그레이] - 전쟁과 승리(민 21:33-34) 그리고 모압 평지로 귀환
(민 22:1)

3.2. 내용

● [1-3] 가데스바네아(민 20:1-21)

위에서 제시한 이야기들은 가데스에서 모압 평지까지 가는 도중
에 일어난 것들을 정리한 것이다. 처음 장소는 가데스에서 일어난 일
이다. 여기에서 세 가지 사건이 일어난다. 첫째, 미리암의 죽음(민 20:1)
이다. 민수기 12장 사건 이후에 미리암은 민수기에서 나타나지 않고
은둔했는데, 21장은 미리암의 죽음을 마지막으로 보고한다. 미리암
은 모세의 죽음과 삶의 갈림길에서 그를 살리는 결정적인 역할을 하
였다.(출 2:4-10) 그녀는 최초의 선지자 칭호를 받았으며(출 15:20), 홍해
를 건넌 직후에 기록된 미리암의 노래는 전쟁의 용사로서 야훼의 신
학적 성격을 가장 잘 표현한 노래이다.(출 15:21) 미리암이 출애굽 1세
대라는 점에서 본다면, 1세대는 가나안에 들어가지 못하고 죽는다

는 것을 다시 상기하게 한다.[29]

둘째, 가데스 지역은 척박했고, 마실 물이 없었다. 그래서 이스라엘 백성은 다시금 원망과 불평을 하기 시작했다. 이 장면은 마치 이스라엘이 처음에 르비딤에서 물이 없어서 불평을 하던 장면(출 17:1-7)과 비슷하다. 다만 르비딤에서는 야훼가 바위를 치라고 했지만, 민수기 여기에서는 '반석에 물을 낼 것을 명령하라'고 하였다. 그러나 모세는 그 명령을 어기고 르비딤과 같이 지팡이로 반석을 쳐서 물을 낸다. 이것은 야훼의 능력을 대신하려는 의도가 아니라 오히려 자신이 물을 내게 할 수 있다는 교만을 보여준다. 인간은 하나님이 명하신 말씀에 따라서 행할 때, 야훼의 능력을 나타낼 수있다. 모세는 야훼가 물을 낼 수 있다는 것을 순간적으로 믿지 않음으로 야훼의 거룩성을 훼손했다. 그 결과는 모세에게 참혹했다. 모세도 출애굽 1세대로서 느보산에서 가나안을 바라보며 죽게 되었다.

셋째, 가데스에서 모세는 에돔왕에게 애굽에서 탈출한 상황을 설명하며 아무 피해를 주지 않을 테니 모압 땅을 지나가게 해달라고 가겠다고 청원한다.(민 20:14-18) 그러나 에돔왕은 차갑게 거절했다. 이러한 보고는 이후 다윗에게 에돔 정복의 빌미를 주었다.(삼하 8:14) 이스라엘은 돌이켜서 다시 가데스로 돌아간다. 아마도 호르마-살모니-세렛강- 이예리아림으로 해서 모압을 통과했을 것이다.

● **[4-5] 네게브 광야**(민 20:22-21:3)

---

29) 윗글, 193.

이 여정에서는 두 가지 사건이 보고된다. 첫째, 아론의 죽음(민 20:28)이다. 그는 호르산에서 출애굽 1세대의 지도자로서 미리암의 뒤를 이어 죽음을 맞이하는데, 이는 야훼의 결단과 심판이 계속 이어진다는 것을 보여준다. 그리고 후계자로 엘르아살이 임명되어 대제사장직을 수행한다. 이스라엘인들은 이 장소에서 삼십 일 동안 애곡했다.(민 20:22-29)

둘째, 네게브에 거주하는 가나안 아랏 왕과의 전쟁을 보고(민 21:1-3)한다. 에돔왕의 거절을 통보받기 전에 이스라엘 백성은 호르산에서 호르마까지 올라갔다. 거기에서 네게브 지역에 있는 아랏 왕 지역에 정탐하던 이스라엘 사람이 사로 잡혔다. 이스라엘 백성들이 야훼가 원하시면 그들을 격멸하겠다고 서원하였다. 야훼는 허락하고 이스라엘 백성은 그들을 진멸(호르마)하였다. 이 전쟁의 승리는 이스라엘 백성들을 계속 승리로 이끌겠다는 야훼의 허락을 의미한다.[30]

● [6-8] 아라비아 광야(민 21:4-18)

에돔왕의 거절은 이스라엘 백성으로 하여금 원래 가고자 했던 길을 돌아가게 만들었다. 그들은 호르마에서 다말을 통해 아라비아 광야로 돌아간 것으로 추정한다. 이 에돔 지역에서의 이야기는 두가지로 나타난다. 첫째, 홍해의 길로 우회하는 가운데 다시 백성들의 불만과 원망이 일어난다. 이 불만으로 인하여 야훼는 불뱀을 보내 이스라엘 백성을 심판하셨다. 한편으로 모세의 중보 기도로 놋뱀을

---

30) 김회권, 『모세오경 2』, 168.

만들어서 걸어두어 그것을 보면 살게 하는 구원을 행하셨다.(민 21:4-9) 둘째, 브엘[우물]이라는 이름을 가지고 있는 애매한 지역이 있다. 그 지역을 통과하게 되었을 때, 이스라엘의 불평에 의한 요구 없이 야훼께서 기꺼이 땅을 이스라엘 스스로 땅을 파게 해서 물이 나오게 했다. 이에 이스라엘 백성들은 야훼의 도구가 되어 능동적으로 일하였음을 노래한다.

> "우물물아 솟아나라 너희는 그것을 노래하라!
> 18 이 우물은 지휘관들이 팠고 백성의 귀인들이
> 규와 지팡이로 판 것이로다."(민 21:17-18)

그리고 이제 가나안 땅에 가까운 모압에 이르렀다는 것을 보고한다.(민 21: 16-18) 마지막으로 민수기 22장 10-15절에 나오는 지명[31]들은 이스라엘이 오랜 기간 동안 모압을 향하여 나아갔다는 것을 보여준다.

● **[9] 아모리 땅**(민 21: 19-32)

이제 이스라엘 백성은 비스가산, 즉 느보산에 이르렀으며 거기에서 아모리왕 시혼에게 그 땅을 지나가도록 해달라는 사신을 보낸다. 그러나 아모리왕 시혼은 거절하며 또한 이스라엘을 죽이려고 군대를 이끌로 나선다. 그러자 이스라엘 군대는 즉각 아모리왕과 전쟁을 하고 승리한다. 이 전쟁은 정복전쟁의 시작을 알리는 것으로 해석된

---

31) 오봇 – 이예아바림 – 세렛 골짜기 – 아르논 강 – 아르고을.

다. 그동안 야훼가 다른 민족, 즉 에돔(신 23:7), 모압(신 2:9) 그리고 암몬(신 2:19)과 전쟁을 하지 말라고 했던 것과는 달리 이 전쟁은 그러한 제한 명령이 없다. 이 전쟁을 시작으로 이스라엘인들은 북쪽 얍복강과 남쪽 헤스본의 아르논 강에 이르는 시혼의 영토를 차지한다. 그리고 아모리 땅에 거주하며(민 21:31) 야셀까지 정복하고 아모리 땅 정복을 마무리한다.

● **[10] 바산[에그레이] 전쟁과 승리(민 33-35)와 모압 평지로 귀환**

모세는 얍복강을 넘어서 바산의 옥[아모리 족속]으로 점령지를 확대한다. 이스라엘 군대가 북진한다는 소식을 접한 바산의 옥(Og)은 에드레이에서 대치하여 전쟁을 치른다. 이곳은 깃네렛 호수 남동쪽 64킬로미터에 위치한 바산의 중요한 성읍이다. 모세는 이 전쟁을 승리로 이끌며 헤르몬산과 아르논강 사이에 위치한 암몬 족속의 땅 일부를 차지하고, 다시 모압 평지로 귀환한다.

4. 모압에서(민 22-36장)

4.1. 구조

발람-이스라엘 축복 이야기	모압 여인의 음행	두 번째 인구조사	법, 절기의 보충	미디안 전쟁	추가 부록
22-24장	25장	26장	27-30장	31-32장	33-36장

민수기는 가나안 점령 전 마지막 장소인 모압 땅에 머물면서 마무리된다. 모압 땅에 머무는 이스라엘 백성과 모압의 갈등은 민수기 22-24장의 발람 이야기로 시작한다. 이후 모압 여인과의 음행 사건(민 25장)이 발생하며, 이것은 모압과의 갈등을 증폭시킨다. 다음으로 출애굽 2세대에 대한 이야기가 시작된다. 민수기 26장은 민수기 1-4장에 나타난 출애굽 1세대와 비교하며, 출애굽 1세대와 2세대를 연결하려고 한다. 이 두 사건은 이스라엘 백성이 요단 동쪽 모압 지역에 정착하기 시작했다는 것을 보여주며, 이어지는 구절에서 모압 정착 후 사건들이 다뤄진다. 모세는 출애굽기와 민수기 초기의 법, 절기들을 보충(민 27:1-30:16)한다. 모압 땅 미디안과의 전쟁(민 31-32)은 요단 동쪽 지역에 르우벤, 갓, 므낫세 반 지파가 거주하게 된(민 31:1-32:42) 원인이 된다. 이어서, 부록으로 광야 유랑의 여행 경유지 목록(민 33:1-49), 미래에 가나안 땅에 들어가서 일어날 일에 대한 규정인 주민 퇴거와 국경 문제(민 33:50-34:29), 레위인들과 자유도시들에 관한 조항(민 35장)이, 마지막으로 상속법 부록(민 27:1-11)으로서 슬로브핫 딸들의 문제제기에 대한 적용이 나타난다.(민 36장)

4.2. 내용

● 모압과의 싸움(민 22-25)

| 선지자 발람 이야기

1차 도움 요청과 거부 (1-14절)	2차 도움 요청과 허가 (15-21절)	발람과 나귀 (22-35절)	발람과 발락 (36-40절)	이스라엘을 축복한 발람(1) (22:41-23:12)	이스라엘을 축복한 발람(2) (23:13-26)	이스라엘을 축복한 발람(3) (23:27-24:9)	이스라엘을 축복한 발람(4) (24:10-24)	귀환 (25절)
22장					23장		24장	

모압왕 십볼의 아들 발락은 이스라엘 백성들이 야훼 하나님의 기적을 통하여 출애굽을 했으며, 최근에는 아모리를 정복한 것을 알고 이스라엘의 신을 두려워했다. 발락은 모압과 아모리 장로들과 연합하여 무력으로는 이스라엘을 이기는 것이 불가능하다고 판단하여, 자신의 신을 믿는 신앙에 바탕을 두고 당시 가장 강력하다고 알려진 예언자를 불러 이스라엘을 저주할 계획을 세운다. 그리고는 당시 유프라데강 유역 프톨에 사는 브올의 아들 발람을 초청한다. 아마도 당시 발람의 축복과 저주는 효력이 있다고 인식되었던 것 같은데, 왜냐하면 발락이 "그대가 복을 비는 자는 복을 받고, 저주하는 자는 저주를 받는다"(민 22:6)라고 발람에게 말하기 때문이다. 발람은 첫 번째 발락의 초청을 거절하는데, 그 이유는 자신이 섬기는 신이 아니라 야훼의 말씀 때문이었다.

"하나님이 발람에게 이르시되 너는 그들과 함께 가지도 말고
그 백성을 저주하지도 말라 그들은 복을 받은 자들이니라."(민 22:12)

어떤 면에서 발람은 야훼의 선지자로 보이기도 한다. 실제로 민수기 22-24장에서 발람은 "야훼의 말을 거역하지 않고 순종하는 예언자"(민 22: 8-13; 18-20; 23: 8, 19; 24:4-9, 13)의 모습으로 나타난다. 또

한 성서는 그가 하나님의 말씀을 전할 때, 하나님의 영이 임했다고 보고(민24:2)한다. 무엇보다 발람은 하나님을 '전능자'와 '지극히 높은 자'(민 24:4, 16)라고 부른다. 이 명칭은 이스라엘의 선조들이 살던 족장 시대에 볼 수 있는 야훼의 별칭이다.(창 49:24-25) 마지막으로 발람의 임무가 축복과 저주라고 한다면, 이것은 아브라함의 이야기(창 12:1-3)와 관련된다고 할 수 있다. 이처럼 발람이 야훼의 선지자로 인식될 수 있는 모습들이 있지만, 두 가지 관점에서 발람은 거짓 예언자임이 분명하다. 첫째, 그는 복술과 사술을 사용했다.(민 22:7; 24:1) 발람은 주로 고대 메소포타미아 동쪽에서 사용하는 간장점을 사용한 것으로 보인다. 일곱 숫송아지와 일곱 숫양을 준비하라고 한 것을 볼 때, 제단에서 소와 양을 잡고 번제를 드리는 이스라엘의 제사가 아니라 짐승의 배를 갈라서 점을 치는 제사를 집행하기 위한 것으로 보인다.[32](민 23:1)

둘째, 물질에 따라서 예언 행위를 하는 것을 이스라엘에서는 거짓 예언자로 간주하기(미 3:5) 때문이다. 발람에게는 이 경계선이 분명하지 않았던 것 같다. 왜냐하면 발람은 하나님을 따른다고 하면서, 다른 한편으로 항상 물질을 따라 마음이 움직이기 때문이다. 발람은 첫 번째 발락의 사신이 왔을 때 하나님이 허락하지 않는다고 거절한다. 그러나 두 번째 사신이 왔을 때, 더 많은 물질을 줄 것이라는 확신을 가지고 있었던 것 같다.(민 22:17) 이렇게 볼 때, 모압왕 발락에게 가도록 허락하신 하나님이 당나귀의 입을 빌려 발람을 꾸짖는

---

32) Herbert M. Wolf/ 엄성옥,『오경 개론』, (은성, 2002), 296-298

모습을 이해할 수 있다. 이 이야기는 발람에 대한 경고이며, 하나님의 말씀대로 행하지 않으면 죽임을 당할 것이라는 것을 보여준다.(민 22:33-34)

발람은 모압왕 발락을 만난 후 발락의 명령대로 이스라엘을 저주하는 대신 네 번에 걸쳐 축복한다. 모압왕 발락은 세 번이나 장소를 옮겨가며(기럇후솟바알 신당 - 소빔들 - 브올 산꼭대기) 저주를 부탁한다. 주목할 것은, 예언의 횟수가 거듭될수록 이스라엘에 대한 축복 선언이 더 길어지고 깊어 진다는 점이다. 그리고 모압왕 발락이 요청한 저주는 이스라엘이 아닌 주변의 조속들을 향한다. 발람의 예언은 현재보다는 미래의 복으로 향하는 것을 볼 수 있다.[33] 또한 발람의 예언은 그 기본적인 특징이 아브라함의 언약을 떠오르게 한다.

"너를 축복하는 자에게는 내가 복을 내리고

너를 저주하는 자에게는 내가 저주하리니

땅의 모든 족속이 너로 말미암아 복을 얻을 것이라 하신지라."(창 12:3)

먼 옛날 족장들과 맺은 하나님의 언약이 수많은 시간이 지나서 이방인의 입을 통하여 다시 울려 퍼진다. 사실 광야생활에서 이스라엘은 하나님을 믿지 못하고 계속해서 불순종과 반역을 일삼았다. 그러나 그럼에도 불구하고 하나님은 옛 조상들과 맺으신 언약을 잊지

---

33) 김회권, 『모세오경 2』, 182.

않으시고 성실하게 그 언약을 지키고 실행하셨다.[34]

| 모압 여인과 음행 사건(민 25장)

그 뒤로도 모압과의 악연은 끝나지 않았다. 민수기 25장의 사건

은 가나안 정착의 때가 무르익었다는 것을 보여준다. 25장은 두 개의 사건을 통해 출애굽 1세대의 마지막을 분명하게 보여준다. 첫

번째 사건은 싯딤에서 벌어졌는데, 이곳은 여호수아를 통하여 요단을 건너기 전까지 이스라엘 백성들이 머물던 마지막 야영지이다.(수 2:1) 이곳에서 이스라엘 백성은 싯딤에 있는 모압 여인들과 음행을 행했는데, 그뿐 아니라 모압 여인들은 이스라엘을 자신들의 제사에 초대하여 그들이 섬기는 바알브올에게 절하게 한다. 진노한 야훼는 모세에게 명하였고, 모세는 "백성의 수령을 잡아, 태양을 향하여 야훼 앞에 목을 매달았다."(민 25:4) 두 번째 사건은, 이스라엘 자손 중 한 사람이 미디안의 여자를 데리고 왔을 때의 일(민 25:6)이다. 그때 제사장 아론의 손자인 엘르아살의 아들 비느하스가 손에 창을 들고 막사에 들어가 음행하는 이스라엘 남자와 미디안 여자를 죽였다. 비느

---

34) 위의 책, 188.

하스의 이 행동으로 이스라엘에게 일어난 염병이 그치게 된다. 그동안 이스라엘의 죄는 주로 광야생활 가운데 부족한 먹을 것과 마실 것에 대한 불평이었다. 그러나 여기에서는 성적 욕망과 우상 숭배가 결합된 전혀 다른 양상으로 나타났다. 바알브올이라는 말은 브올 지역의 바알이라는 의미이다. 바알은 다산과 풍요를 베풀어주는 신으로 알려져 있으며, 팔레스틴 전체에 걸쳐서 나타나고, 장소에 따라서 지배 영역이 구분된다.[35] 결국 이 사건은, 이스라엘 백성이 이제 가나안의 풍습과 문화가 가득한 지역에 들어 갔으며, 광야생활에서 의식주의 부족으로 인하여 발생하는 불평과 불신보다 더 심각한 죄, 즉 우상 숭배를 하게 될 수 있다는 경고의 메시지이다. 주목할 점은, 그동안 이스라엘의 불신으로 인한 심판으로 역병과 염병이 일어났을 때는 모세의 중보로 용서를 받았지만, 모압 여인과 미디안 여인과의 음행 사건으로 인한 배교의 행위(레 18:6-23 - 음란 제의 금지)는 용서받지 못했다는 것이다.[36]

● 두 번째 인구조사와 법, 여호수아의 승계와 절기들의 보충(민 26- 30:16)

민수기 26장에서 모세는 가나안 정복을 위한 마지막 그의 임무

---

35) 바알 스본은 스본을 지배하는 바알(출 14:2), 두로의 바알은 두로를 지배하는 바알, 엘 벧엘(벧엘지역의 엘); W. H. Schmidt, 『구약신앙』, 74.

36) 김희권, 『모세오경 2』, 189-190; G.E. Schnittjer/박철현, 『토라 스토리』, (도서출판 솔로몬, 2015), 513-514.

를 수행하는데, 정복 전쟁에 참여할 전투 역량을 점검하는 것이었다. 모세는 제사장 엘르아살과 함께 모압 평지에 속한 여리고 맞은 편 요단 강 앞에서 출애굽 2세대 인구조사를 실시한다. 그 결과는 다음 과 같다.

민수기 1장과 26장에 나온 숫자					
민수기 1장			민수기 26장		
지파	인구숫자	성서구절	지파	인구숫자	성서구절
르우벤	46,500	1:20-21	르우벤	43,730	26:5-7
시므온	59,300	1:22-23	시므온	22,200	26:12-14
갓	46,650	1:24-25	갓	40,500	26:15-18
유다	74,600	1:26-27	유다	76,500	26:19-22
잇사갈	54,400	1:28-29	잇사갈	64,300	26:23-25
스블론	57,400	1:30-31	스블론	60,500	26:26-27
에브라임	40,500	1:32-33	에브라임	32,500	26:35-37
므낫세	32,200	1:34-35	므낫세	52,700	26:29-34
베냐민	35,400	1:36-37	베냐민	45,600	26:38-41
단	62,700	1:38-39	단	64,400	26:42-43
아셀	41,500	1:40-41	아셀	53,400	26:44-47
납달리	53,400	1:42-43	납달리	45,400	26:48-50
총합	603,550		총합	601,730	

전쟁을 수행할 수 있는 전체 인구는 601,730명이며, 레위인의 수 는 23,000명이다. 시내산에서 계수한 인구 수보다는 약간 감소한 것을 볼 수 있다. 이것은 광야생활이 조상들에게 주어진 생육과 번 성(창 17:4-6; 출 1:12 등등)의 축복보다는 가르침과 훈육으로 인한 심판 과 징계의 경험이었음을 의미한다.[37]

민수기 27장은 두 가지 이야기를 담고 있다. 첫째, 슬로브핫의

---

37) 김회권,『모세오경 2』, 195.

딸들 이야기(민 27:1–11)이며, 둘째, 모세의 지도력과 권한을 여호수아에게 위임하는 의식(민 27:12–23; 참조 신 31:1–8)을 행한 것이다. 첫 번째 이야기는 민수기 마지막 장에서 다시 나타난다. 여기서는 땅 상속을 위한 판례법이 형성되고, 민수기 36장에서는 그 법의 실행을 보고한다. 슬로브핫의 딸들은 자신의 아버지가 죽은 후 그 집안에 아들이 없어서 상속을 받을 수가 없고, 그 때문에 기업으로 받을 땅과 아버지의 이름과 자신의 친정이 이스라엘에서 사라질 것을 염려하여, 아버지의 기업(땅과 이름)을 딸들에게 상속해달라는 호소를 한다. 야훼는 그 딸들의 주장이 정당하다는 것으로 판결하시고 딸들이 기업을 상속할 것을 명한다.(민 27:7) 그 외에 또 다른 판례가 형성되는데, 아들과 딸이 죽은 경우 그 기업을 그의 형제가 상속하며, 만약 형제도 없는 경우에는 그의 가까운 친척에게 상속하도록 명한다.(민 27:8–11)

두 번째 이야기는 여호수아가 모세의 후계자가 되는 장면이다.(민 27:12–23; 참조 신 31:1–8) 야훼는 아론이 호르산에 올라가 엘르아셀에게 제사장의 직분을 승계한 것(민 20:2–29)과 같이 모세에게 아바림산에 올라갈 것을 명한다. 이 아바림산은 느보산과 연결된 산악지역으로, 요단강 건너편 여리고가 보이는 느보산 앞에 위치한다.(민 33:47) 그 산에서 야훼는 모세에게 가나안을 바라보라고 하시며, '네 형 아론이 돌아간 것 같이 너도 조상으로 돌아갈 것이다'(민 27:13)라는 말씀과 함께 다시금 므리바 사건을 상기시킨다.(민 20: 2–13) 모세는 자신을 대신해서 이스라엘 민족을 지도할 영도자를 세워달라고 요청하고 (민 27:16–17), 여호수아가 영이 머무는 자라는 야훼의 말씀(출 17:8–10; 24:13; 33:11; 민 11:28–29; 14:30;.38)에 따라 모세는 여호수아의 머리에 안수하고 제사장 엘르아살과 함께 온 회중을 그에게 복종하게 한다.

민수기 28-29장은 출애굽 2세대들이 가나안을 정복한 후에 가나안에서 꾸려 나가야 하는 농경 사회에 필요한 율법을 제시한다. 반 유목적 상황에서 농경 사회로의 변화는 삶에 필요한 율법의 조항들이 보충되는데, 매년 지켜야 하는 축제, 매일 행하는 제사(민 28:3-8; 참조 출 29:38-42), 안식일(민 28:9-10; 레 23:3), 월삭(민 29:11-15)과 연중 행사 절기(민 28:16-29:38)[38]들로 나누어진다.

민수기 30장은 여성의 서원에 대한 법적 조치와 위치에 대한 규례이다. 레위기 27장(민 6장 나실인의 서원)이 서원에 대한 예물 규정이라면, 여기서는 그 서원에 대한 보충을 제시한다. 즉, 결혼 전에 행한 딸의 서원(민 30:3-5)을 아버지가 듣고 아무 말이 없으면 인정되고 실행해야 한다. 그러나 아버지가 취소하면 그 취소가 받아들여지며, 야훼께서 없던 것으로 해 주신다. 또한 결혼 전에 아버지의 동의와 거절이 서원에서 중요한 요소이듯이 결혼 후에는 남편의 동의와 거절이 중요하다.(민 30:7-16) 이러한 규정은 남녀 차별로도 보일 수 있지만, 다른 관점에서 보면 생각없이 하는 서원의 남발을 막으려는 하나님의 의도를 반영하는 것일 수도 있다. 이러한 제어 장치는 그 공

---

38) 유교절과 무교절(민 28:16-25; 레 23:4-14); 칠칠절(오순절: 민 28:26-31; 레 23:15-21); 나팔절(민 29:1-6; 레 23:22-25); 속죄일(민 29:7-11; 레 16:1-28; 23:26-32); 장막절(초막절: 민 29:12-38; 레 23:33-36.39.43)

동체를 유지하는 수단으로 사용되었을 것이다.[39)]

● 미디안전쟁과 요단 동쪽 땅 분배(민 31-32장)

민수기 31장은 미디안과의 전쟁을 다룬다. 아래의 지도에서 볼 수 있듯이 아마도 미디안은 둘로 나뉘어 있었던 것 같다. 미디안 족속은 주로 유목민으로서 이리저리 옮겨 다니면서 살았기 때문에 어디든 존재할 수 있지만, 뚜렷하게 두 개의 장소가 눈에 띈다. 첫째, 아라비아 반도에 위치한 미디안족이다. 이곳은 성경에서 모세가 이집트인을 죽이고 도망간 곳이다. 여기에서 모세는 40년을 살면서 시

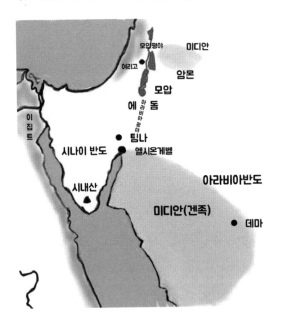

나이 반도로 들어가 소명을 받고 이집트로 가서 이스라엘 백성을 탈출시켰다. 둘째, 성경에 의하면 이스라엘 백성이 모압 평야에 진을 쳤을 때, 발락이 발람을 통하여 이스라엘 백성을 저주하려 했을 때,

---

39) 김회권,『모세오경 2』, 203

미디안의 장로들이 동조한다.(민 22:7) 또한 브올에서 비느하스가 이스라엘 남자의 장막에서 미디안 여인을 창으로 찔러 죽이는 사건(민 25:6-7)이 발생하는데, 그때 죽임을 당한 미디안 여인이 미디안 백성의 수장이었던 수르의 딸 고스비였다.(민 24:6-18) 그 때문에 미디안과의 전쟁이 시작되는데, 이 미디안은 아라비아 반도의 겐족 중심의 미디안이 아닌 모압과 관련된 민족으로 보인다.[40]

미디안은 야훼 종교를 위험에 빠뜨리는 위협 세력으로 각인되었기 때문에, 야훼는 이스라엘이 가나안과 요단 동쪽을 점령하기 전, 이 위험 요소를 제거하기로 결심했다.[41] 12,000명의 특별 기동대가 선두 엘르아살의 아들 비느하스의 주도 아래 사상자 없이 미디안의 모든 남자와 그 지역의 다섯 왕 또 브올의 아들 선지자 발람을 죽였다. 그러나 미디안의 부녀자들과 아이들은 짐승과 마찬가지로 살려주었다.[42](민 31:9)

모세는 귀환하는 군대를 영접하다가 그들이 살려준 여자들을 보고 분노하였다.(민 31: 14-15) 모세는 브올의 사건을 상기시키며 남자 아이들과 여자 중 남자와 동침한 여자는 다 죽일 것을 명령한다. 이후 미디안과 전쟁을 치른 병사들은 이레 동안 진영 밖에 주둔하며 정해진 정결 의식을 치른다.(민 31:19-24) 그리고 미디안에서 탈취한 탈취물을 나눈다.(민 31:25-47)

민수기 32장에서는 요단 동쪽 땅 분배가 이루어진다. 르우벤과

---

40) http://blog.daum.net/allcomsa/18
41) 김회권, 『하나님 나라 신학으로 읽은 모세오경』, (도서출판 복있는 사람, 2017), 1012.
42) 양창삼, 『민수기 이해』, (그리심도서출판, 2017), 287-289.

갓 지파는 특별히 많은 가축을 소유하게 되었고(민 31:1), 자연스럽게 요단 동편의 비옥한 토지에 매혹을 느끼게 된다. 그들은 모세에게 자신들을 요단 동편에 머물도록 허락해 주기를 요청한다.

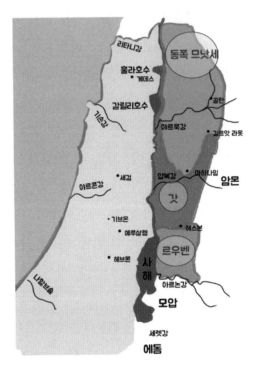

모세는 이들의 요청에 부정적인 반응을 보이는데, 모세가 염려하는 것은 두 가지로 이해할 수 있다. 첫째, 이러한 행위는 가나안 땅에 들어가려는 나머지 지파들의 믿음을 흔들 수 있는 것이다. 모세는 그들의 요청을 '이스라엘 자손을 낙심하게 하는'(민 32:9) 행위라고 말한다. 둘째, 이러한 행위가 결국 이스라엘 전체 공동체를 무너뜨리는 결과를 가져올 수 있으며, 이것은 야훼의 진노를 불러 일으키는 조건이 되기 때문이다.

이러한 모세의 염려에 대해 르우벤과 갓 지파는 네 가지를 맹세하며 모세를 설득한다. 첫째, 가축을 위해 우리를 건설하고, 아이를 위해 성을 건설한다. 둘째, 그 후에 20세 이상 남자들은 다른 지파와 함께 서쪽 땅으로 가서 정복 전쟁에 참여한다. 셋째, 서쪽 땅의 기업을 받지 않는다. 마지막으로 서쪽 땅에서 나머지 지파가 모두 각자의 기업을 받은 후에 요단 동쪽으로 돌아온다.(민 32:16-19) 이들의 맹세에 모세는 이들의 요단 동쪽 땅 정착을 허락한다. 모세는 동쪽 땅에 정착을 요구하는 지파들의 맹세로 인하여 더 이상 이스라엘 민족들이 분리되지 않고, 이스라엘의 정체성과 지파 결속을 강화하는 기회가 될 수 있다고 판단했을 것이다.[43] 또한 먼저 동쪽 땅에서 성공적으로 정착할 수 있다면, 약속의 땅에서의 정착은 이스라엘 백성들이 생각한 것보다 더 많은 복을 받을 수 있을 것이라는 생각을 했을 것이다.[44] 그런데 마지막 요단 동편 땅분배에서 갑자기 므낫세 지파가 요단 동편 북쪽을 모세의 허락 하에 차지한다.(민 32:39-42) 그리고 르우벤과 갓이 요단 서편의 분깃을 포기한 반면에 므낫세는 요단 서편에서도 분깃을 받는다. 아마도 이것은 요셉의 축복과 관련된 것 같다.

● 추가 부록(민 33-36장)

민수기 33-36장은 지나온 날을 뒤돌아보며, 앞을 전망하게 하는 부록 부분이다. 이 추가 기록은 네 개의 단락으로 나누어진다. 그 구성을 보면 다음과 같다.

---

43) 김회권, 『모세오경 2』, 206.
44) 고든 웬함/박대영, 『모세오경』, 185.

광야유랑의 여행 경유 목록 (33:1-49)	〈가나안 이주 규정〉 주민 퇴거, 국경 설립 (33:50-34:29)	레위, 자유도시에 관한 조항	상속법 부록
33장	34장	35장	36장

민수기 33장 1-49절은 광야 유랑 여정의 경유 목록을 기록하는데, 이 기록은 출애굽기와 신명기에 나타난 목록과는 차이가 있다.

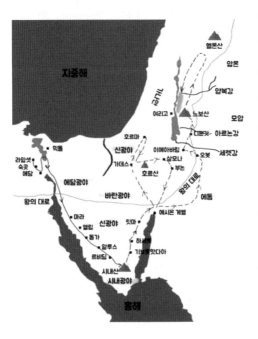

예를들면, 출애굽기와 민수기 33장에서는 출애굽의 출발 지점을 라암셋으로 그리고 그 다음 지역을 숙곳, 에담이라고 기록한 반면, 신명기는 라암셋에 대한 기록이 없다. 또 출애굽기보다는 민수기가 지역을 보다 자세하게 열거하고 있다. 이러한 모순은 시간이 흐름에 따라 추가된 부록들 사이에 차이 나는 기억이 있기 때문일 것이다.

여행은 세 부분으로 구성되어 있다. 라암셋에서 시내산(민 33:5-15), 시내광야에서 가데스(민 33:16-36) 그리고 마지막으로 가데스에서 모압 평지(민 33:37-49)까지 이르는 길의 여정이다.

민수기 33장의 여정은 자신의 계획을 이루시려는 야훼의 인내와 끝없는 성실하심을 기억하게 하며, 다른 한편으로 인간은 그러한 야훼의 은총에도 불구하고 끊임없는 반역과 불신앙을 일삼는다는 사실을 대조시켜 보여준다.

민수기 33장 50-56절에서는 두 가지의 주제가 추가로 보고된다. 여기에서의 시간적 배경은 과거가 아니라 가나안 정복을 전제로 한 미래이다. 미래로 향하는 서언인 '요단강을 건너 가나안 땅에 들어가거든'이라는 선언은, 가나안 땅을 정복한 후에 어떻게 행동해야 한다는 명령과 당부를 전하고 있음을 보여준다. 민수기 33장 50-56절에 나타난 이러한 염려와 우려는 사사기 2장 3절에서 현실로 나타난다.

민수기 33:55절	사사기 2:3절
55너희가 만일 그 땅의 원주민을 너희 앞에서 몰아내지 아니하면 너희가 남겨둔 자들이 너희의 눈에 가시와 너희의 옆구리에 찌르는 것이 되어 너희가 거주하는 땅에서너희를 괴롭게 할 것이요	그러므로 내가 또 말하기를 내가 그들을 너희 앞에서 쫓아내지 아니하리니, 그들이 너희 옆구리에 가시가 될 것이며 그들의 신들이 너희에게 올무가 되리라 하였노라

그 다음 보고는 두 가지로 압축된다. 첫째, 가나안 사방의 경계를 전한다. 그 경계는 다음과 같다.

1. 남쪽 경계(민 34:3-5): 에돔에 근접한 신 광야, 동쪽 염해 끝에서 시작, 아그랍 빔 언덕 남쪽-신광야-가데스바네아 남쪽-아살아달을 지나 아스몬-이집트 시내-지중해

2. 서쪽 경계(민 34:6): 지중해

3. 북쪽 경계(민 34:7-9): 호르산-르보하맛-제다드-시브론-하살
   에난

4. 동쪽 경계(민 34:10-12): 스밤-리블라-아인동쪽-깃네렛 동쪽 해
   변-요르단 남쪽 염해까지.

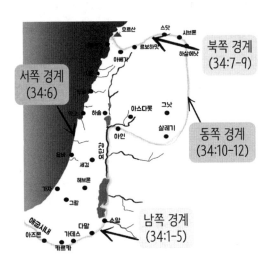

둘째, 가나안 땅에 들어가서 기업으로 받을 땅을 제비뽑기를 통해 아홉 지파 반으로 나누라고 명한다. 므낫세 반 지파, 갓 지파와 므낫세는 제외된다. 그리고 기업을 나누기 위한 지휘관을 선발한다.(민 34:19-28)

민수기에서 언급된 땅의 크기는 하나님께서 선조와 약속한 땅인 '애굽강에서부터 그 큰 강 유브라데까지'(창 15:18)보다는 작다. 그러나 이 땅의 크기는 실제 이스라엘 백성들이 가나안에서 점령한 땅보다는 넓다. 이러한 경계는 이미 이스라엘인들이 땅 정탐을 했을 때 제시하였던 경계선들이다.(민 13-14장) 그러나 이스라엘 백성들이 사용한 영역 표시는 민수기 34장의 경계보다는 더 작은 영역을 가리킨다. 단에서 브엘세바까지(삿20:1; 삼상 3:20; 왕상4:25 등). 아마도 민수기 34장

의 경계는 실질적인 영토를 의미하기보다는 이상형 국가의 영토를 제시하는 것 같다.[45] 여기에서 우리가 생각해볼 문제는 이스라엘 영토에서 요단강 동편 지역의 갓과 르우벤이 빠져있다는 점이다. 이것이 실수인지, 아니면 약속의 땅이 아니기 때문에 일부러 생략한 것인지는 알 수 없다. 다만, 약속의 땅에 참여할 수 없다는 생각을 한 것은 분명해 보인다. 그러나 므낫세 반 지파는 요단 서쪽에서 땅을 분배받는다. 아마도 이것은 요셉이라는 인물의 명성을 그대로 이어가게 하기 위함이었을 것이다.

민수기 35장은 두 가지 주제를 다루는데, 첫째, 레위인의 생존을 위하여 거주할 성읍들을 주며, 또한 성읍을 두르고 있는 목초지를 주는 일이다.(민 35:2) 그 초장의 크기는 성 중앙에서 이천 규빗이다. 둘째, 레위인들이 거주하는 곳 가운데 여섯 지역을 도피성으로 규정하고 그곳도 관리하게 한다. 다음 지도는 이러한 상황을 보고하고 있다. 도피성

45) 데니스 올슨, 『민수기』, 282-283.

은 살인한 자가 고의성을 가지고 있었는지 그렇지 않은지에 따라 들어갈 수 있는 곳이다. 고의적 살인자는 도피성에 들어갈 수 없으며, 도피성에 들어갈 수 있는 자는 오직 부지중에 살인한 자이다.(민 35:11) 고의적 살인은 철 연장, 돌, 나무 연장 또는 무엇을 던져서 죽이는 자로 규정(민 35:16-21)한다. 이들은 '피의 보복자'들이 반드시 죽여야 한다. 그러나 부지중 살인한 자(우연히 사람을 밀친 경우, 사람을 보지 못하고 돌을 던졌다가 죽은 경우(민 35:22-25) 등)는 도피성에 들어갈 수 있는데, 이들은 대제사장이 죽을 때까지만 그곳에 머물 수 있으며, 만일 그 시기 이전에 도피성을 벗어나면 피의 보복자가 죽일 수 있다.(민 35:25-27) 지도에 표시된 성읍 42개와 원으로 표시된 도피성 여섯 개를 포함하여 48개의 성읍을 레위인을 위한 기업으로 주었다. 도피성은 옆 지도에서 표시된 여섯 개의 성읍[골란-길르앗 라못-베셀-게데스-세겜-기럇아르바(헤브론)]이다.

민수기 36장은 슬로브핫 딸들의 상속법(민 27:1-11)에 대한 규정이 실제적으로 적용되는 과정을 보고한다. 아마도 이 상속법은 상속법 자체의 의미보다는, 땅에 대한 의미를 다시 생각하게 하려는 목적일 것이다. 이 보고는 가나안 땅에 들어간 후 땅의 분배와 상속 과정에 주목한다. 이스라엘 백성들은 약속의 땅을 평등하게 지켜야 할 의무가 있으며, 분배된 땅은 다른 사람에게 매매하거나 빼앗기지 말아야 한다. 왜냐하면 그 땅은 이스라엘 자손들이 자신들의 열심으로 차지한 땅이 아니라 오로지 하나님의 성실하심으로 주어진 땅이기 때문이다. 그리고 또 한 가지 반드시 이들이 가져야 할 의식은 이 땅을

대대손손 자녀들에게 물려주어야 할 의무가 있다는 것이다.[46]

---

46) 김회권, 『모세오경 2』, 213-214.

Ⅳ. 모세의 설교(신명기)

신명기: 오경의 다섯 번째 책

신명기의 히브리성서 명칭은 첫 단어인 אלה הדברים(엘레 핫데바림, "이것이 말씀들이다")이며, 70인역은 모세의 설교를 통한 제2의 언약 체결 내용을 반영하여 '두 번째 율법'(신명기, 申命記, Deuteronomium, 신 17:18절에 따름)이라 한다.

1.1. 신명기 전체 구조

첫 번째 설교 [회고] (1:1~4:43)	두 번째 설교 [권고] 신명기 법전 (12:1~26:19) (4:44~28:68)	세 번째 설교 [종결] (29:1~30:20)	오경 종결부록 (31:1~34:12)
1-4장	4-28장	29-30장	31-34장

신명기는 과거를 회상하면서, 현재에서 미래를 지향하는 구조를 보여준다. 두 번째 설교[권고](신 12-28장)를 현재에 관한 것으로 본다면, 과거를 회상하는 부분은 첫 번째 설교(신 1:1-4:28)에 해당한다. 시내산에서 현재 이스라엘 백성이 머물고 있는 동 요르단까지 이스라엘 백성의 수많은 불신앙과 배교에도 불구하고 야훼가 자신의 백성을 인도하신 것에 대해 보고한다.

실제로 과거, 현재 그리고 미래가 혼합되어 있는 두 번째 설교

(4:44-28:68)는 '권고 형식'을 가지고 있기 때문에 현재에서 미래를 바라보게 만드는 해석집의 역할을 한다. 두 번째 설교는 4개의 주제들이 연속적으로 이어진다. 첫째, 신명기 4장 44-49절은 두 번째 설교의 서론 부분에 해당한다. 모세의 짧은 회상들을 통하여 호렙(시내)산에서 모세를 통하여 부여된 율법이 출애굽 1세대와 2세대가 서로 연속성이 있다는 것을 제시한다. 둘째, 십계명과 십계명을 해석한 신명기 법전을 통해 하나님을 사랑할 수 있는 방법을 제시한다.(신 5-11장) 십계명의 준수와 하나님의 사랑에 대한 방법으로 제1계명의 배타성을 강조하며, 왜 그리고 어떻게 야훼를 사랑할 것인가하는 것을 제시한다.(신 6:4-9) 셋째, 신명기 법전은 가나안 땅에서 십계명을 어떻게 순종하며 살아야 하는 것에 관한 법 해석이다.(신 12-26) 신명기 법전은 앞서 제시한 신명기 십계명의 해석집으로 나타난다. 마지막으로 두 번째 설교의 결론으로서 율법의 순종과 불순종이 축복과 저주로 이어진다는 것을 제시한다.[1](신 27-28장) 특히, '너희가 요단을 건너'(신 27:2)라는 미래의 시간을 제시하는 문장을 통해 앞서 제시한 율법의 실행에 대해 구체적으로 말한다.

세 번째 설교는 아주 확실하게 신명기의 종결 설교(신 29-30장)을 보고한다. 세 번째 종결 설교(신 29:1 - 30:20)는 다시 시내산에서 하나님의 현현을 기억나게 하며 시내산 계약이 여기서 다시 출애굽 2세대를 위해 갱신되었다는 것을 제시한다.[2]

---

1) W.H. Schmidt, 『구약성서 입문』, 174.
2) 김회권, 『모세 오경 2』, 221.

마지막 부분은 신명기에 속해 있지만, 신명기의 종결이기보다는 오경 전체의 종결 부분이다.(신 31–34장) 오경을 7년 마다 모든 백성에게 낭독할 것을 권하며(신 31:9절 이하) 모세의 노래와 더불어, 야곱의 축복(창 49장)과 같은 각 지파들을 향한 모세의 축복이 이어진다. 마지막으로 모세의 죽음(신 34)을 통해 오경의 실질적인 종결을 선언한다.

1.2. 모세의 첫 번째 설교(신 1:1-4:43)

1.2.1. 구조

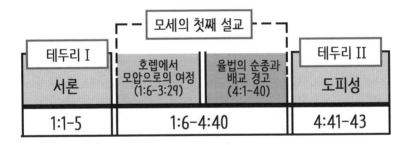

모세의 첫 번째 설교는 신명기 1장1–5절(테두리 I)과 신명기 4장 41–43절(테두리 II)의 이야기 형식의 테두리를 가지고 있으며, 그 안에 광야생활 가운데 중요한 사건들을 신명기 1장6절에서 신명기 4장 40절에서 회고한다. 신명기 1장 1–5절은 첫 번째 모세 설교의 서론이자 신명기 전체의 서론이기도 하다. 신명기 1장 6절에서 4장 40절은 명백하게 출애굽의 시내산을 시작(출 19)해서 민수기까지의 여정과 사건을 중요한 순서로 회고한다. 특히 마지막에 도피성(신4:41–43)은 모세의 첫 번째 설교의 내용과 관련되기보다 첫 번째 설교(신 1:6–4:

40)와 두 번째 설교(신 4:44–11:32)를 연결하는 가교(假橋)의 역할을 한다. 이 도피성은 신명기 19장 1–13절의 도피성 율법과 다시 연결된다.[3]

1.2.2. 내용

● 서론(신 1:1–5)

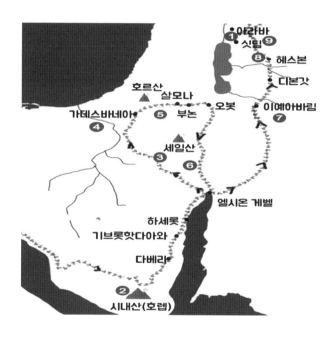

첫 번째 모세의 설교에서 신명기 1장 1–5절은 오경 전체의 서론 이자 모세 설교의 서론이다.[4] 신명기는 '엘레 핫다바림[אלה־דברים

---

3) E. Otto, *Deuteronomium 1,1-4,43*, HTKAT, (Freiburg, 2012), 305.
4) ① 요단 저편, 숲(민 21:14) 맞은 편(신 3:17; 수 3:16; 11:2, 16; 12:1,3,8.) 의 아라바 광야(삼상 25:1; 민 10:12(?))곧 바란, 도벨, 라반, 하세롯(민 11:35; 12:16:33:17(?))과 디사합(신 1:1)/ ②-

הה: 이것이 그 말씀 들이다]'로 시작된다. 그리고 이스라엘 백성들이 어디에 정착하고 있는지 정확한 지명을 알려준다.(① 신 1:1 - 아라바와 싯딤에 위치한 모압 평야) 그리고 그 장소에서 모세가 시간적으로 과거의 불순종, 배교 그리고 하나님의 성실하심을 기억하게 하는 지리적 회상(②-③-④신 1:2)과 시내산에서 받은 율법을 가나안 정착을 위해 재해석한다.(신 1:3) 모세는 그 해석된 율법을 가나안 정착이라는 미래의 시점에서 적용할 것을 권면한다.((⑨: 신 1:5)) 특히 이 부분은 장소뿐만 아니라 또한 시간적인 부분도 보고한다. "호렙산에서 가데스바네아까지 11일 그리고 40년 11째달 첫날에"(신 1:2-3) 이 시간적인 언급은 짧은 거리임에도 불구하고 이스라엘 백성이 40년간 가나안 입구에서 계속 머무르고 있었다는 것을 의미한다.

● 호렙산(시내산)에서 모압으로의 여정(신 1:6-3:29)

a. 회고의 시작(신 1:6-8)

신명기 1장 6-8절은 모세의 첫 번째 연설의 실질적인 서론이며, 첫째 연설을 요약한다. 모세의 회고는 모압에서 다시 호렙산, 즉 시내산에서 시작되고, 민수기에 나타난 약속의 땅의 경계(민 34:3-12)보다 더 넓은 경계를 제시한다.(신1:7) 특히, 이 서론은 이스라엘 백성들이 왜 그 땅을 차지해야 하는지에 관한 정당성을 제시한다. 그 근거

---

③-④ 시내산 - 가데스바네아(신 2:14;9:23;민 13:26; 32:8; 34:4): 11일 길(신 1:2)/ ⑤-⑥-⑦ 모압으로 가는길/⑧ 헤스본-아모리왕 시혼과 에드레이-바산왕 옥(신1:4)/⑨ 요단 저 편 모압땅 (신 1:5).

는 야훼가 조상(아브라함: 창 12:1-3; 이삭: 창 26:2-5; 야곱: 창 28:13-14)에게
주시기로 약속한 땅이기 때문이다.[5]

b. 지휘 체제정비(신 1:9-18)

모세는 이 여정에서 이스라엘 백성들을 통솔하기 위해 지도자들
을 선출한다. 이 지도자들에 관한 보고는 오경에서 세 번(출 18장, 민 11
장) 나오는데, 신명기 1장 9-10절은 출애굽기의 보고를 회상하는 듯
하다.[6] 신명기가 실제가 아닌 회상이라면 모세는 이스라엘 백성을
통제할 체제를 출애굽기와 민수기에서 두 번 조직한 것이 된다. 그렇
다면 출애굽기의 조직 체제가 실패한 것인가? 그것은 아니다. 왜냐
하면 출애굽기에서는 광야생활 전체에 걸쳐서 나타났던 지도자에 대
한 불평과 불만이 나타나지 않기 때문이다.

구절	출애굽기 18: 13-27	민수기 11:16-17	신명기 1: 9-18
원인	모세 혼자 많은 송사를 감당	– 백성들의 불평과 불만 – 모세가 야훼에게 불평	모세 스스로 백성에게 불평함
해결	이드로가 천부장, 백부장 등 조직을 제안	하나님의 영을 받은 70인의 장로를 세움	모세가 지도자를 세울 것을 제안하여, 천부장, 백부장, 십부장을 세움
직무	군사적, 사법적(지휘관) 그리고 율례와 법도를 가르치는 기능(모세)	율례와 법도를 가르침(?)	군사적, 사법적 기능
배경	시내산	기브롯하다아와	호렙산(시내산)

---

5) G. E. Schnittjer • 박철현 역, 『토라 스토리』 548.
6) 윗 글, 551.

위의 도표를 살펴보면, 민수기에서 70명의 장로들이 행한 일은 모세의 임무(출 18:20)를 떠맡았을 가능성이 크다. 그들은 이스라엘에서 연장자이자 하나님의 영을 받은 사람들이다. 따라서 그들은 모세처럼 율례와 법도를 가르치는 기능을 감당했을 것이다.[7] 모세는 자신이 홀로 백성들을 담당할 수 없음이 하나님의 축복에서 비롯되었다고 생각한다. 이 축복은 조상들에게 하신 약속의 성취를 뒷받침하고 있다.[8] 다시 말해 조상들에게 약속하신 바, 이스라엘 민족이 '하늘의 별'(신 1:10)과 같이 번성했기 때문에 그 수효가 많아 모세 홀로 그들을 다스릴 수 없다는 것이다. 이에 모세는 이스라엘 민족을 군사적으로나 사법적으로 다스릴 지도자들을 조직했다고 말한다. 출애굽기에서는 천부장, 백부장 그리고 십부장의 자격이 '하나님을 두려워하며, 진실하고, 불의를 미워하는 자'(출 18:21)인데, 이에 따르면 그들의 주된 임무는 작은 일의 송사를 맡아서 처리한다는 것이다. 반면에 신명기는 그들의 자격조건을 간단하게 제시한다. '지혜가 있고 인정 받는자'(신 1:13) 또한 출애굽기가 그들의 직무에 대해 간단하게 기록한 반면에, 신명기는 구체적으로 제시한다.

16 내가 그때에 너희의 재판장들에게 명하여 이르기를
"너희가 너희의 형제 중에서 송사를 들을 때에 쌍방 간에 공정히 판결할 것이며
그들 중에 있는 타국인에게도 그리할 것이라

---

7) E. Otto, Deuteronomium 1,1-4,43, 346-347; G.E. Schnittjer/박철현, 토라 스토리, 550-553
8) M. Rose, 5. Mose: Teilband 2, ZBK AT 5.2, Zürich, 1994, 472

¹⁷ 재판은 하나님께 속한 것인즉 너희는 재판할 때에 외모를 보지 말고

귀천을 차별 없이 듣고 사람의 낯을 두려워하지 말 것이며,

스스로 결단하기 어려운 일이 있거든 내게로 돌리라

내가 들으리라 하였고"(신 1:16-17)

모세가 이러한 지도자를 선출하려는 의지는 이스라엘 사회 스스로 정의와 공평을 채택하고, 지도자의 다스림을 통하여 차별이 없는 사회를 구현하는 의지이다.[9]

첫 번째 설교 회상 중에서 가장 중요한 사건은 아마도 가데스바네아에서 일어난 사건일 것이다. 이 사건은 민수기 13-14장을 요약하고 있다. 민수기가 가데스바네아에 사건을 사건순으로 묘사한다면, 신명기는 해석과 신학적 성찰을 담고 있다. 신명기 1장 19절-20절은 출발점을 다시 시내산에 두고 아모리 족속의 산지로 향하도록 한다. 그 땅은 원래 그들의 선조와 약속한 땅이다. 신명기는 그 땅을 다음과 같이 표현한다. '너희의 하나님이 이 땅을 너희 앞에 두셨다.'(신 1:21) 이스라엘 백성은 하나님이 그들 앞에 두신 바로 그 땅 앞에 서있다. 그들의 마음은 어떠했을까? 그들은 두려웠을 수도 있고 셀레었을 수도 있었을 것이다. 미래의 불확실함은 '차지하라, 두려워 말라 그리고 주저하지 말라'(신 1:21)는 명령형의 권고를 통하여 확신으로 변한다. 이 말을 하기 전의 모세의 말은 우리에게 하나님의 선물을 기억나게 한다.

---

9) 박창환, 민수기 • 신명기 (구약총서 3권), 157-158

그리고 나서 이스라엘 백성들은 각 지파에서 1명을 선택하여 12명의 정탐꾼을 보낸다.(신 1:22-25) 그러나 신명기의 정탐 보고는 민수기의 정탐 보고와는 다

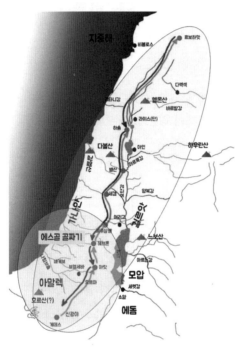

른 부분이 있다. 신명기 정탐 보고가 측면의 지도에서와 같이 에스골 골짜기를 중심으로 보고되는 반면에, 민수기는 북쪽에 르보하맛(민 13:21)까지 40일 동안 정탐한 이야기를 보고한다. 정탐꾼들은 '야훼께서 우리에게 주시는 땅이 좋다'(신 1:25)고 보고한다.

그러나 정탐꾼의 대부분은 사실상 그 땅을 본 것이 아니라 그 땅에 거주하는 사람들을 보았다. 모세는 그들에게 땅을 보라고 했지만 그들은 커다란 주민들, 거대하고 높은 성읍들, 그리고 아낙 자손을 보았다. 신명기는 이러한 상황을 민수기의 보고(민 13:28, 32-33)와는 달리, 이스라엘 백성의 심리적 상황에 맞추어 보고하고 있다. 이 정탐꾼들의 보고에 이스라엘 백성들은 '즐겨 아니하고'(26절), '명령을 거역하고'(26절), '원망하고'(27절), '미워하고'(27절), '멸하고'(27절) 결국 '낙심하였다(신 1:28)'고 회상한다. 신명기는 이러한 심리적인 단어들을 통해 이스라엘 백성들

이 반복적으로 행했던 두려움과 낙심 때문에 발생한 불순종을 표현하고 있다.[10]

이스라엘의 이러한 불순종에 대해 모세는 '무서워 하지말라!', '두려워하지 말라!'(29절)라고 권면한다. 그리고 그동안 광야생활에서 하나님의 행위를 다음과 같이 떠올리게 한다.(신 1:29-33) 첫째, 모세는 '너희 보다 먼저 가시는 하나님'(30절)을 언급한다. 즉, 애굽에서의 기억을 떠올리며 이스라엘을 위하여 싸우시는 전사의 하나님(출 17:8-16)을 묘사한다. 가데스바네아까지 하나님이 이스라엘을 위하여 행하신 것은 한발 먼저 이 백성의 필요를 채우시며, 백성 앞에 있는 원수를 어떻게 벌하셨는가를 말한다. 둘째, 모세는 야훼를 아버지(31절)로 묘사한다. '사람이 자기 아들을 안은 것 같이'(31절) 야훼도 역시 메마르고, 척박한 광야 길에서 이 백성의 필요에 따라 만나(출 16:4-5)와 메추라기(민 11:31-35)로 먹이셨다. 그리고 이스라엘 백성이 가는 길마다 안전하게 보호하시고 가나안 땅 앞에까지 당도하게 하셨다. 셋째, 구름 기둥과 불 기둥으로 보호하시는 하나님의 행위는 이스라엘 백성을 안전하게 이끄시는 인도자의 모습뿐만 아니라 또한 지도자의 모습도 보인다. 불타는 태양 빛 아래에서 구름 기둥으로 보호하시고, 밤에는 칠흑같이 어두운 광야의 삶을 밝혀 주시는 진실한 지도자의 모습을 묘사하고 있다.[11](민 11:33)

하지만 이스라엘 백성은 그 땅을 약속하신 야훼의 말씀에 순종

---

10) R. Brown, 정옥배 역,『신명기 강해』BST시리즈, (한국기독학생회출판부, 1993), 51-52; C. J. H. Wright · 전의우,『신명기』(성서 유니온, 1996), 57-58.

11) R. Brown,『신명기 강해』, 52-53.

하기보다는 가나안인들의 거대함으로 인한 두려움에 휩싸여 야훼의 말씀에 불순종한다. 그들의 선택과 행위는 다음과 같은 결과를 가져왔다. 첫째, 출애굽 1세대는 가나안에 들어갈 수 없게 된다. 출애굽할 때와 광야의 여정을 이끌었던 모세와 아론조차도 가나안에 들어가지 못한다. 그러나 이러한 상황에서도 하나님의 약속을 믿은 여호수아, 갈렙과 그의 자손들 그리고 선악을 구별하지 못했던 후손들만 가나안 땅에 들어가게 된다.(35–39절) 둘째, 이스라엘 백성을 다스릴 지도자로서 여호수아가 세워졌고, 그로 하여금 그 땅이 이스라엘의 기업이 된다.(38절) 셋째, 야훼의 동행 없이는 전쟁에서 승리하지 못한다. 즉, 야훼는 이스라엘 백성이 광야로 돌아가라는 말씀을 거역하고 다시 아모리 족속에게 가고자 할 때, '올라가지 말라', '싸우지도 말라' 하며, 이스라엘 백성에게 있지 않겠다고 말씀하신다.(42) 이스라엘은 말로는 회개하였다고 하지만, 마음으로는 야훼의 말씀을 청종하지 않는다.[12] 성경은 이스라엘 백성이 야훼 없는 전쟁을 무리하게 시작하여, '아모리 족속에게 벌떼 같이 쫓겨서 세일산을 걸쳐서 호르마'까지 밀려났다고 보고한다. 이스라엘 백성들은 그제서야 야훼 앞에서 통곡하지만, 야훼는 그들의 회개를 받지 않으신다.(43–45절)

결론적으로 이 가데스바네아 사건은 '야훼를 섬긴다고 생각하는 사람들이 실제 절망적인 상황 앞에서 어떻게 해야하는가'를 제시한다. 이스라엘 백성이 정탐꾼들의 보고를 듣고 두려워하는 것은 당연하다. 야훼도 이 부분에 진노하신 것이 아니다. 하나님은 우리가 절

---

12) 성기문,『모세의 고별 설교』(솔로몬, 2009), 55–56.

망스러운 일이 만났을 때, 어떻게 대처하는가를 헤아려 보신다. 이스라엘 백성들은 다른 어떤 민족보다도 아버지와 같이 돌보시는 하나님을 경험한 사람들이다. 그러나 그들은 출애굽 이후에 수많은 기적과 돌보심을 경험했음에도 불구하고 두려움과 절망이 몰려왔을 때, 야훼가 말씀하신 언약을 믿었던 것이 아니라 오히려 야훼의 약속을 잊어버리고 가나안의 거대한 주민들에게 이기지 못할 것이라는 상황 앞에서 두려움을 느끼고 절망했다. 이것이 야훼께서 출애굽 1세대가 실패했다고 하는 이유이다. 때때로 우리는 절망할 수 있다. 그러나 그 절망 앞에서 야훼의 모든 행위를 부정하는 것이 문제이다. 이스라엘 백성은 '야훼께서 우리를 미워하시므로 아모리 족속의 손에 넘겨 멸하시려고 우리를 이집트 땅에서 인도하여 내셨다'(27절)고 원망한다. 애굽에서, 시내산에서 그리고 가데스바네아에 당도하기까지 민수기에서 보고하는 광야 여정에서 하나님이 보이셨던 행위가 이스라엘 백성을 미워하심에서 비롯되었는가? 오히려 하나님은 이러한 여정에서 그들을 만나와 메추라기로 먹이시고, 불 기둥과 구름 기둥으로 인도하시고 돌보셨다. 출애굽기와 민수기를 통하여 알 수 있듯이, 이스라엘을 위해 행하신 야훼의 행위는 실로 차고 넘친다. 이스라엘은 어려움 앞에서 야훼가 행하신 일을 기억하고, 그 기억을 통해 굳은 믿음을 가져야만 했다. 이스라엘 백성이 잊어버린 것은 애굽에서 그리고 광야에서 성실하게 이스라엘을 위하여 행하신 하나님이었다. 그 하나님께서 가데스바네아에서도 또한 크고 강한 민족, 아모리 족속, 아낙 자손의 후예들을 물리쳐 주실 것이라는 것을 믿어야 했다. 그러나 그들은 그렇게 하지 못했다: "이 일에 너희가 너희의 하

나님 야훼를 믿지 아니했다."(신 1:32)

  가나안 땅을 등지고 다시 광야로 들어가라는 하나님의 말씀에 이스라엘 백성들은 자신들이 충분하게 하나님께 회개하였다고 생각하고 아모리 족속을 치러 올라가고자 한다. 그때에 하나님은 모세를 통해 다음과 같이 말씀하신다: "올라가지 말라, 싸우지도 말라, 내가 너희 중에 있지 아니하니, 너희가 대적에게 패할까 한다."(42절) 이 말씀은 야훼가 이스라엘과 동행하지 않이하면 이스라엘은 어떤 적도 이길 수 없다는 말이다. 그러나 이스라엘 민족은 그 말을 듣지 않고 아모리 족속에게 나아가 패배하게 된다. 참된 믿음이 아니면, 항상 자신들의 생각이 앞선다. 그들은 야훼에게 책망(34–40절)을 받고 다시 광야로 돌아가라는 명령에 이렇게 말한다. "우리가 야훼께 범죄하였사오니 우리 하나님이 명한 대로 우리가 올라가 싸우리라."(41절) 그들은 야훼께 범죄했다고 말로만 하는 회개를 했지만 또다시 하나님 말씀에 순종하지는 않았다. 때때로 우리는 회개를 동반한 순종 없이도, 다만 범죄를 고백하면 하나님이 용서해주실 것이라고 생각한다. '순종을 동반하지 않는 말만 앞세우는 회개'는 쉽게 할 수 있지만, 하나님이 원하시는 바가 아니다. 반면에 '진정한 회개를 동반한 순종'의 제사를 드리는 것은 어렵지만 하나님이 원하시는 바로 그것이다. 자신의 생각으로 하나님을 제어하는 것이 오판이라는 것을 이스라엘 백성들은 다시 아모리 족속에게 올라가서 전쟁 했을 때, 이스라엘 백성들은 알게 된다. 아모리 족속이 너희(이스라엘 민족)에게 마주나와 '벌떼 같이 너희를 쫓았다.'(44절) 이스라엘 백성은 야훼가 동행하지 않는 삶은 실패의 삶이라는 뼈아픈 교훈을 새겨야 했다. 그리고 그들은 그것을 광야에서 40년간

을 살아가는 동안에 기억해야만 했다.[13]

c. 요단 동편 이동의 회상(신 2: 1-23)

신명기 2장 1절은 가데스바네아 사건 이후에 신 광야와 바란 광야 근처에서 38년간을 머물렀다는 것을 '여러 날'이라는 압축된 말로 표현한다. 그리고 야훼의 명령에 따라서 이스라엘 백성들은 '북쪽'(신 2:3) 방향의 요단 동편으로 나아간다. 이스라엘 백성은 요단 동편의 여정에서 많은 종족들을 마주한다. 그중에서 중요한 다섯 종족(에돔, 모압, 암몬, 헤스본 왕 아모리 사람 시혼 그리고 바산의 옥)이 있다. 이 중에서 에돔, 모압 그리고 암몬은 민수기의 보고와는 다르다. 민수기에서는 이스

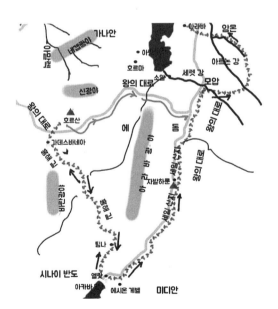

라엘 백성들이 에돔, 모압 그리고 암몬 땅을 지날 때, 그들이 그 길로 가는 것을 허락하지 않았기 때문에 이스라엘 백성과의 관계가 부정적인 것으로 기록하고 있다. 즉, 에돔은 이스라엘이 사신을 보내 에돔 땅을 건너

---

13) R. Brown, 『신명기 강해』, 50-57.

려 할 때, 거절하였다.(민 20:14-21) 암몬은 이스라엘 백성이 모압 평지에 진을 쳤을 때, 심히 두려워했다.(민 22:3) 이스라엘이 시혼을 물리칠 때, 아르논에서 얍복까지 점령해 암몬 자손에게까지 미치나, 암몬 족속의 경계는 견고했다.(민 21:24) 그러나 신명기에서는 이 민족들에 대해 다르게 평가한다. 야훼는 세 민족의 길로 통과하지 말고 우회하라고 명령한다.

> 4 "… 세일에 거주하는 너희 동족 에서의 자손이 사는 지역으로 지날진대
>
> 그들이 너희를 두려워 하리니 너희는 스스로 깊이 삼가고,
>
> 5 그들과 다투지 말라, 그들의 땅은 한 발자국도 너희에게 주지 아니하리니,
>
> 이는 내가 세일 산을 에서에게 기업으로 주었음이라."(신 2:4-5)

이는 에서 자손들이 이미 야훼를 통해 땅을 분배 받았으며, 이 세 지역은 이스라엘을 위한 약속의 땅이 아니라는 것이다.(에돔: 신 2:1-7; 모압: 2:9-13; 암몬: 2: 19-23) 만일 이스라엘 백성들이 에돔과 모압 그리고 암몬을 보호하려는 의도가 없었다면, 전쟁을 하면서 호르마 밑에 있는 왕의 대로를 따라 손쉽게 세렛강을 건넜을 것이다. 그러나 야훼의 명령으로 이스라엘 백성은 아라바를 지나서 모압 평지까지 진군했다. 그 중간에 이스라엘 민족은 광야를 지나면서, 이스라엘에게 하나님이 준 땅이 세일 산지가 아니라는 야훼의 명령임에 순종하면서, 에돔과 불필요한 싸움을 피했다.(비교, 민 20:14-20)

d. 요단 동편의 아모리 족과 전쟁 그리고 뒷 정리(신 2:24-3:29)

이 부분은 세 가지 회상으로 구분된다. 첫째, 헤스본 왕 시혼과 바산 왕 옥과의 전쟁 회상(신 2:24-3:11), 요단 동편에 므낫세 반 지파, 갓 지파 그리고 르우벤 지파의 땅 분배(신3: 12-22) 그리고 모세의 간구(신3: 13-29)이다.

첫째, 이스라엘 백성들이 모압을 지나서 아르논 골짜기를 넘어섰을 때 그 땅은 야훼가 이스라엘 백성에게 넘긴 것이었다. 이제부터 약속된 땅을 위한 전쟁이 시작된다. 그 첫 번째 전쟁이 아모리 족속의 헤스본왕인 시혼이다.(신 2:24-37) 신명기의 이야기는 이와 관련된 민수기의 이야기와 유사하지만 민수기보다 더 정중하게 그 땅을 통과하고자 한다. 본문은 '돈으로 물과 양식'(신 2:28)을 사서 먹겠다'고 말한다. 이런 언급은 오직 신명기에만 나타나는 의미있는 표현이다.

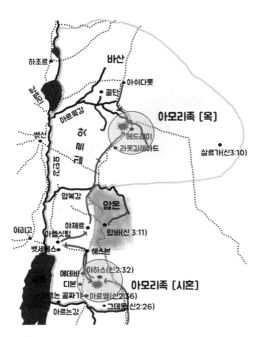

모세의 의도는 땅의 정복이 아니라 약속의 땅으로 가기 위한 땅을 경유하기 원했던 것이다.(신 2:29) 실제로 에돔, 모압 그리고 암몬이 이스라엘 백성들이 그들의 땅을 통과할 때, 우호적이었는가? 성서는

그들이 우호적이 아니라 적대적이라고 보고한다.[14] 그럼에도 불구하고 그들과 전쟁하지 않은 것은 야훼의 말씀처럼, 야훼가 그들의 땅을 이스라엘에게 주시지 않았기 때문이다. 그러므로 모세는 다른 주변 민족들과 마찬가지로 헤스본왕의 땅도 이스라엘 민족의 땅이 아니라고 생각하고 행동했다. 그러나 모세의 마음과 야훼의 생각은 다른 것 같다.[15] 물론 헤스본왕 시혼의 거절이 전쟁을 촉발시켰지만, 하나님은 이스라엘 백성에게 이 땅에서부터 요단 동편을 주시겠다고 말씀하신다. 요단 동편에서 정복 전쟁이 시작된 것은 '야훼가 도와서 이스라엘의 명성을 천하 만민에게 알리기 위함'이며, 그 결과 그 명성을 듣고 다른 민족들이 '두려워하며 떨고, 근심'하게 함이라(신 2:25)고 보고한다. 사실 헤스본왕 시혼과의 전쟁은 이후 가나안 전쟁에서 일어나는 전쟁의 전형적인 양식들을 제공한다.

첫째, 헤스본왕 아모리 사람과 그의 땅을 네 손에 넘겼다.(신 2:24)

둘째, 그의 땅을 차지하여 기업으로 삼으라.(신 2:31)

셋째, '진멸하라'(신 2: 34)라는 명령으로 시작하여,(점령지역을) 소유로 삼았다.(34-35)

넷째, (장소들) 가운데 점령하지 못한 것은 아무 것도 없었다.[16](신 2: 36)

성서는 헤스본왕 시혼의 마음을 출애굽기의 열 가지 재앙에서 나

---

14) 에돔(민 20;14-21); 모압(민 22:3); 발락과발람 이야기(민 22-24장); 암몬(민 21:24)

15) J.H. Sailhamer, 정충하 역, 『모세오경』(새순 출판사, 1995), 389.

16) C.J.H. Wright, 전의우 역, 『신명기』 66.

오는 언어를 사용하여 설명한다. "성품을 완강하게 하셨고, 마음을 완고하게 하셨다."(비교, 출 11:10과 신 2:30) 야훼가 시혼 땅을 처음부터 이스라엘에게 넘기기로 계획하신 것일까? 처음부터 시혼은 이스라엘 백성의 제안을 수용할 마음이 없었다. 그의 완악하고 완강한 마음은 이스라엘 백성의 제안을 거절함으로써 전쟁을 선택하게 된 것이다. 명

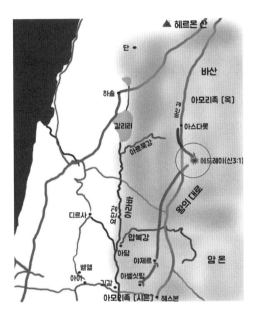

백하게 여기에서 시혼이 이스라엘 백성의 제안을 거절한 것이기 때문에 이스라엘과 전쟁을 택한 것은 시혼의 책임이다. 첫 전쟁을 승리로 이끌어 이스라엘 백성에게 자부심을 심어주려는 야훼의 의도(신 2:25)가 결합한다. 이것은 야훼가 인간을 마음대로 다루시는 분이 아니라는 것을 보여준다. 가나안에 아이성 전투(수 7: 2–26)를 제외하고 이후로 전쟁에서 계속 승리할 수 있다는 확신은 헤스본의 왕 시혼에서 시작한다.

헤스본에서 승리한 후에 바산의 왕 옥이 에드레이에서 이스라엘 민족과 대적하여 싸우고자 하였다.(신 3:1) 옥과의 전쟁에서도 시혼과의 전쟁을 묘사할 때와 동일한 표현이 사용된다. 야훼께서 이스라엘 백성의 손에 옥을 붙이셨으며, 그 때문에 이스라엘 백성은 성벽이

있는 마을과 없는 마을 모두를 점령하고, 모든 거주민을 진멸한다.

이후에 계속되는 전쟁에서 전적으로 많이 사용하는 '진멸하다[חרם하렘]라는 용어에 주의를 기울여야 한다. 소위 '하렘법'이라는 전쟁법은 현재 성전(聖戰)이라는 개념으로 이해된다. 이 하렘법은 3가지로 나타난다.

첫 번째는 화평을 청하였으나 거절한 뒤에 전쟁이 시작되면, 사람은 진멸시키지만 가축과 성읍에서 탈취한 것은 소유물로 남기는 경우이다.(신 2: 26-35) 두 번째는 신명기 20:10-18절과 같이 주민 중 일부만을 진멸하는 경우이다. "너는 오직 여자들과 유아들과 가축들과 성읍 가운데에 있는 모든 것을 너를 위하여 탈취물로 삼을 것이며".(신 20:14) 세 번째는 여호수아 7장과 사무엘 상 15장의 경우와 같이 주민들과 가축 그리고 심지어는 성읍조차도 다 진멸하는 경우이다.[17]

이 진멸법은 성서 전체에 나오지 않고 신명기와 여호수아 그리고 사무엘 상에만 나타난다. 또한 이 진멸법도 전쟁의 장소, 시기와 용도에 따라 위의 3가지로 나타난다. 현대인들이 보기에는 잔인한 법이라고 할 수 있다. 그러나 세상의 어떤 정복 전쟁도 이렇게 3가지로 전쟁을 구분하는 전쟁은 존재하지 않는다.

할렘법은 현재에 많은 비판을 불러 일으켰다. 인간의 권리를 존중하는 측면에서 본다면, 할렘법은 잔인하고 불공정하며 하나님의 공의와 의로움과 자비하심과는 맞지 않은 법임에 틀림이 없다. 그러

---

17) 성기문,『모세의 고별설교』63.

나 고대 세계 그리고 현재에도 역시 어떤 신이든 자신을 섬기는 민족을 보호하지 않을 신이 있겠는가? 더구나 자신이 선택한 이스라엘이 가나안에 들어가면 가나안 문화를 본받아서 야훼 민족의 정체성을 잃어버리고 가나안 문화에 매몰될 것을 알고 있는 야훼가 자신의 민족을 보호하지 않을 수 없었을 것이다. 그 보호의 수단이 바로 진멸법으로 이해된다. 물질 우선주의와 그 물질을 기초로 이루어진 성의 문화를 바탕으로 계급의 갈등을 일으키는 가나안의 자본주의 문화와는 처음부터 '평등'을 표방하는 야훼이즘의 정체성과 맞지 않는다. 이 가나안 문화의 진멸이 야훼의 공정성과 자비를 해치는 행위일지라도, 그때문에 많은 사람들이 비난을 할지라도 야훼께서 그 명령을 내리시는 이유가 무엇일까? 단지 약속의 땅을 차지하기 위한 수단으로만 이 진멸법이 사용된 것일까? 오히려 이 진멸법은 단지 약속을 한 땅을 차지하기 위한 수단이 아니라 야훼이즘의 정체성을 보호하기 위한 수단이다. 즉, 야훼는 인간을 물질로 보는 가나안 문화를 제거함으로, 인간을 수단이 아닌 목적으로 보는 문화를 이어가기를 원했다. 전쟁법의 중요한 의미는 여기에 있다. 사실 이스라엘이 야훼의 이 의도를 잊어버리고 인간을 물질로 보는 가나안 문화에 빠져 들었을 때, 야훼는 이제 이스라엘을 대적하여 오신다고 증언한다.

> 18 "화 있을진저 여호와의 날을 사모하는 자여 너희가 어찌하여 여호와의 날을 사모하느냐? 그날은 어둠이요 빛이 아니라 19마치 사람이 사자를 피하다가 곰을 만나거나 혹은 집에 들어가서 손을 벽에 대였다가 뱀에게 물림같도다.

20 여호와의 날은 빛 없는 어둠이 아니며 빛남이 없는 캄캄함이 아니

냐?"(암5:18-20)

파멸을 불러 일으키는 '야훼의 날'은 가나안 민족들뿐만 아니라
이스라엘 민족에게도 임한다.

둘째, 두 번의 전
쟁으로 요단 동편의
땅이 정리된다. 모
세는 그 땅을 므낫
세 반지파, 갓지파
그리고 르우벤 지파
에게 분배한다. 요
단 동편의 땅 분배
는 민수기와 신명기
에서 나타난다. 민
수기에서는 모세가 므낫세와 갓 지파와 땅 분배로 긴장관계에 있었
으며, 두 지파가 땅 분배를 요구한다. 이 갈등은 가나안 정복이 완벽
하게 이루어질 때까지 함께 동행한다는 조건하에 조정된다. 반면에
신명기는 처음부터 모세가 헤스본의 시혼 왕과 바산 왕 옥에게서 얻
은 땅을 나누어 준다. 즉, 요단 동편 땅의 분배는 처음부터 갈등 없
이 진행되었다고 보고한다. 가나안 땅 점령에 대한 조건도 민수기에
서는 두 부족이 긴장관계를 조정하지만, 신명기에서는 모세 스스로

권면한다.(신 3: 19-20) 다음은 민수기와 신명기의 땅 분배 도시와 성읍들을 나타내는 도표이다.

지파	민수기	신명기
므낫세반 지파	33 아모리인의 왕 시혼의 나라와 바산왕 옥의 나라를 주되 곧 그 땅과 그 경내의 성읍들과 그 성읍들의 사방 땅을 그들에게 주매(민 32:33) 므낫세의 아들 마길의 자손은 가서 길르앗을 쳐서 빼앗고 거기 있는 아모리인을 쫓아내매 모세가 길르앗을 므낫세의 아들 마길에게 주매 그가 거기 거주하였고 므낫세의 아들 야일은 가서 그 촌락들을 빼앗고 하봇야일이라 불렀으며 노바는 가서 그 낫과 그 마을들을 빼앗고 자기 이름을 따라서 노바라 불렀더라(민 32:39-42)	길르앗의 남은 땅과 옥의 나라였던 아르곱 온 지방 곧 온 바산(신 3:13) 므낫세의 아들 야일이 그 술 족속과 마아갓 족속의 경계까지의 아르곱 온 지방을 점령하고 자기의 이름으로 이바산을 오늘 날까지 하봇야일이라 불러오느니라 내가 마길에게 길르앗을 주었고(신 3:14-15)
갓 지파	디본과 아다롯과 아로엘과 아다롯 소반과 야셀과 욕브하와 벧니므라와 벧하란들의 견고한 성읍을 건축하였고 또 양을 위하여 우리를 지었으며(민 32:34-36)	아르논 골짜기 곁의 아로엘에서부터 길르앗 산지 절반과 그 성읍들(신3:12)…… 길르앗에서부터 아르논 골짜기까지 주었으되 그 골짜기의 중앙으로 지역을 정하였으니 곧 암몬 자손의 지역 얍복강까지며
르우벤 지파	헤스본과 엘르알레와 기랴다임과 느보와 바알므온들을 건축하고 그 이름을 바꾸었고 또 십마를 건축하고 건축한 성읍들에 새 이름을 주었고(민 32:37-38)	또는 아라바와 요단과 그 지역이요 긴네렛에서 아라바 바다 곧 염해와 비스가 산기슭에 이르기까지의 동쪽지역이니라(신 3:16-17)

신명기를 살펴보면, 르우벤 지파와 갓 지파의 경계를 민수기보다는 느슨하게 정하고 있음을 본다. 르우벤 지파를 위해서는 아르논 골짜기에서 얍복강까지 그리고 갓 지파를 위해서는 아라바 요단과 비스가 산 그리고 동쪽 지역이 배분되었다. 땅 분배에 관한 민수

기 보고와의 차이는 신명기의 의도에 있다. 민수기에서 요단 동편의 땅 분배는 야훼의 뜻보다는 르우벤 지파와 갓 지파의 의도에 의해서 이루어졌다.(민 32:1) 그러나 신명기에서는 이 지파들의 정착이 안식을 주시려는 야훼의 계획(신 3:20)으로 말한다. 이러한 안식이 요단 동편에서 이루어진 것을 증거로 삼아 요단 서편에 더 풍성한 축복이 기다리고 있다고 증언한다.(신 3:20) 그 때문에 모세는 요단 서편을 정복하는 것을 두려워 말라고 격려한다.[18]

마지막으로 세 번째 부분은 '모세의 간구'이다.(신 3:23-29) 신명기 첫 번째 연설의 역사 회고에서 모세는 자신의 이야기를 한다. 우리는 이 기도를 통해 두 가지 사실을 발견할 수 있다. 첫째, 모세는 가나안 땅에 들어가지 못하며, 둘째, 곧 죽게 될 것이다. 신명기에서 모세는 이스라엘 백성의 죄 때문에 가나안 땅에 들어가지 못한다고 말한다.(신 1: 37) 반면에 민수기에 의하면 모세가 가나안 땅에 들어갈 수 없는 것은 므리바 사건(민 20:7-13)의 결과이다. 모세도 이스라엘 백성의 죄 때문이라고 생각하지만, 자신 또한 출애굽 1세대에 속한다는 것을 알고 있다. 야훼 하나님이 결정하신 것은 번복되지 않는다. 그럼에도 불구하고 모세가 이렇게 간구하는 것은 그만큼 간절했기 때문이다. 아마 모세는 이스라엘 백성을 인도했던 40년 동안의 상황이 주마등처럼 떠올랐을 것이다. '내가 간구하기를'(신 3:23)이라는 말로 시작하는 모세의 기도는 다음과 같은 간절한 소원을 담고 있다.

"구하옵나니!

---

18) J. H. Sailhamer, 정충하 역, 『모세오경』 391-392.

나를 건너가게 하사, 요단 저쪽에 있는

아름다운 땅, 아름다운 산과 레바논을 보게 하옵소서"(신 3:25)

그러나 야훼는 이에 대해 "그만해도 족하니, 이일로 다시 내게 말하지 말라"(신 3:26)는 말로 냉정하게 답하신다. 모세는 지난 40년 동안 이스라엘 민족을 야훼의 말씀대로 인도한 지도자였다. 이스라엘 백성들이 순종하지 않아 죽게 되었을 때, 그는 전심으로 백성을 위해 기도했다. 그리고 이제까지 이 완악한 백성들을 인도한 자였다. 그럼에도 불구하고 야훼는 가나안에 들어가고자 하는 그의 기도를 거절한다. 모세는 가나안에 들어가기 위하여 모든 수단을 다했지만 마지막 까지 자신의 요구가 거절 당한다. 이러한 경우 훌륭한 지도자의 자세는 그 거절 마저도 받아들이는 것이 바로 좋은 지도자의 모습이리라. 야훼는 이제 새 지도자를 준비시킨다. "여호수아에게 명령하고 그를 담대하게 하라!"(신 3:28) 이제 모세의 마지막 임무는 여호수아를 담대하고 강하게 하는 것이다.

● 율법에 대한 순종과 배교에 관한 모세의 권고(신 4:1-40)

신명기 4장은 이제 모세가 광야 여정에 관한 회고를 멈추고, 신명기 1장 1절의 모압 평지의 현재로 돌아간다. 그는 모압 평지에서 장래에 약속의 땅을 소유한 후, 그 땅에서 어떻게 해야 복을 받을 수 있는지를 제시한다. 만일 가나안 땅에 들어가서 하나님이 주신 규례와 율법을 준행하면, 이스라엘 백성은 축복된 삶을 살 것이라고 권고한다.(신 4:1-40) 모세의 첫 번째 설교 마지막 부분과 두 번째 설교의 가교로서 도피성(신 4:41-43)이 보고된다.

모세의 첫 번째 설교 가운데 회상 부분(신 1-3장)이 끝나고, 그 다음에 이스라엘을 향한 회고 설교를 담고 있다. 이 설교의 전반적인 내용은 이스라엘 백성이 지켜야 할 규례와 법규 그리고 그 영향력을 제시한다. 모세의 권고적 설교는 서론적 명령(신 4:1-8)과 결론적 명령(신 4:40)으로 된 틀을 제외하고, 장래에 지켜야 할 구체적인 가르침(신 4: 2-39)이다.

> 테두리: 율법의 순종 요구 '야훼께 순종하라'(신 4: 1-8)
> **모세의 회고 설교**(9-24절)
>> – 호렙산 사건의 회고(9-14절)
>> – 우상 숭배 금지 경고[2계명의 관련성](15-24절)
> **모세의 미래를 향한 설교**(25-31절): 타락의 결과 – 추방과 회복
>> (25-31절)
> **이스라엘에게 탁월한 야훼 하나님**(32-39절)
> 테두리: '야훼의 규례와 명령을 지키라'[19](신 4:40절)

a. 서론적 명령(4:1-8): 율법의 순종 요구 '야훼께 순종하라'

서론 부분은 두 개의 동일한 어법인 명령형이 뒤따르는 내용을

---

19) E. Otto, *Deuteronomium 1:1-4:43*, 530-531.

지 배한다.[20] 즉, 첫 번째 부분은 명령을 통해 야훼가 가르친 규례와 법도를 준행하면, '이스라엘 백성은 생명을 얻으며 약속한 그 땅을 얻을 것이다'라고 제시한다. 반대로 바알브올 사건(3절: 민 25장)을 제시하면서 순종하지 않았을 경우에 일어난 일을 상기하게 한다. 결국 바알브올에서 야훼를 대적한 백성들은 그들 스스로 규례와 법도를 지키지 않기 때문에 전부 전멸당했다.(3절) 그러나 야훼에게 순종한 사람들은 '오늘날까지 다 생존했다'(4절)고 증언한다. 이 경우에 율법은 생명의 원천으로 사용된다.[21]

그 다음의 동일한 어법인 "보라! … 지켜 행하라!"(5절)는 명령형을 통해 율법의 다른 목적이 나타난다. 율법이 이스라엘의 지혜와 지식으로 그로 인해 이스라엘을 다른 민족과 구별되게 만들어 준다.(6절) 이 지혜와 지식은 인간이 살아가면서 자신의 위치를 분별할 수 있는 아주 중요한 요소이다. 야훼가 다스리는 공동체로 하여금 의로움과 공의를 분별하게 하며, 야훼의 뜻에 따라 살 수 있는 인식과 식별을 제공한다. 그러나 율법 그 자체가 결코 지혜는 아니다. 단지 지혜는 '인간이 율법에 얼마나 순종하는가'를 알게하는 능력이다. 그 때문에 규례와 법도를 배움으로 지혜를 얻으며, 그 지혜를 통하여 하나님의 동행하심을 알 수 있으며, 결국 현재의 공동체가 정의와 공의를 세우고 보존하는 나라로 나아갈 수 있다.[22]

---

20) 권고로 사용된 명령형(듣고 준행하라(1); 보라! 지켜 행하라, 5절)은 그 명령에 대해 순종하게 하는 원인절(동기절)로서 사용한다.

21) 유진 메릴 · 잭 디어『신명기』, 174.

22) 패트릭 밀러, 김회권 역『신명기』, 107.

b. 모세의 회고 설교(신 4:9-24)

모세는 시내산 사건을 다시 회고(10절 이하)하기 전에 '삼가라', '마음을 지켜라', '잊어버리지 마라', '떠나지 않도록 조심하라', '알게 하라'는 명령형(9절)으로 나열하면서, 이스라엘 민족이 경험했던 바를 기억하도록 권면한다. 모세의 회고 연설은 시내산 사건의 회고로서 이스라엘 백성이 시내산 앞에 모인 이유에 대해 이야기한다. 그 이유는 야훼의 말을 듣게 하여 하나님을 경외하게 하며, 자손들에게 가르치게 하려 함이다. 회고 설교의 특징은 어떤 현상을 보는 것보다 들을 수있는 마음을 중요시한다. 그래서 모세도 들을 수 있는 '마음'(לב레브)을 강조한다.(신 4:9) 또한 야훼의 현현도 호렙산에 나타난 불타는 광경도 있지만, 불 가운데 나타나시는 야훼의 음성이 이스라엘 백성이 두려움에 떨게 했다. 그리고 그 청각을 의존하는 불 가운데서 말씀이 바로 십계명이다.(신 4:13) 보는 것보다 듣는 것을 중요시한다는 것은, 듣는 말씀 중심의 공동체가 보는 것을 중시하는 것보다 더 중요하다고 할 수 있다. 왜냐하면 믿음은 말씀을 '듣는 마음'에서 시작하기 때문이다.

모세의 회고 설교 서두에서 모세는 야훼 경외에 대해 말한다. 모세는 시내산에서의 하나님의 현현을 통한 이스라엘 백성과 야훼와의 만남을 기억하게 한다. 이스라엘 백성은 출애굽에서부터 호렙산에 이르기까지 야훼를 단지 인간이 행할 수 없는 기적 속에서 구름 기둥과 불 기둥(출 13:22) 가운데서 만났다.[23] 그러나 이제 호렙산(시내산)에서 야훼는 불과 천둥과 우뢰 소리(출19:16-18)로 이스라엘 백성에게 임하셨고, 그로 인해 백성들은 강력한 누미노제를 경험한다. 즉, 야훼의 현현은 누미노제(Numinous: 신적 만남의 두려움)에서 시작하여 하나님의 권능에 대한 존경을 바탕으로 야훼 경외가 완성된다.[24] 그 말씀의 핵심이 십계명이며, 친히 두 돌판에 기록한 것이라고 증언한다.[25](13절) 신명기는 십계명의 1계명과 2계명을 중심으로 '형상 금지 명령'(신 4: 15-24)을 언급하는데, 자신을 위해 어떤 형상도 만들지 말라고 명령한다: '사람 – 땅의 짐승 – 하늘의 나는 것 – 곤충 – 어족 – 천체'(신 4:16-19) 모세는 하나님이 이스라엘에게 기업으로 주신 땅에 들어가서 그가 금하신 형상의 우상을 세우지 말 것을 권고한다.(4:20-23)

마지막 부분에서 모세는 야훼의 특성을 정확하게 말한다. 소멸하시는 불과 질투하시는 하나님.(신 4: 24) 불은 '소멸하는 기능'을 가진다. '야훼 하나님이 불 가운데서 말씀하셨다'(신 4:15)는 하나님의 임재를 표현하는 불은 이스라엘을 소멸할 수 있다는 가능성을 제시한다. 또한 질투하시는 하나님은 매우 독특한 표현이다.(신 4:24) 질투라는 속성은 고대 근동에서는 없는 개념이며, 이스라엘의 신에 대한 고백

---

23) 이 두 가지 현상 가운데 어떤 것이 먼저인지는 알 수 없다. 누미노제 현상 + 존경(지속적)이든 아니면 존경(지속적) + 누미노제 현상; 10가지 재앙(출 8-12장), 홍해 사건(출 15장), 만나와 메추라기(출 16장)등등.

24) J. C. Becker, *Gottesfurcht im Alten Testament* (Rom, 1965), 20-23.

25) Silvia Schroer und Othmar Keel, Die numinose Wertung der Umwelt in der Hebräischen Bibel, in: B. Janowski (Hg.), *Der Mennsch im Alten Israel* (Tübingen, 2009), 537-590.

이다.[26] 여기에서 질투는 이스라엘 이웃 민족의 신들을 향한 질투가 아니며 이스라엘을 향한 질투이다. 배타성을 추구하는 십계명의 1/2 계명에서 다른 신들을 이스라엘인들이 숭배하고 또한 형상을 만들어서 섬길 때, 야훼는 비교할 가치가 없는 다른 신들에게 질투를 하는 것이 아니라 보잘 것 없는 다른 신을 섬긴 이스라엘을 향해 질투한다. 그리고 그 질투를 유발시킨 백성에게 복수한다.[27](비교, 출 20:5; 신 6:15) 이는 이스라엘 백성을 도울 신은 오직 야훼밖에 없기 때문이다.(사 43:11)

c. 모세의 미래를 향한 설교(신 4: 25-31)

이 부분이 주전 587년 예루살렘이 멸망하고 백성들이 포로로 끌려가는 상황을 묘사하고 있는지는 알 수 없다. 단지 신명기 신학의 핵심인 '땅의 소유와 소실'이라는 주제와 연관된다. 즉, 이스라엘 백성들이 가나안 땅을 정복하고 우상을 섬기게 될 때 일어나는 결과를 보여준다. 모세는 하늘과 땅을 증인으로 부른다.(신 4:26) 이러한 어법은 고대 근동에 나타나는 계약에서 사용되는데, 하늘과 땅을 비유적 증인으로 내세워 계약의 명백함을 제시하려는 것이다.

사람이 형상을 만든다는 것은 온전히 '자신을 위한' 것이며 허망하고 무익한 것이다. 목공이 자기를 위하여 한 나무를 심고 가꾼 후에, 그 중에 절반은 땔감을 삼아 몸을 덥게 하고 '따뜻하다' 말하고

---

26) H. D. Preuss, *Theologie des Alten Testaments*, Bd.1, (Stuttgart [u.a.,], 1991), 129.
27) W. H. Schmidt, 『구약 신앙: 역사로 본 구약 신학』 195.

그 절반으로는 불을 피워 떡을 구워 먹으며, '배부르다' 하고 그 나머지로 신상을 만들어 경배하며 '너는 나의 신이니 나를 구원하라' 말한다.(사 44:13-17) 우상은 인간의 필요에 따라 사용되는 나무 토막에 불과하다.(사 44:19) 따라서 하나님은 자신을 우상으로 치부하려는 행위나 다른 우상들과 같이 '자신을 위한 것'으로 여기는 행위를 십계명의 제2계명인 '형상 금지'를 통하여 원천적으로 금지하였다.[28] 엄밀한 의미에서 보면, 사람의 손에 만들어진 형상은 '자신'을 위해 만들어진 것이기 때문에 '관계'를 가질 수 없다. 반면에 하나님과 이스라엘 백성은 아버지와 아들의 관계이다.(신 1:31) 하나님은 이스라엘 백성을 택하셨고, 이스라엘 백성은 그에 합당한 의무를 갖게 된다. 그 때문에 이스라엘 백성이 가나안 땅에 들어가서 우상을 만들어 섬기면, 약속한 땅에서 쫓겨나 여러 민족 가운데 흩어져(신 4:27) 보지 못하고, 듣지 못하며, 먹지도 못하고, 냄새도 맡지 못하는 목석의 신들을 섬길 것이라고 말한다.(신 4:28)

그러나 이러한 패망과 멸망의 메시지에도 은혜의 섬광(閃光)이 비쳐진다. 여러 민족 중에 흩어져서 머물 때, 마음을 다하고 뜻을 다하여 야훼를 찾으면 다시 야훼를 만날 것이라는 희망의 메시지를 남겨둔다.(신 4:29) 자비하신 하나님의 성품을 만날 수 있는 표현이다. 이스라엘 백성이 하나님 말씀에 따라 행하지 않았더라도 돌이켜 마음을 다하여 하나님을 찾으면, 자비하신 하나님께서 그들을 만나주신다고 말한다. '자비하신'으로 해석된 히브리어 단어는 '라훔[רחום]'이

---

28) 왕대일, 『다시 듣는 토라』 155-156.

다. 이 단어의 어원은 어머니의 자궁을 의미하는 레헴[רחם]이다. 자궁은 태아가 착상하여 자라는 기관으로 생명이 공존하는 곳이다. 아기를 밴 산모는 자신의 모든 것을 희생하고 아기의 탄생을 안전하게 지켜야 하는 곳이다. 하나님의 자비도 이런 의미를 가지고 있다.[29] 비록 미래에 이스라엘 백성이 야훼만을 섬기라는 규례와 법도를 버림으로 인해 땅을 잃어버리고 멀리 쫓겨났을지라도 다시 마음으로 야훼를 찾으면 새로운 생명을 잉태하듯 야훼의 자비가 다시 이스라엘 백성에게 임한다는 것을 말하고 있다. 야훼의 자비로 말미암아 이스라엘 백성은 '야훼를 찾을 때' 그를 만나게 된다.

d. 이스라엘에 대한 하나님의 탁월성(32-39)

이스라엘 민족은 우상 또는 형상 금지와 더불어 그들을 위한 야훼의 행위를 기억해야 한다. 이것은 이스라엘 백성에게 '야훼는 하나님이시며, 그 외에는 다른 신이 없음'을 알게 하려는 의도'를 담고 있다.(신 4:35, 39) 모세는 수사학적인 질문을 통해 시내산 사건(신 4:33)과 출애굽 사건(신 4:34)을 행하신 분이 이스라엘 하나님이시고 이스라엘 민족에게 그와 같은 신이 없음을 강조한다. 하나님의 임재와 하나님의 구원행위는 이스라엘 백성에게 조상들과 약속하신 땅을 기업으로 주기 위함이다.(신 4:38) 그러므로 이스라엘 백성에게 신은 오직 한 분이신 야훼이시고, 그 때문에 그의 규례와 명령을 기업으로 주신 땅에서 순종해야만 하는 것이다.

---

29) 윗글.

e. 테두리: '야훼의 규례와 명령을 지키라'(신 4:40)

모세는 이 단락의 서두에서와 같이, 율법에 순종하라고 외친다. 그는 회고 설교를 통해 형상 금지를 강력하게 권고하며, 이 명령에 불순종하면, 야훼 하나님이 이스라엘 백성에게 유업으로 주신 땅에서 쫓겨날 것을 엄하게 경고한다. 동시에 모세는 하나님이 행하신 일을 기억하며 이 규례와 명령을 지키면 이 땅에서 복을 받을 것이라는 말로 첫 번째 연설을 마감한다.

● 요단 동쪽 도피성(신 4: 41-43)

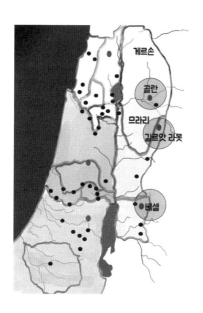

요단 동편을 정복한 후에 모세는 요단 동편에 도피성들을 르우벤 지파를 위하여 베셀을, 갓 지파를 위하여 길르앗 라못을 그리고 므낫세 지파를 위하여 골란을 지정한다.(신 4:43) 민수기 35장의 상세한 설명과는 달리, 이 절에서는 도피성에 들어갈 수 있는 자를 '원한이 없이 부지 중에 살인한 자'(신 4:42)로 간단하게 설명한다.

이 도피성 이야기는 명백하게 신명기 내부에서 다음과 같이 연결된다.[30]

구절	주제	구절
신 4:41	세 성읍의 구별	신 19:2a
신 4:42	부지중에 살인 한자	신 19:4
신 4:43	베셀, 길르앗 라못과 골란	신 19:8-9(비교 수 20:8)

도피성에 관한 부분은 출애굽기 21장 12-14절과 신명기 19장 1-13절의 내용을 약술한 것이다. 도피성은 이스라엘 민족의 요단 동편과 가나안 정착과 관련된다. 요단 동편이든 또는 가나안 땅에 정착해서 살아갈 때에 이런 피의 보복 행위가 무분별하게 자행하지 않도록 하는 사회학적 문제의 배려에 관련된다.[31] 그 때문에 첫 번째 연설 후에 이 도피성 단락이 있는 것은 공동체를 영위(營爲)하기 위한 조치로써 모세의 권위로 이스라엘 공동체를하려는 의도를 가진다.[32]

1.3. 모세의 두 번째 설교(신 4: 44-28:68)

1.3.1. 구조

〈서론〉 출애굽 1세대와 2세대의 연속성	십계명과 쉐마 이스라엘	신명기 법전	〈결말〉 축복과 저주
4:44-49	5:1-11:32	12-26장	27-28장

---

30) E. Otto, *Deuteronomium 1:1-4:43*, 595-596.
31) 왕대일, 『다시듣는 토라』 157-158.
32) E. Otto, *Deuteronomium 1:1-4:43*, 598-599.

모세의 두 번째 설교는 네 부분으로 구성되어 있다. 첫 번째 부분은 서두에 출애굽 1세대와 2세대의 연속성에서 모세의 율법 선포의 정당성을 제시한다.(신 4:44-49) 두 번째 부분은 신명기에서 가장 중요한 기본 조항들로서 시내산 계약의 가장 핵심적인 부분인 십계명과 하나님을 사랑하는 근거와 방법을 쉐마 양식으로 권면하고 가르친다.(신명기 5:1-11: 32) 세 번째 부분은 십계명을 정착지에서 지킬 수 있도록 새롭게 해석한 신명기 법전이다.(신 12-26장) 마지막 부분은 이스라엘 백성들의 순종 여부에 따른 축복과 저주에 대해 이야기한다.(신 27-28장)

1.3.2. 내용

● 서론: 출애굽 1세대와 2세대의 연속성(신 4:44-49)

모세의 두 번째 설교의 서론은 첫 번째 설교의 서론과 병행된다.

신 1:1	"모세가 이스라엘 자손에게 선포한 말씀(율법, 신 1:5)은 이러하니라"	신 4:44	"모세가 이스라엘 자손에게 선포한 율법은 이러하니라"
신 1:1	요단 저쪽 숩 맞은 편의 아라바 광야 곧 바란과 도벨과 라반과 하세롯과 디사합 사이	신 4:45	요단 동쪽 벳브올 맞은편 골짜기에서 증언과 규례와 법도를 선포
신 1:3	아모리 왕 시혼과 바산의 옥	신 4:46-47	아모리 왕 시혼과 바산의 옥
신 1:4	전쟁 후 얻은 땅에 대한 보고	신 4:48-49	전쟁 후 얻은 땅에 대한 보고

신명기 1장 1절에서 '모세의 말씀'은 '모세의 율법'(5절)으로 서론(신

1:1-5)의 마지막을 끝맺고 있지만, 이 부분(신 4:44)에서는 모세의 율법
(신 4:44)으로 모세의 두 번째 설교의 서론이 시작된다. 신명기 1장과
유사하게 광야 여정과 요단 동편에서 차지한 땅을 언급한다. 신명기
에서는 모세가 율법을 받고 이스라엘 백성에게 가르치기 시작한 곳
을 호렙이라고 한다. 다시 말해 그곳은 출애굽 1세대가 하나님의 명
령과 규례를 받았던 곳이다. 그리고 지금 여기 요단 동편에서 모세는
다시 야훼께서 주신 말씀을 선포한다. 출애굽 2세대에게 선포되는
율법은 출애굽 1세대에게 전해진 것과 다른 것도 새로운 것도 아니
다. 하나님의 백성이라는 연속성 가운데 변화된 시대적 상황으로 재
해석된 것이다.[33]

● 십계명과 쉐마 이스라엘(신 5-11장)

모세의 두 번째 설교는 가장 중요한 핵심 단락이다. 출애굽에서

33) 정석규, 『신명기』 서울신학대학교 개교 100주년 기념 성서주석 (서울신학대학교 출판부,
2014), 107-108.

십계명(출 20장)을 제시하였음에도 불구하고 신명기에서 모세가 다시 말한 것은 출애굽 1세대와 2세대의 연속성을 말하면서, 동시에 요단 동편에 정착하여 이미 변화된 또는 변화할 광야생활과 정착지의 사회, 정치, 경제를 통한 문화적 차이를 극복하려는 의도가 담겨 있다. 그 때문에 출애굽기 20장의 십계명은 모압에서 신명기 5장에서 새롭게 갱신(更新)된다. 신명기 6장부터 11장까지의 권고는 십계명의 1계명과 2계명을 중심으로 하나님을 사랑해야 하는 근거(신 6:4-9)와 방법(신 6:10-25), 야훼의 배타성과(7장) 그를 기억해야 할 이유(8장)를 언급하고 과거의 사건들을 회상하면서 우상숭배가 죄라는 것을 설명하는 훈계적 설교(신 9:1-10:11)이며, 무엇을 야훼가 요구하는가에 대하여 '야훼를 경외하는 것'이라고 대답한다.(신 10:12-22) 그리고 마지막으로 야훼 하나님만 사랑하라고 권면하고 이 단락이 끝난다.(신 11장) 즉, 신명기 6장-11장까지의 구체적 내용은 율법의 세부 사항인 신명기 법전에 들어가기 전에 율법을 세부적으로 지키기 위한 방침, 정신, 의무, 충성 등을 제시한다.[34]

신명기 5장을 중심으로 신명기 6장부터 11장까지 1계명과 2계명의 훈계적 설교의 통일성은 주제적으로 상응하기 때문이다. 다음 표는 신명기 6장-11장의 통일성을 증명한다.[35]

---

34) E. J. Woods, 김정훈 역, 『신명기』 틴데일 구약 주석 시리즈 5, (CLC) 159

35) 이 표는 Patrick D. Miller, *Deuteronomy* (Interpretation, a Bible Commentary for Teaching and Preaching), (Westminster John Knox Press, 1990), 124에서 인용한 것이다.

구절	주제들	성서구절
신 6: 4-5, 13; 7: 9	야훼에 대한 전적인 사랑을 요구	신 10:12-13, 20; 11: 8, 13
신 7: 1-11	사랑으로 야훼가 이스라엘을 선택	신 10:14-15
신 8: 1-6, 15-16	광야에서 야훼의 연단과 돌보심	신 11:1-7
신 6: 4-9, 20-25	뒤따르는 세대에게 향하는 교육의 중요성	신 11: 1-7, 18-21
신 9:1-10:11	광야에서 이스라엘의 반역	신 11:6
신 6:10-11; 8:7-10, 12-13	비옥하고 기름진 땅을 선물로 하사	신 11:8-17
신 6:14-15; 7:4-5, 16, 25-26; 8:19	모든 다른 신들의 거부	신 11:11, 28b
신 7:17-26	모든 대적을 제압할 수 있는 야훼의 능력	신 11:24-25

a. 야훼의 현현과 십계명(신 5장)

오경의 율법에서 가장 중심에 있으며, 모든 율법의 모체로서 제시되는 신명기 5장은 서론인 1-3절을 제외하고 두 개의 틀이 십계명(신 5:6-21)을 에워싸고 있다. 십계명을 서두와 말미에 있는 두 개의 테두리(신 5:4-5과 신 5:22-31)들은 불 가운데 임하신 호렙산에서의 야훼 현현을 보고한다.

서론(신 5:1-3)은 명백하게 호렙산에 언약을 말한다. 즉, 모압 평지에서 모세가 다시 십계명을 말하는 것은 새로운 규례와 법규를 제시하는 것이 아니라 오히려 상황에 맞는 갱신으로 제시한다. 왜냐하면 호렙의 십계명과 모압의 십계명은 조상의 언약(출 13:11; 신 6:23)과 출애굽 구원(출 20: 2; 신 5: 6)에 기초를 두고 있기 때문이다. 그 때문에 이두 계명은 연관성이 있으며 또한 새로운 장소에서 하나님과 사람이 언약을 맺고 순종해야 할 갱신된 법규와 규례로서 강조된다. 그래서 이 갱신된 규례는 조상과 약속한 것이 아니라 현재 모세와 함께 있는 사람들 것이라고 말하는 것이다.[36] (신 5:3) 이런 관점에서 보면, 십계명은 보편적으로 언제 어디서든 시대에 맞게 새롭게 해석될 수 있다. 십계명은 현재 우리에게도 하나님의 말씀의 핵심으로 자리잡고 있다.

유대교, 루터파, 가톨릭 그리고 개신교의 십계명 계수는 다소 차이가 난다.

계명	유대교	루터파/가톨릭	개신교
1	나는 너희 하나님 야훼다 (6).	네 앞에 다른 신을 두지 말라(7-10)	네 앞에 다른 신을 두지 말라(7)
2	네 앞에 다른 신을 두지말라(7-10)	신의 이름 남용 금지(11)	형상의 금지(8-10)
3	신의 이름 남용 금지(11)	안식일	신의 이름 남용 금지
4	안식일(12-15)	부모 공경	안식일
5	부모 공경(16)	살인 금지	부모 공경
6	살인 금지(17)	간음 금지	살인 금지
7	간음 금지(18)	도둑질 금지	간음 금지
8	도둑질 금지(19)	거짓 증거 금지	도둑질 금지
9	거짓 증거 금지(20)	이웃 집의 탐심 금지(21a)	거짓 증거 금지
10	탐심 금지(21)	이웃 아내 탐심 금지(21b)	탐심 금지

---

36) G. E. Schnittjer, 『토라 스토리』 566-567; J. H. Sailhamer, 『서술로서 모세오경』 398-399.

유대교는 십계명의 서론(6절)을 제1계명에 포함시키고 개신교의 1,2계명을 2계명으로 간주한다. 그것을 제외하고 유대교는 개신교의 계명 계수와 동일하다. 반면에 루터파와 가톨릭은 서론을 제외한 개신교의 1,2계명을 1계명으로 계수하고 개신교와 유대교의 10번째 계명을 둘, 즉 이웃의 물건과 이웃의 아내를 각각 9계명과 10계명으로 나눈다. 마지막으로 개신교는 유대교와 루터파, 그리고 가톨릭이 한 계명으로 간주한 '네 앞에 다른 신을 두지 말라'(7-10)를 두 계명으로 분리하여 우상금지인 1계명과 형상금지인 2계명으로 제시한다.[37]

십계명을 에워싸고 있는 두 개의 테두리는 중요한 의미를 암시한다. 하나님의 현현을 언급하는 테두리는 시내산에서 이스라엘 백성과 하나님의 만남을 재현한 것이다. 이 기억의 재현은 시내산에서의 출애굽 1세대와 동일한 경험을 모압에서 출애굽 2세대도 경험한다는 것이다. 그 때문에 새로운 세대는 갱신된 율법을 통해 다시 한 번 계약을 갱신한다. 모세는 불 가운데 말씀하시는 야훼와 이스라엘 백성 사이의 중재자가 된다.(신 5:4-5)

다음은 출애굽기 십계명과 신명기 십계명을 소개한 표이다.

출애굽기 20: 2-17		신명기 5:6-21
나는 너를 이집트 땅, 종 되었던 집에서 인도하여 낸 네 하나님 여호와니라	서론	나는 너를 이집트 땅, 종 되었던 집에서 인도하여 낸 네 하나님 여호와라

---

37) 성기문, 『모세의 고별 설교』 104.

너는 나 외에는 다른 신들을 네게 두지 말라.(출 20:3)	1	나 외에는 다른 신들을 네게 두지 말라.(신 5:7)
너를 위하여 새긴 우상을 만들지 말고 또 위로 하늘에 있는 것이나 아래로 땅에 있는 것이나 땅 아래 물 속에 있는 것의 어떤 형상도 만들지 말며 그것들에게 절하지 말며 그것들을 섬기지 말라 나 네 하나님 여호와는 질투하는 하나님인즉 나를 미워하는 자의 죄를 갚되 아버지로부터 아들에게로 삼사 대까지 이르게 하거니와 나를 사랑하고 내 계명을 지키는 자에게는 천 대까지 은혜를 베푸느니라.(출 20:4–6)	2	**너는 자기를 위하여** 새긴 우상을 만들지 말고 위로 하늘에 있는 것이나 아래로 땅에 있는 것이나 땅 밑 물 속에 있는 것의 어떤 형상도 만들지 말며 그것들에게 절하지 말며 그것들을 섬기지 말라 나 네 하나님 여호와는 질투하는 하나님인즉 나를 미워하는자의 죄를 갚되 아버지로부터 아들에게로 삼사 대까지 이르게 하거니와, 나를 사랑하고 내 계명을 지키는 자에게는 천 대까지 은혜를 베푸느니라.(신 5:8–10)
너는 네 하나님 여호와의 이름을 망령되게 부르지 말라 여호와는 그의 이름을 망령되게 부르는 자를 죄 없다 하지 아니하리라.(출 20:7)	3	너는 네 하나님 너는 네 하나님 여호와의 이름을 망령되이 일컫지 말라 **나 여호와는 내 이름을** 망령되이 일컫는 자를 **죄 없는 줄로 인정하지 아니하리라.**(신 5:11)
안식일을 기억하여 거룩하게 지키라 엿새 동안은 힘써 네 모든 일을 행할 것이나 일곱째 날은 네 하나님 여호와의 안식일인즉 너나 네 아들이나 네 딸이나 네 남종이나 네 여종이나 네 가축이나 네 문안에 머무는 객이라도 아무 일도 하지 말라 이는 엿새 동안에 나 여호와가 하늘과 땅과 바다와 그 가운데 모든 것을 만들고 일곱째 날에 쉬었음이라. 그러므로 나 여호와가 안식일을 복되게 하여 그 날을 거룩하게 하였다	4	**네 하나님 여호와가 네게 명령한 대로** 안식일을 **지켜** 거룩하게 하라 엿새 동안은 힘써 네 모든 일을 행할 것이나 일곱째 날은 네 하나님 여호와의 안식일인즉 너나 네 아들이나 네 딸이나 네 남종이나 네 여종이나 네 소나 네 나귀나 네 모든 가축이나 네 문 안에 유하는 객이라도 아무 일도 하지 못하게 하고 네 남종이나 **네 여종에게 너 같이 안식하게 할지니라 너는 기억하라 네가 애굽 땅에서 종이 되었더니** 네 하나님 여호와가 강한 손과 편 팔로 거기서 너를 인도하여 내었나니 그러므로 네 하나님 여호와가 네게 명령하여 안식일을 지키라 하느니라
네 부모를 공경하라 그리하면 네 하나님 여호와가 네게 준 땅에서 네 생명이 길리라.(출 20:12)	5	**너는 네 하나님 여호와께서 명령한 대로** 네 부모를 공경하라 그리하면 네 하나님 여호와가 네게 준 땅에서 네 생명이 길고 **복을 누리리라.**(신 5:16)
살인하지 말라.(출 20:13)	6	살인하지말라.(신 5:17)
간음하지 말라.(출 20:14)	7	간음하지말라.(신 5:18)
도둑질하지 말라.(출 20:15)	8	도둑질하지말라.(신 5:19)

네 이웃에 대하여 거짓증언[קֶר עֵד שָׁ 에드 쇼 케르]하지 말라.(출 20:16)	9	네 이웃에 대하여 헛된 증언[שָׁוְא עֵד 에드 쇼베]하지말라.(신 5:20)
네 이웃의 집을 탐내지 말라 네 이웃의 아내나 그의 남종이나 그의 여종이나 그의 소나 그의 나귀나 무릇 네 이웃의 소유를 탐내지 말라. (출 20:17)	10	네 이웃의 아내를 탐내지 말지니라 네 이웃의 집이나 그의 밭이나 그의 남종이나 그의 여종이나 그의 소나 그의 나귀나 네 이웃의 모든 소유를 탐내지 말지니라.(신 5:21)

신명기의 십계명은 출애굽기의 십계명에 비해 정착 후에 상황을 반영하고 있는 듯하다. 위에서 표는 신명기 십계명에서 출애굽기 십계명과는 다른 부분을 볼드체로 표시했다. 그 차이점들은 다음과 같다. 안식일 준수 계명인 4계명의 근거에 있어서 출애굽기가 안식일 개념에 두는 반면에, 신명기는 출애굽에 두고 있다. 또한 제9계명이 출애굽기에서는 초기 법률적인 영역(출 23:1; 호 10:4)에서 사용된 '거짓 증언[קֶר עֵד 에드 쇼케르]'이라는 단어로 되어있다. 이 단어는 주로 법정에서의 거짓 증거를 의미한다.[38] 반면에 신명기에서는 '헛된 증인[שָׁוְא עֵד 에드 쇼베]'은 '현혹시키는 증인이나 악, 잘못됨과 무의미'라는 의미를 가지고 있으며, 거의 일상생활에서 거짓된 소문을 퍼뜨리는 것을 의미한다.[39] 마지막으로 10번째 계명의 탐심의 순서에 있어서, 출애굽기가 집-이웃 아내-남종/여종-짐승인 반면에, 신명기는 아내가 우선시된다. 이것은 사회적으로 여자의 지위가 중요하게 여겨지는 시기라는 것을 보여준다.[40]

십계명을 마감하는 두 번째 테두리는 야훼께서 불가운데 총회에

---

38) 또한 주전 9-8시기로 추정되는 고대 잠언에서도 같은 의미를 지닌다: 잠 14:25; 25:18.
39) W. H. Schmidt, *Die Zehn Gebote im Rahmen alttestamentlicher Ethik* (Darmstadt, 1994), 30, 126-130.
40) 정석규, 『신명기』 137.

서 큰 소리로 말한 후에 두 돌판에 기록한 것을 모세에게 주었다는 것으로 시작한다.(신 5:22) 즉, 첫째 테두리에 언약(신 5:2-3; 여기서는 말씀)에 신 현현(신 5:4-5)이 나오는 반면에, 둘째 테두리는 신 현현(신 5:22a)에 언약(신 5:22b; 여기서는 두 돌판)을 제시한다. 이러한 행위는 십계명이 다른 계명과는 다르게 신적인 기원을 가지며 따라서 신적 권위를 가진다는 것을 의미한다.[41] 모세는 자신의 역활을 두가지로 '중재자'와 '가르치는 교사'로서 제시한다.[42]

중재자로서의 역할		
신 5:22	야훼가 모세에게 주는 말씀	두 돌판에 새긴 십계명의 전달자
신 5:22-27	백성이 모세에게 요청	수령과 장로들이 계명을 전달해 줄 것을 요청함
가르치는 자로서의 역할		
신 5:28-31	야훼께서 모세에게 가르치라 명함	이스라엘 백성으로 하여금 야훼를 경외하게 하라. 모든 규례와 법도를 기업으로 주는 땅에서 행하게 하라
신 5:32-33	모세가 백성에게 가르친 말	좌로나 우로나 치우치지 말고 야훼의 모든 명령을 이행하라. (그러면 복이 있어 약속의 땅에서 장수하게 될 것이다)

b. 율법의 근본 – 하나님을 사랑하라!(신 6장)

신명기 6장은 신명기 5장의 십계명 가운데 가장 중요한 1계명을 가지고 율법의 근본에 대한 대답을 시도한다. 신명기 6장은 세 부분

---

41) E. J. Woods, 『신명기』 173.
42) 정석규, 『신명기』 128.

으로 나누어진다. 소위 쉐마구절인 신명기 6:4-9절은 '하나님을 사
랑해야 하는 근거'와 '하나님을 사랑하는 방법'을 알려준다.(신 6:4-9)
이것을 두 개의 테두리인 '요약된 가르침'(신 6:1-3)과 '역사적 예로서
가르침'(신 6: 10-25)이 감싸고 있다.

– 요약된 가르침(신 6:1-3)

요약된 가르침은 신명기 5장 32-33절을 반복하는 것 같지만 그
것을 전체적으로 요약하면서, 계명을 지켜야 하는 목적과 그 결과를
더 확실하게 전달한다.[43] 모세가 이스라엘 백성에게 가르칠 것은 하
나님의 '명령, 규례와 법도'이다.(신 5:31) 이 명령과 규례와 법도를 지
켜야 할 곳은 현재 모압 땅에서 뿐만 아니라 가나안 땅(신 6:1)에서이
다. 그 대상은 확실하게 출애굽 2세대와 그 후손들(신 6:2)이다. 모세
는 그 목적을 두 개의 결과 문장으로 가르친다. 한편으로 '하나님을
경외하게 하려는 것'과 '야훼 하나님이 명한 모든 규례를 지키게 하려
는 것'이다.(신 5:29) 이것을 지키면 그 결과로 지키는 자의 날이 장구
하게 될 것이다. 다른 한편으로 모세의 가르침을 듣는 것에서 그치
는 것이 아니라 또한 행하면, 그 결과로 복을 받으며(현재), 또한 조상
의 하나님이 허락한 '젖과 꿀이 흐르는 땅'에서 크게 번성할 것이라
고 말한다.(신 6:3)

---

43) 여기서 우리는 계명과 법도[명령과 규례]를 구별해야 한다. 계명은 하나님에 의하여 해석 없이
직접 주어진 것으로 달리 해석할 필요가 없는 말씀을 전제로 한다. 그러나 명령이나 규례와 법
도들은 시대와 상황에 따라서 해석한 것을 말한다. 그 때문에 명령, 규례와 법도들은 모세가 백
성에게 가르친 것을 전제로 해야한다; P. D. Miller, 『신명기』 현대성서주석(한국장로교출판사,
2000), 124.

– 율법의 근본으로서 으뜸되는 계명(신 6:4-9)

연설 양식(명령형)	이스라엘아! 들으라!
1계명의 신앙고백	우리 하나님 야훼는 오직 유일하신 하나님이다.
계명을 위한 명령	너희는 마음을 다하고, 뜻을 다하고, 힘을 다하여 네 하나님 야훼를 사랑해라!

'이스라엘아 들으라!'는 명령형을 사용한 어법의 기원은 지혜전승에서 부모가 자녀에게 경청하여 순종하는 것을 가르칠 때 사용하던 방식이다.[44] 그 의미는 가르치는 말씀에 '귀를 기울여 듣고 그것에 순종하라'는 의미가 담겨 있다.[45] 1계명에 근거한 '우리의 하나님은 오직 유일한 야훼'(신 6:4)라는 고백이다.[46]

온 천지에 하나만 있다는 것은 두 가지의 의미를 강력하게 제시한다. 한편으로 희소성에 의미를 가진다. 세상에 내가 섬기고 따르고 싶은 분이 하나만 존재한다는 것은 자신의 삶에 가장 귀중하다고 말할 수 있다. 다른 편으로 만일 야훼 하나님이 자신의 삶에 가장 귀중한 분이라면, 인간 각자의 삶의 우선 순위가 야훼이라는 것을 고백해야 한다 신명기는 이 고백을 통해 야훼를 어떻게 섬기는지에 대

---

44) C. J. H, Wright, 전의우 역, 『신명기』 143.

45) E. J. Woods, 김정훈 역, 『신명기』 179.

46) 물론 이 번역은 다양한 번역 상태를 고려하지 않았다. 신 6:4절의 문장은 명사문장이다. 히브리어에서 명사문장은 다른 언어와는 다르게 동사를 사용하지 않는다. 이 의미는 서술어와 주어 사이가 명백하지 않다는 것을 의미한다. 그 때문에 어디를 주어로 사용하는가 또는 서술어로 사용하는가에 따라서 그 의미가 달라진다. 즉, "우리의 하나님인[동격] 야훼(주어) 하나(서술어)[이다]"라고 번역하면 한 분이시라는 것을 강조하게 된다. 여기에서 하나라는 단어는 일치, 단일성과 관련된다. 또한 "우리의 하나님(주어)한 분인 야훼(서술어)[이다]"로서 번역되기도 하는데 그것은 '세상에 많은 신들이 있지만 그러나 내가 믿는 야훼는 한분 뿐이라는 것'을 제시하는 단일신론적인(monoratrie)적 신앙고백이다. 김회권, 『모세오경 2』 247; C. J. H, Wright, 『신명기』 144-145; 정석규 『신명기』 142-143.

해 말한다:

"너는 마음[לבב]을 다하고 영혼[נפש]을 다하고 힘[מאד]을 다하여

네 하나님 여호와를 사랑하라[אהב]"(신6:5)

이 구절에서 첫 번째 단어인 레바브[마음,לבב][47)]는 인간의 심장을 표현하는 해부학적 단어(삼상 25:37b-38)뿐만 아니라 이성적인 인간의 생각이나 판단 그리고 정신을 표현하는 단어이다. 실질적으로 이 단어는 신이 가진 영적 특징을 지시하기보다는, 오히려 인간을 다른 세상의 존재로부터 구별하는 특성(육체적이든 또는 정신적이든지 간에)을 제시하는 단어이다. 무엇보다 인간의 특성을 지시하는 의미로는 첫째, 인간의 기분 또는 느낌을 제시하는 감정적 표현인 '용기를 일으키거나, 용기를 꺾는 원천'으로 표현된다.[48)] 또한 '비애감'과 '기쁨'을 느끼는 장소이다.(삼상 2:1; 비교, 시 13:6; 16:9; 잠 15:13; 사 30:29; 출 4:14) 둘째, 레브는 인간의 특징을 결정하는 요소 중에서 가장 중요한 지성적이며 이성적인 기능을 담당한다. 그 때에 레브는 지각하고 이해하고 깨닫는 장소를 의미한다.[49)]

이 구절의 두 번째 단어인 네페쉬[영혼 נפש]는 일차적으로 물질

---

47) לב[레브]는 구약성서의 전체에서 596회 사용된다. 그 중에서 동일한 의미를 가진 단어인 לבב(레밥)이 249회 사용되며, 아람어 "렙"은 1번, לבב(르밥)으로 11번 사용되어 전체 853회가 구약성서에서 사용된다: H. J. Fabry, לב, תוֹהחת, שׁ, (Stuttgart[u.a.], 1984), 420.

48) 사 7:2; 시 104: 15; 슥10: 7잠 15: 13; 이 외에 용기와 불안도 역시 심장이 그 중심을 이루고 있다; "심장이 녹아내린다"(용기가 꺾였다): 시 22: 15; 신 20: 8; 수 2: 11; 5: 1; 7: 5; 사 13: 7; 19: 1; 시 27: 14; 불안의 엄습: 창 42: 28; 시 40: 13; 삼상 17: 32; 시 38: 9; 77: 3 등.

49) 참조, O. Kaiser, Der Gott des Alten Testaments Wesen und WirkenTheologie des AT2, UTB 2024, Göttingen, 1998, 298; W. H. Schmidt, AnthropologischeBegriffe im Alten Testament, 87.

적 의미를 지닌 '목구멍, 목'이다.[50] 이러한 기본 의미로부터 정신적(심리적)인 작용을 표현하는 '욕심 또는 욕구'로 확장된다.[51] 특히 법 문장에서 네페쉬는 '인간'을 의미한다. 이 경우에 네페쉬는 전체 인간을 지칭하는 용어이다. 마지막으로 네페쉬는 고뇌와 고난을 느끼는 정신적 기관으로 나타난다. 인간의 정신적인 부분으로서 생명의 힘을 제공하는 영혼의 기능을 한다.

이 구절의 세 번째 단어인 메오드[힘, 능력 מאד]는 열왕기하 23장 25절과 관련하여 이해된다. 이 단어의 뜻은 '힘'뿐만 아니라 '능력'이라는 의미를 갖는다. 단지 육체적인 힘만을 의미하지 않으며, 오히려 내면적인 강인함을 이끌어내는 강력한 지성적인 능력이다. 열왕기서에서 이 단어는 요시야의 마음을 야훼께로 돌이키게 하는 능력이다.[52]

마지막 단어 아하브[אהב사랑하다]는 신명기에서 하나님에 대한 진실한 순종과 순수한 복종의 의미를 담고 있다.(렘 2:2) 하나님을 향한 이스라엘 민족의 태도나 하나님이 베푸신 사랑에 대한 행동을 표현하는 단어이다.[53] 이스라엘을 향한 하나님의 사랑은 추상적인 개념이 아니라 실질적인 행동으로 표현된다. 그 때문에 신명기에서 하

---

50) H. Seebas, נפשׁ, ThWAT V, (Stuttgart[u.a.], 1986), 536; 참조. '목구멍': 사 5:14; 합 2:5; 전 6:7; 시 143:6

51) 참조, 시 13:2; 잠 23:2; 잠 13:2b; 인간의 욕망을 표현하는 관용어는 일반적으로 "네페쉬를 일으킨다[נפשׁו ישׁא 이스루 나프쇼"이다. 그 때에 여기에서 ישׁא[이스루, 일으키다] 단어는 대체로 육체적·정신적 욕망을 추구하는 단어로서 사용된다; 호 4:8; 렘 22: 27; 시 24:4; 창 34 2 이하; H. W. Wolff, 『구약 성서의 인간학』 (분도출판사, 1976), 38-39.

52) 단어 메오드[힘, 능력 מאד]는 전체 구약성서에서 253번 나타난다. 대부분은 최상급, 전치사, 또는 강력한 힘을 일으키는 형용사 들로 사용된다. 단지 신 6:5; 왕하 23:25인 두곳에서만 온전한 명사로서 사용된다. 이 경우 거의 힘(Kraft)또는 능력(Macht)이라는 단어로 사용된다; Kedar-Kopfstein, מאד, ThWAT IV, (Stuttgart[u.a.], 1984), 612

53) G. Wallis, אהב, ThWAT I, (Stuttgart[u.a.], 1974), 125.

나님을 향한 사랑은 하나님이 이스라엘을 향한 사랑을 구체적으로 보여주었듯이, 이스라엘도 하나님을 향한 행위, 즉 그의 말씀에 순종해야만 한다.[54] 따라서 신명기 6장 5절은 다음과 같은 의미다. 너의 모든 지성과 감정의 마음을 사용하여, 네가 가진 영혼의 행위로 그리고 마지막으로 너의 레브와 네페쉬를 강력하게 이끄는 힘을 통하여 전적으로 하나님에게 복종과 순종 하라는 것이다. 즉, 인간이 가진 모든 것으로 열렬하게 헌신적으로 하나님에게 복종하라는 것이다.

그렇다면 어떻게 하면 구체적으로 열렬하게 순종할 수 있는가? 신명기는 4단계로 제시하는데, 첫째, 그가 '명하신 말씀들'(신 6:6)을 마음에 새기는 것이다. 순종은 야훼가 명령하신 말씀을 듣는 것만으로 끝나는 것이 아니라 마음에 새겨야 한다. 구약성서의 명령과 규례는 외면적으로나 의무적으로 지키는 것이 아니다. 율법준수의 진정한 시작은 그 명령을 마음에 새겨 내면화를 이루는 것이다.[55] 둘째, 주위 사람들에게 율법의 말씀을 가르치는 것이다. 그 대상은 특별히 '네 자녀에게 가르치라'(신 6:5)라는 말씀에서 알 수 있듯이 자녀이다. 이는 하나님의 명령과 규례가 현 세대와 미래의 세대에게도 지켜야 할 명령이라는 것이다. 원래 '강론' 은 주입식 가르침이 아니라 그 뜻을 해석하며 토론하는 것을 의미한다. 이것은 자연스럽게 생활화하는데까지 나아간다.(신 6:7) 선행된 방법들이 사람의 내부적인 면으로

---

54) 정석규, 『신명기』 142-143.
55) C. J. H. Wright, 『신명기』, 150.

향한다면, 셋째, 인간의 외적인 면으로 향하여 손목과 미간에 매어 인간이 가지는 기억을 돕도록 한다.(신 6:8) 마지막은 집 문설주와 바깥 문에 기록하는 것이다.(신 6:8) 결국 하나님을 사랑하는 방법은 하나님이 모세에게 주신 율법을 기억하고 마음에 새겨 그 명령에 따라 순종하는 것이다.[56]

앞에 신명기 6장 4-5절의 명령이 긍정적이라면, 6장 10-19절은 하나님을 사랑하라는 명령이 지켜지지 않는 부정적 경우를 3가지로 제시한다. 첫째, 약속의 땅에 들어가서 그 땅의 풍요로움에 빠지지 말라고 경고한다.(신 6:10-13) 약속의 땅의 풍요로움에 빠지지 않기 위해서 이스라엘 백성은 야훼가 이스라엘을 어떻게 사랑했는가를 구체적으로 보여주신 '출애굽 사건'을 잊지 말아야 한다.(12절) 이 구절에서 '경외하다', '섬기다'와 '맹세하다'는 단어는 청유형으로 하나님을 향한 사랑을 구체화하는 단어들이다.[57] 두 번째는 약속의 땅에서 우상숭배하지 말라는 것이다. 우상숭배는 곧 하나님을 버리는 것이다.(신 6:14-15) 그 때문에 질투하시는 하나님께 멸절당할까 조심하라고 경고한다.(15절) 셋째, 하나님을 시험하지 말라는 것이다. 광야생활에서 이스라엘 백성들은 물이 없을 때마다 하나님에게 불평한다. 특히 맛사의 사건(출 17:1-7)은 므리바, 즉 여호와가 우리 중에 계신가를 시험하는 사건이었다. 하나님을 향한 사랑은 그분을 향한 무조건적인 순종에서 나온다. 그 무조건적이고 전인적인 사랑(신 6:5) 없이는

---

56) 정석규, 『신명기』, 145.
57) E. J. Woods, 『신명기』, 184-185.

자기 삶의 우선 순위로서 야훼를 둘 수 없다. 그 때문에 전심(레브[לב],
네페쉬[נפש]와 메오드[מאד])으로 하나님을 사랑할 수 있는 힘은 삶의 기
준으로서 그의 명령과 증거와 규례를 삼가 지키고 착하고 정직하게
사는 사는 것이다.(신 6:18) 그렇게 행할 때 야훼 스스로가 대적을 몰
아내고 아름다운 약속의 땅을 차지하게 할 것이다.[58]

신명기 6장의 마지막 단락인 20-25절은 다시 신명기 6장 6-7
절로 향하는데, '후일에'라는 단어에서 암시하듯이 미래적이다. 마
치 교리문답 형식으로 된 이 단락은 이스라엘 백성뿐만 아니라 하나
님의 은혜를 입은 모든 사람들이 인정하는 신앙고백문이다. 이스라
엘 민족 가운데 행하신 출애굽이라는 구원행위와 약속의 땅으로 인
도하신 것은 바로 하나님을 경외하여 항상 복을 누리게 하기 위함이
다.(신 6:24-25) 또한 우리의 의로움을 위한 것인데, 여기에서 우리의
의로움은 야훼 하나님이 구원하시는 행위로 말미암아 비롯된다. 그
구원의 선물을 순종으로 경험하는 것이다. 이 의로움의 완성은 율법
을 법률적으로 지킴으로 이루어진다고 말하는 것 같지만, 마음이 움
직이지 않는 율법의 지킴은 의로움이 아니라 위선이다.

c. 이스라엘의 정체성: 군사적 우월성에 대한 비교 금지(신 7장)

신명기 7장은 이스라엘의 정체성과 관련된다. 신명기 7장의 구성
은 신명기 3장의 하렘법이 서두(신 7:1-5)와 말미(신 7: 16-26)의 테두리
를 형성한다. 중간 단락은 첫째, 하나님의 선민으로서 이스라엘 선

---

58) C. J. H. Wright, 『신명기』, 154-155.

택과 그에 따르는 율법 준수(신 7:6-11), 둘째, 이스라엘의 율법 준수
와 야훼 하나님의 보호하심(신 7: 12-15)으로 구성되어 있다.

　첫 번째 부분은 아래의 지도과 같이 가나안 전체 족속들을 진멸
하라고 명령한다.(신 7:1-5) 이는 그들이나 그들의 문화(계약, 혼인 등)로
인해 이스라엘 백성이 다른 신들을 섬기게 될 수 있기기 때문이다.

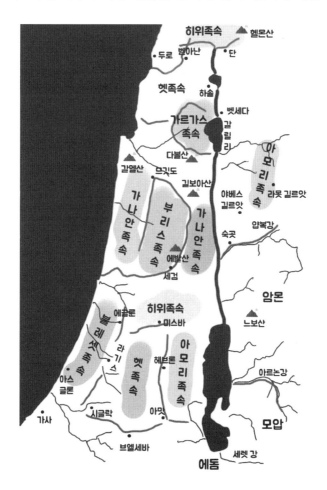

따라서 그들을 불쌍히 여기지 말고 그들의 제단이나 우상까지도 멸하라고 명한다.

마지막 부분에서는 첫 번째 부분에서 언급된 가나안 문화와 우상을 진멸하는 것과 관련해서 더 자세하게 언급된다.[59](신 7: 25-26) 모세는 가나안 문화를 경고하며, 이스라엘 백성이 야훼를 버리고 다른 신을 섬기는 것이 올무가 될 것이니 진멸하라고 한다. 우상 금지를 지시하는 마지막 단락은 첫 번째 틀과 다르게 아마도 가데스바네아 사건(민 13장;신 1:19-33)을 회고하는 것 같다.(신 7:17) 그러면서 이스라엘 백성에게 비교에 빠지지 말라고 경고한다. 가나안에 살고 있는 사람들은 확실하게 군사적으로 우세에 있었으며, 이스라엘이 점령할 수 없는 곳으로 생각할 수도 있었을 것이다. 그러나 성서는 가나안 족속들이 없는 것, 이스라엘 민족만이 가진 것을 제시한다.

> 18 "그들을 두려워하지 말고 네 하나님 여호와께서 바로와 온
>
> 애굽에 행하신 것을 잘 기억하되
>
> 19 네 하나님 여호와께서 너를 인도하여 내실 때에
>
> 네가 본 큰 시험과 이적과 기사와 강한 손과 편 팔을
>
> 기억하라! 네 하나님 여호와께서 네가 두려워하는 모든 민족에게 그
>
> 와 같이 행하실 것이요."(신 7:18-19)

---

59) '진멸하다[하렘 חרם - 7:2(두번), 26(두번)]'와 '파괴하다[샤마드 שמד - 7:2, 23,24]동사들의 반복은 첫째 부분과 마지막 부분이 연결된다는 것을 보여준다. 이 두 단락은 전적으로 이방 민족의 모든 것을 진멸과 제거하라는 것을 보여준다;정석규,신명기, 158.

여기에서 '두려워 말라'(신 7:18, 20) 또한 '기억하라(신 7:18, 21)'는 말
과 함께 야훼가 이스라엘을 위하여 행한 일들을 기록하고 있다. 그
것은 다른 민족과는 다르게 이스라엘 민족은 야훼가 보호하며, 야
훼에게 속한 민족이라는 것을 말한다.(21) 이스라엘이 가나안의 많은
족속들을 물러나게 한 것이 아니라 야훼께서 행하셨다고 기록하고
있다.

두 번째 부분(신 7:6-11)은 율법을 지켜야 하는 근거(신 7:6-10)와 율
법을 지키라는 명령(신 7:11)으로 이루어져 있다. 특히 율법을 지켜야
하는 근거는 이스라엘이 다른 민족과 구별되는 특별함이 있기 때문
이다. 여기에서 이스라엘의 특별함을 보여주는 단어는 '택하다'(신 7:6)
와 '사랑하다'(신 7:8)이다. 이 두 단어는 하나님이 얼마나 이스라엘을
사랑했는가를 보여준다. 야훼 하나님이 이스라엘을 선택했기 때문에
이스라엘은 성민으로 간주된다. 왜 하나님은 그들을 택하였을까?
그들이 가나안에 사는 민족보다 약한 민족이기 때문이다.(7절) 또한
이스라엘의 특별함은 하나님이 먼저 이스라엘을 사랑하셨다는 것이
다. 그 사랑은 신명기 6장에서 진술된 '마음', '생명'과 '힘'으로 표현
된다. 그 사랑은 조상과 하나님이 맺은 약속을 하나님 스스로 지키
게 작용한다. 그 때문에 이스라엘 민족은 야훼가 명령한 '명령과 규
례와 법도'를 지켜야 한다.[60]

세 번째 부분(신 7:12-16)은 두 번째 부분과 반대로 율법 준수(신
7:12)와 율법을 준수하면 벌어질 일(신 7:13-15)을 제시한다. 야훼의 법

---

60) 김희권,『모세오경 2』251.

도를 준수하면, 야훼께서 인애를 베푸신다. 그 인애의 내용은 다음과 같다. 사랑받고, 복을 받으며, 번성하며, 약속의 땅에서 토지의 소산, 곡식, 포도주와 기름의 풍성함과 소와 양의 풍성한 번식.(신 7:13) 그리고 복을 받는 것이 다른 민족보다 더하며, 질병이 멀리하고 악질에 걸리지 않는다고 말씀하신다.[61]

신명기 7장은 신명기 6장의 야훼 사랑을 지속시키려는 첫 번째 노력이다. 우상의 진멸과 이방 민족의 진멸을 같은 선상에 위치시키므로써, 이스라엘을 보호하려는 목적과 더불어, 또한 율법의 준수를 명령함으로써 지속적인 하나님의 사랑과 축복을 받기 원한다.

d. 야훼를 기억하라: 물질의 풍부함 속에 야훼 망각 거부(신 8장)

신명기 8장은 신명기 6장 10-15절(야훼를 기억하라)과 연관된 신학적 설교이다. 서론은 전체 맥락에서 야훼가 말씀한 모든 명령을 지키라는 권고로 시작한다.(1절) 신명기 6장 10-15절과 마찬가지로 명령을 지키면 약속된 땅을 차지하며, 그곳에서 번성할 것이라고 말한다. 서론과 더불어 중심이 되는 내용은 두 부분으로 나누어지는데, 첫 번째 부분(신 8:2-10)은 기억하라는 명령으로 시작하여 40년간의 광야생활에서 야훼가 이스라엘 민족을 어떻게 양육을 하였는지(신 8:3-5) 기억하라는 것이다. 그 기억의 결과로서 만일 하나님을 경외하면(신 8:6), 장래의 약속된 땅에서 부족함 없이 풍성함을 누린다고 말한다. 두 번째 부분(신 8:11-18)은 '잊지 말라'(11절)고 경고한다. 약속된

---

61) 유진 메릴, 잭 디어, 문동학 역, 『민수기·신명기』197-198; 정석규, 『신명기』157-158.

땅의 풍성함으로 인해 야훼의 명령과 법도를 잊어버리게 되는 경우(11-14절)의 결과를 19-20절에서 분명하게 8장의 결론으로써 제시한다. 즉, '다른 민족으로 멸망시킨 야훼가 이스라엘도 멸망시킬 것이다.'[62]

신명기 8장은 '기억 하라'와 '잊지 말라'는 명령으로 물질의 시험에 대한 신학적 권고의 설교를 지향한다. 첫 번째 부분은 40년 동안 광야에서 하나님이 행하신 일을 기억하라고 말한다. 이 부분은 이스라엘 민족이 가데스바네아에서 약속에 땅에 들어갈 귀한 기회를 놓친 것에 대한 기억이다. 그럼에도 불구하고 그들이 경험한 광야에서의 40년이라는 기간은 고통과 절망의 시간이 아니라 하나님의 성민이 되기 위한 기간이었다. 왜냐하면 이스라엘 민족은 그 기간에 하나님의 은혜와 자비를 경험할 수 있었기 때문이다. 하나님은 이스라엘 백성들을 입히시고 먹이셨다고 언급한다. 하나님이 만나를 주신 것은 '사람이 물질에 얽매여서 사는 것이 아니라 하나님이 주시는 말씀으로 살아야 함을 기억하라는 것이다.(3절)

두 번째 신학적 권고는 다시 한 번 명령과 법도와 규례를 지킬 것을 강조하며 야훼의 말씀을 '잊지 말라'고 말한다.(신 8:11) 첫 번째 권고는 이스라엘 민족의 부정적인 모습(가데스바네아 사건)으로 시작되지만 오히려 그 사건은 후에 복(선민으로서 자격이 갖추어짐)이 되었음을 말하고 있다면, 두 번째 권고에서는 반대로 먼저 긍정적인 면을 제시한다. 가나안 땅에 들어가면 이스라엘 민족은 아름다운 집을 건축하

---

62) 성기문,『모세의 고별 설교』, 127-128.

며, 은과 금을 비롯한 모든 소유가 풍부해질 것이라고 말한다. 그렇게 되었을 때, 기억해야 할 것은 그 풍요로움으로 인해 야훼를 잊어서는 안 된다는 것이다. 이는 물질적인 풍요로움이 무조건 부정적인 결과, 하나님을 잊게 하는 것은 아니다. 그러나 물질적인 풍요로움으로 인해 이스라엘 민족이 교만해질 수 있는 가능성은 있다.(신 8:13-14) 교만해질 가능성을 제거할 수 있는 확실한 방법은 기억이다. 바로 하나님께서 과거에 이스라엘에게 행하신 바를 기억하는 것이다. 너를 구원하시고(14절), 너를 인도하시고(15절), 지나게 하시고(15절), 물을 내시고(15절), 먹이시고(16절), 낮추시고(16절) 물을 주셨다'는 것이다. 그 말은 이 모든 일들을 이스라엘 민족이 행한 바가 아니라는 것이다. 이스라엘의 능력과 힘으로 이 모든 일들을 헤쳐 나온 것이 아니라 조상들에게 약속에 의거하여 야훼가 베풀어 주신 것이다. 즉, 이스라엘의 부와 풍요로움은 그들의 행위 때문이 아니라 야훼 하나님이 조상들과 맺은 약속 때문에 야훼 하나님이 주신 것(신 8: 18)이다.

마지막으로 이스라엘 백성은 물질의 풍요로움으로 인해 야훼를 잊어버리지 말고 그 풍요로움을 주신 하나님을 기억해야 한다. 만일 이스라엘 민족이 야훼를 잊어버리고 우상을 섬기면, 그들은 멸망할 것이다. 망각은 불신앙 속에서 성장하고 결국 배교로 나타난다. 출애굽 1세대가 배교와 불신 때문에 약속의 땅에 들어가지 못했듯이, 요단 강을 건너간 출애굽 2세대와 후손들은 야훼 하나님이 역사적으로 그들의 선조들에게 행하신 것을 잊지 말고 기억해야 한

다.[63] (신 8: 19-20)

e. 호렙에서 반역: 자신의 의로움에 대한 확신 숭배 거절(신 9:1-10:11)

신명기 7장 이하에서 선민 이스라엘이 가나안 땅의 여러 족속들과의 전쟁 가운데서 그리고 8장에서 그 땅의 풍요로움 속에서 야훼 하나님이 그들에게 행하신 일들을 잊지 말라는 명령과 더불어 9장에서는 이스라엘 백성이 약속의 땅을 차지할 수 있었던 것은 그들의 공의가 아니라는 것을 거듭해서 언급한다. 신명기 9장은 이스라엘 백성이 약속의 땅을 차지한 이유(신 9:1-6), 호렙산에서 받은 두 돌판과 광야에서의 반역 이야기(신 9:7-24), 모세의 중재(신 9:25-29), 두 번째 돌판과 언약 갱신(신 10:1-11)으로 되어 있다. 또한 이 부분은 이스라엘 백성들이 하나님과 맺은 계약과 관련하여 설명할 수 있다. 언약의 체결(신9:7-10) - 언약의 파기(신9:11-17) - 속죄(신9:18-21) - 언약의 갱신(신9:25-10:5) - 언약의 결과.[64](신10:10-11)

첫 번째 부분은 전체적인 주제로 가데스바네아 사건에 대한 것이다. 가나안 땅에 살고 있는 사람들은 강하며, 성읍들은 크고 성벽은 하늘에 닿을만큼 높았지만(신 9:1), 그럼에도 불구하고 이스라엘 백성들이 가나안 땅에 들어갈 수 있었던 것은 야훼께서 이스라엘 민족을 위하여 이방 민족을 진멸하셨기 때문이다. 그러므로 이스라엘 백

---

63) 정석규, 『신명기』, 180-181.
64) 성기문, 『모세의 고별 설교』, 132.

성은 이방민족을 쫓아낸 것을 자신들의 업적으로 착각해서는 안된다.(신 9:5) 모세는 이스라엘 백성이 장래에 이스라엘 민족이 약속의 땅에서 자신들의 힘이나 하나님의 선민이라는 생각 그리고 이방 민족의 악함으로 인해 땅을 차지할 수 있었다는 착각에 빠질 수도 있음을 간파한 듯하다. 사실 고대 근동의 사상으로는 이스라엘의 이러한 생각이 생소한 것은 아니다. 전쟁에서의 승리는 당시 신의 재가에서 비롯되기 때문에 땅을 차지한다는 것은 이스라엘 입장에서는 하나님이 그들의 정당성을 입증했다는 의미가 부여된다.[65] 그러나 이스라엘 백성이 이 땅을 얻은 것은 그들의 힘으로 이룬 공의가 아니며, 이스라엘 백성은 다른 민족보다 더 악하다고 모세는 말한다. 이것은 이스라엘 민족을 '목이 곧은 백성'(신 9:6)이라고 묘사하는 곳에서 알 수 있다. '목이 곧다'는 말의 의미는 완악하고 사악함을 심중에 항상 같이 가지고 있으며 오만한 태도를 뜻한다. 모세는 이스라엘의 지금까지 행적을 이 한 구절로서 요약했다. 그럼에도 불구하고 그 땅을 차지한 것은 오직 하나님의 은혜와 자비이다.(신 9:6)

　땅의 정복이 이스라엘 민족이 스스로 행한 것이 아님을 다음 부분의 역사적 회고로써 증명한다. 이집트에서 노예로 있을 때부터 광야에서의 여정 가운데에서 이스라엘은 하나님을 향한 찬양과 감사보다는 불평과 불만을 늘어놓았다. 특히 그들의 불신앙과 목이 곧음을 제시하는 사건은 모세가 하나님의 말씀을 받기 위해 호렙산에서 사십 주야를 머물고 있을 때, 황금 송아지를 세워 하나님을 대신

---

65) P. D. Miller, 『신명기』 197.

하려는 사건에서 비롯된다.(신 9:8-12) 이 사건을 본 하나님은 모세에게 두 돌판을 주면서 산 아래로 내려가라고 명한다. 그리고 이스라엘 민족을 다음과 같이 말한다. "내가 이 백성을 보았노라, 이는 목이 곧은 백성이다."(신 9:13) 그 사건뿐만 아니라 디베라(민 11:1-3), 맛사(므리바: 민 20:1-14), 기브롯핫다와(민 11: 31-35)에서의 사건도 그들의 완악함과 불신앙의 모습으로 제시된다. 결정적인 사건은 가데스바네아(신 9:23)에서의 사건이다. 이렇게 계속되는 불신앙의 모습은 이스라엘 민족의 내면적 신앙의 기준을 세우는 틀이 된다. 이스라엘 백성은 불신앙으로 인해 그들을 돌보시는 하나님을 격동시킨다. 이러한 성향은 이스라엘 민족의 내적인 불신앙을 보여주는 자료가 된다. 이 내적인 불신앙이라는 주제는 '하나님 사랑'(신 6:4-5)이라는 주제와 함께 신명기에서 계속 반복되는 것으로, 이후 신명기 사가의 신앙기준으로서 제시된다.

호렙산의 황금 송아지에 의한 반역 사건에서 기억해야 할 것은 첫 번째, 모세의 중보(신 9: 25-29)이다. 사실 하나님보다 모세는 호렙산에서 이스라엘 민족이 황금 송아지를 세운 것에 더 격노하였을 것이다. 그럼에도 불구하고 모세는 자신의 백성을 사랑하는 마음이 더 우위에 있었던 것 같다. 그래서 그는 '사십 주 사십 야'를 야훼에게 엎드려 간구했다고 말한다.(신 9:25) 여기에서 모세가 하나님에게 어떻게 중보를 했는가에 대하여 생각해보자. 첫째, 하나님과 이스라엘의 관계성에 대한 호소이다.(신 9:26) 이스라엘은 선조의 약속으로 인하여 하나님으로부터 선택되었으며, 이집트에서 구원한 하나님의 소유이기에 멸하지 말라고 호소한다. 둘째, 하나님이 가장 신뢰하는 선조들에 의거하여 호소하고 있다.(신 9:27; 참조 32:13) 셋째, 야훼 하나님이 이집트에서 자기 백성을 구원하신 것과 광야에서 자기 백성을 은혜와 자비로 보호하셨다는 것에 야훼 하나님 명성이 세상에 알려졌다. 그런데 하나님이 자기 백성을 멸하시면, 하나님의 명성에 누가 될까 두렵다고 중보했다.

이 호렙산에서의 반역에서 기억해야 할 두 번째는 '하나님의 마음은 중재자(지도자)들이 백성을 위하는 간절한 마음에 의해 움직인다는 것'이다. 모세의 중보는 하나님의 마음이 움직였으며, 그것은 언약의 갱신(신 10:1-5)을 통해 두 번째 십계명 돌판을 만들게 된 것이다. 이 두 번째 돌판의 의미는 하나님의 자비와 은혜를 상징한다. 왜냐하면 다시 한 번 하나님과의 깨어진 관계를 회복하고자 하는 하나님의 의지를 보여주는 것이기 때문이다.

요약하자면, 신명기 5장은 십계명을 제시하며, 신명기 6장을 통해 '하나님을 사랑해야 할' 근거와 방법을 보여준다. 이어서 하나님의 사랑에서 멀어지게 하는 3가지 중요한 주제들을 신명기 7장 1-10장 11절을 통하여 경고한다. 가나안 족속들의 진멸과 군사적 우위에 있는 가나안 족속들과 비교(신 7:17)하여 하나님을 시험하는 것에 대한 경고(7장), 물질의 풍요로움으로 인해 야훼를 망각하는 것(신 8:17)에 대한 위험(8장)과 마지막 신명기 9장 1-10장 11절은 약속의 땅을 차지하게 된 것은 자신의 의와 공의(신 9:4)로 여기는 것을 경고한다. 결국 하나님 사랑은 이러한 주제에 대하여 이스라엘이 항상 경고하고 조심해야 한다는 것을 제시한다.

f. 야훼의 요구: 야훼 하나님을 사랑하라(신 10:12-11:25)

이 단락의 처음은 신명기 6장 4-5절을 인용하여 질문형식으로 시작된다. 이 질문은 명령과 규례를 듣는 사람들의 신앙을 일깨우려는 데에 있다. 그 내용은 신명기에서 가장 중요한 주제로 시작된다. 이러한 교리문답적인 양식은 질문을 통하여 명령과 규례를 듣는 사람으로 하여금 다시 기억하게 하며, 암송하게 하고, 자기 스스로 대답을 깨우치게 하는 역할을 한다.[66] 이 부분들은 4부분으로 되어 있는데 '어떻게 하나님을 사랑할 수 있는가?' 하는 신명기 6장 4-5절을 자세하게 설명한다. 먼저 각 부분들은 신명기 6장 4-5절을 인용하는 서론으로 시작한다.

- 야훼를 사랑하라: 하나님의 요구[마음의 할례와 사회적 관심: (신

  10:12-22)

- 야훼를 사랑하라: ~기억하라(신 11:1-12)

- 야훼를 사랑하라: ~청종하고, 섬기라(신 11: 13-21)

- 야훼를 사랑하라: ~지키라(신 11:22-25)

이러한 야훼 하나님를 향한 사랑의 요구가 각 부분들에서 왜, 어떻게 그리고 그렇게 행했을 때 일어나는 결과를 제시한다. 마지막 결론으로 축복과 저주를 선포하라고 했던 에발산과 그리심산을 제시하며(참조, 신명기 27:11-13) 모세의 두 번째 설교가 마무리된다.

---

66) G. E. Schnittjer,『토라 스토리』581.

– 야훼 하나님을 사랑하는 방법: 하나님의 요구 [마음의 할례와 사회적 관심: 신 10:12-22]

이 부분은 긍정적인 대답을 유도하기 위하여 신명기 6장 4-5절로 다시 돌아간다. '그를 사랑하며 마음을 다하고 뜻을 다하여 네 하나님 여호와를 섬기라'.(신10:12) 야훼 하나님이 이스라엘 백성에게 그리고 또한 우리에게 요구하시는 바는 다음과 같다.

> 12 "이스라엘아! 네 하나님 여호와께서 네게 요구하시는 것이 무엇이냐!
>
> 곧 네 하나님 여호와를 경외하여, 그의 모든 도를 행하고,
>
> 그를 사랑하며 마음을 다하고 뜻을 다하여 네 하나님 여호와를 섬기고,
>
> 13 내가 오늘 네 행복을 위하여 네게 명하는
>
> 여호와의 명령과 규례를 지킬 것이 아니냐!"(신 10:12-13)

이 말씀 후에 이어지는 것은 이스라엘을 선택한 이유에 관한 것이다. 다른 본문에서는 이스라엘이 연약한 민족이기에 하나님이 선택하셨다고 보고한다.(신 7:7) 그러나 이 본문에서는 하나님이 이스라엘의 조상을 기뻐하시고 그들을 사랑했기 때문이라고 진술한다. 그러므로 출애굽 2세대가 장래 가나안 땅에 들어간 것은 그들의 능력으로 된 것이 아니라는 것이다.(신 9: 4) 이 부분의 마지막 부분에서 하나님은 출애굽 1세대가 가졌던 신앙과는 다른 두 가지를 행동을 요구한다. 첫째, 마음의 할례를 행하고 다시는 목을 곧게 하지 않는 것이다. 할례는 하나님의 백성이라는 표징이었다. 즉, '하나님의 백성'

이라는 표징으로서 야훼 하나님이 아브라함에게 요구하신 것이다.(창 17:9-12) 그런데 모세는 할례를 마음의 문제로 끌어온다. 육체의 할례가 언약의 외적 표징이라면, 하나님을 사랑하면서 율법을 지키려고 목을 곧게 하지 않는 것은 내적 표징이다. 마음의 할례는 철저하게 이스라엘의 순종을 요구한다.[67]

둘째, 신명기 신학에 있어서 야훼의 관심이 어디에 있는가를 가장 확실하게 보여주는 구절이다. 사실 고대 근동의 이야기들과 신명기 신학의 큰 차이점이 바로 '사회의 약자들'에 대한 관심이다. 고대 근동의 문헌들은 약자보다는 왕들과 관리를 위하여 쓰였다면, 신명기는 약자에 대해 사회적인 문제로만 처리하는 것이 아니라 야훼와의 관계 속에서 그것을 바라보게 한다. 야훼는 '신 중의 신, 주 가운데 주'로 불리는데, 이는 야훼의 권능과 왕권을 강조하는 표현이다.(신 10:17) 이것은 야훼 하나님의 관심이 왕 또는 권력자가 아니라 사회의 약자들이라는 것이다. 특히 주목해야 할 부분은 외모를 보지 않고, 뇌물을 받지 않는다는 표현이다.(신 10:17) 사람이 어떤 것을 판단하는 데 있어서, 외모와 돈은 그 판단을 흐리게 하는 주요인들이다. 그러나 야훼 하나님은 절대로 그렇지 않다는 것을 강조한다. 마치 야훼를 재판관으로 보는 듯한 이 표현은 그 때문에 야훼의 공의와 정의를 전적으로 강조한다. 즉, 야훼는 고아와 과부를 위하여 정의를 행하시며, 나그네를 위하여 보호와 의식주를 주시는 분으로 묘사한

---

67) 성기문, 『모세의 고별 설교』 143.

다.[68](10:17-18) 나그네를 이스라엘의 과거의 상태와 동일시하므로 하나님의 구원 행위를 다시 기억나게 할 뿐만 아니라 또한 하나님의 평등성과 정의로움을 다시 한번 상기시킨다.

이 단락은 그분을 경외하고 의지하고 섬기라는(신 10:20) 권면으로 마무리된다. 그분을 의지하고 경외하고 섬기는 방법은 고아, 과부 그리고 나그네를 저버리지 말고 그들에게 관심을 갖는 것이다. 자신보다 더 연약한 사람들에게 관심을 두는 것이 바로 야훼를 섬기고 사랑하는 한 가지 방법이다.

– 야훼 하나님을 사랑하는 방법: 기억하라(신 11:1-12)

이 단락에서 하나님을 사랑하는 방법은 '기억'하는 것이다. 이 단락의 첫 번째 부분은 서론적 명령인 '책무, 법도, 규례와 명령'을 지키라고 말한 후에, 과거를 회고한다. 이스라엘 백성이 기억해야 할 것은 출애굽 사건과 광야에서 야훼 하나님이 행하신 일들이다.(신 11:1-7) 그 기억은 하나님에 대한 믿음을 성장시켰으며, 그가 항상 이스라엘을 지키신다는 믿음의 바탕이 되었다. 이집트에서의 무자비한 고역과 노예 생활에서 큰 기적으로 이스라엘을 구출해 주시고 광야에서 만나와 메추라기로 이스라엘을 먹이신 자는 야훼 하나님이시라는 것을 간직하라고 권고한다.[69] 그리고 이 단락의 두 번째 부분에서는 그 기억을 가지고 야훼 하나님이 주시겠다고 하신 약속의 땅을

---

68) J. H. Wright, 『신명기』 221.
69) 정석규, 『신명기』, 215.

바라보라고 말한다. 이집트와 가나안 땅을 언급하면서 가나안 땅은 이집트와는 다르게 하나님이 돌보아 주시는 최상의 땅으로 묘사하고 있다.(신 11:12) 그 때문에 야훼 하나님이 명령하신 모든 것을 지켜야 한다고 권고한다.

– 야훼 하나님을 사랑하는 방법: 청종하고, 섬기라!(신 11: 13-21)

신명기 11장 다시 한 번 신명기 6장 4-5절을 반복하면서, 모세는 이스라엘 백성이 하나님을 진심으로 섬기면 적당한 비와 풍성한 곡식과 포도주를 얻게 될 것이라고 권면한다.(신 11:15) 그러나 만일 이스라엘 백성이 미혹되어 우상을 숭배하면 멸망한다고 진술한다. 규례와 명령을 지킴으로 얻게되는 번성과 풍요로움은 이방 민족의 다산이나 풍요로움과는 다르다. 가나안 문화에서 출발하는 다산과 풍요는 '인간의 필요'에 의하여 신이 주어야만 하는 물질이지만, 야훼 신앙에서 출발하는 번성과 풍요는 '신의 선물'로서 간주된다. 물질은 야훼 신앙에서 일시적인 필요에 의해 충족되는 것으로 제시된다. 즉, 야훼 신앙은 인간의 삶에 영향을 미치는 야훼의 뜻을 아는 것이다. 이러한 말씀은 다시 신명기 6장 6-9절로써 다시 교육된다.

– 야훼 하나님을 사랑하는 방법: 지키라!(신 11: 22-25)

마지막 단락도 '명령과 규례를 지키고, 야훼를 사랑하며, 그의 도를 지키고 그를 의지하면'이라는 조건문으로 시작한다. 그 조건문의 결과는 야훼로 인하여 약속의 땅을 차지하게 될 것(신 11:23)인데,[70] 그 땅의 경계는 광야에서부터 레바논까지 그리고 유브라데강에서부터 서해까지이다. 그리고 이스라엘이 차지한 땅에 있는 모든 민족이 두려워할 것이다.(신 11:25) 실제로 반복적인 이 가르침은 교육적인 효과 때문이기도 하지만 그 중요성을 강조하고자 하는 것이기도 하다.

g. 결론: 축복과 저주(신 11:26-32)

두 번째 설교의 결론으로서 모세는 이스라엘의 축복과 저주를 현재 시점에 두고 있다. 모세가 첫 번째 설교와 두 번째 설교의 이음새 역할로 도피성(신 4: 41-43)을 말했다면, 이 부분은 두 번째 설교의 결론이자 다음 단락을 이어주는 역할도 한다. 이 부분은 신명기 27-28장에서 제시되는 축복과 저주 그리고 그 장소를 지칭하는 에발산과 그리심산과 교차 대구를 이루고 있는 것을 볼 수 있다.[71]

결론은 다음과 같다. 야훼의 명령을 듣고 순종하면 복을 내리지만, 야훼의 율법에서 떠나 다른 신을 따르면 저주가 임한다. 그 축복과 저주의 상징이 두 개의 산으로 표현되는데, 축복은 풀과 물이 풍부한 그리심산으로, 사막과도 같이 황량한 에발산을 저주로 상징화한다.(신 11:29) 다시 한 번 하나님이 주신 언약의 땅을 차지하고 거주하면서 야훼가 주신 규례와 법도를 지키라고 권면(신 11:32)하면서 끝을 맺는다.

---

70) 성기문, 『모세의 고별 설교』 150.
71) E. J. Woods, 『신명기』 245.

● 신명기 법전(신 12-26장)

신명기에는 신명기 법전(신 12-26)이라고 간주하는 율법을 담고 있다. 신명기 법전은 출애굽기의 언약(또는 계약) 법전이라는 법전을 새롭게 갱신한 법으로 간주된다. 신명기 법전은 이스라엘을 위한 몇 가지 목적을 담고 있다. 첫째, 출애굽기에서의 언약법전이 그 당시의 출애굽 1세대를 위한 법이라면, 신명기 법전은 그 후 세대를 위한 것으로, 장차 언약의 땅에 들어가서 언약 백성으로 살아가게 만들 목적을 가지고 있다.[72] 둘째, 이 규정과 법도는 이스라엘만의 독특한 생존 방식을 제시한다. 신명기 법전에서는 이스라엘 백성들이 야훼를 경외하고 사랑하고 할 뿐만 아니라 가난한 자들과 함께 이 살아가게 할 목적을 제시한다.

a. 신명기 법전과 출애굽기 언약 법전

지금까지 신명기 법전을 이해하려는 많은 노력들이 있어왔다.[73]

---

72) 왕대일, 『다시 듣는 토라』 254; 정석규, 『신명기』 227.

73) 지금까지 신명기 법전의 연구는 J. 벨하우젠(J. Wellhausen)의 구조화 이래로(*Die Composition des Hexateuchs und der historischen Bucher des Alten Testaments*, Berlin ³1899) 3가지로 압축될 수 있다. 첫째, 구조와 내용의 통일성이 없다는 주장이다. 법률집 구성이 통일성 없이 산만하고 다양하지 않다는 결론이다(A. C. Welch, *The Code of Deuteronomy. A New Theory of Its Origin*, London 1924; H. M., Wiener, The Arrangement of Deuteronomy 12-26, *JPOS* 6, 1926, 185-195). 둘째, 신명기 법전이 각종 다양한 수사학적 구성으로 이루어졌다는 주장이다(A., Rofe, The Arrangement of the Laws in Deuteronomy, *EThL* 64, 1988, 265-287 (= ders., Deuteronomy. Issues and Interpretation, London 2002, 55-77); J. G., McConville, Law and Theology in Deuteronomy, *JSOT*. S 33, Sheffield, 1984; W. S., Morrow, Scribing the Center. Organization and Redaction in Deuteronomy 14:1- 17:13. *SBL*.MS 49, Atlanta 1995). 셋째, 신명기 법전은 신명기의 십계명을 통하여 약속된 땅에 맞는 법령으로 재해석을 했다는 주장이다(E W. Schultz, *Das Deuteronomium*

그 이해와 해석에 관한 가장 많은 연구는 신명기 법전을 십계명과 연관지어 해석하는 것이다. 또한 신명기 법전은 출애굽의 언약 법전과 유사성을 가지고 있다.[74)]

출애굽기 언약 법전	주제	신명기 법전
출 1:1-11절	종에 관한 법	신 15:12-18절
출 21:12-14절	도피성과 폭행에 관한 법	신 19:1-13절
출 21:16절	납치/인신 매매	신 24:7절
출 22:16절 이하	납폐금/근친상간	신 22:28-29절
출 22:21-24절	과부, 고아 그리고 나그네	신 24:17-22절
출 22:25절	무이자	신 23:19-20절
출 22:26-27절	저당물	신 24:10-13절
출 22:29-30	야훼 소유인 첫 것	신 15:19-23절
출 22:31절	음식 법	신 14:3-21절
출 23:1절	위증	신 19:16-21절
출 23:2-3, 6-8절	송사	신 16:18-20절
출 23:4-5절	길 잃은 소와 양	신 22:1-4절
출 23:9절	나그네, 고아와 과부	신 24:17절
출 23:10-12절	안식년, 안식일	신 15:1-11절

erklärt, Berlin, 1859; , A. E., Guilding, Notes on the Hebrew Law Codes, *JThS* 49,1948, 43-52; S. A. Kaufman, *The Structure of the Deuteronomic Law*, Maarav 1/ 2 (1978, 79),105 -158; Kaufman, S. A., The Second Table of the Decalogue and the Implicit Categories of Ancient Near Eastern Law, in: J. H. Marks/R. M. Good (Hg.), *Love and Death in the Ancient Near East*. FS M. H. Pope, Guilford 1987 ,111 - 116; G. Braulik, Die deuteronomischen Gesetze und der Dekalog. Studien zum Aufbau von Deuteronomium 12 -26, *SBS* 145, (Stuttgart, 19 91); D. T. Olson, *Deuteronomy and the Death of Moses. A Theological Reading*, (Minneapolis 1994); 정석규, 『신명기』 228-229. 마지막으로 신명기 12-16장의 구조가 신명기 십계명에서 파급된 것이 아니라 오히려 출애굽기 20장의 시내산 구절의 십계명에서 나온 것이라고 주장한다(K. Finsterbusch, Deuteronomium. Eine Einführung, UTB 3626, Göttingen 2012).

74) 성기문, 『모세의 고별 설교』 156-157.

이와 같이 유사한 부분이 많다는 것은 신명기 법전이 출애굽의 언약법전을 근거로 기록되었다는 사실을 증명한다. 출애굽하고 시내산에서 하나님이 모세에게 주셨던 언약법전을 광야생활 40년이 지나 가나안 땅에 들어갈 출애굽 2세대의 신앙을 확고하게 다지기 위해 정착 후의 상황에 맞게 다시 해석한 것이다.[75]

b. 신명기 십계명과 신명기 법전

신명기에서 신명기 법전이 십계명(신5장)의 해석집이라는 것을 뒷받침하는 기본 모티브는 출애굽기와 달라진 신명기 십계명 때문이 있을 것이다. 왜냐하면 신명기의 십계명도 시내산에서 받았던 출애굽기의 십계명을 새롭게 표현하고 있기 때문이다. 즉, 가나안 땅에서의 정착생활을 위해 신명기 십계명을 해설할 필요가 있었을 것이다. 신명기 십계명에 맞추어서 해설한 신명기 법전의 구조는 학자마다 조금씩 차이가 난다. 다음은 신명기 십계명을 통한 신명기 법전과의 연관성을 제시한 표이다.

십계명[76]	신명기 법전		내용	십계명[79]	신명기 법전	내용
구절	G. Braulik[77]	D.T. Olson[78]	루터파와 가톨릭	구절	구절	개신교[80]

---

75) 정석규, 『신명기』, 227-228.
76) 이 분류는 루터파/카톨릭의 계명 계산에 맞춘 것이다.
77) G. Braulik, Die deuteronomischen Gesetze, 12-26

1	5, 6–10	12:2–13:19	12:2–13:18	다른 신 금지	1	5:7	12:2–28	다른 신 금지
2	5,11	14:1–21	14:1–21	신이름 금지	2	5:8–10	12:29–13:18	형상 금지
3	5,12–15	14:22–16:17	14:22–16:17	안식일	3	5:11	14:1–21	신 이름 금지
4	5,16	16:18–18:22	16:18–18:22	부모 공경	4	5:12–15	14:22–16:17	안식일
5	5,17	19:1–21:23	19:1–22:8	살인 금지	5	5:16	16:18–18:22	부모 공경
6	5,18	22:13–23:15	22:9–23:18	간음 금지	6	5:17	19:1–22:8	살인 금지
7	5,19	23:16–24:7	23:19–24:7	도둑질 금지	7	5:18	22:9–23:18	간음 금지
8	5,20	24:8–25:4	24:8–25:4	거짓 증언 금지	8	5:19	23:19–24:7	도둑질 금지
9	5,21a	25:5–12	25:5–12	이웃 아내, 탐심 금지	9	5:20	24:8–25:4	거짓 증언 금지
10	5,21b	25:13–26:15	25:13–26:15	이웃 집 탐심 금지	10	5:21	25:5–25:19	탐심 금지

c. 신명기 법전의 구성

여기에서 우리는 개신교의 전통적인 십계명 개수에 따라서 신명기 법전을 기술한다. 전체적으로 신명기 법전의 구조는 다음과 같다. 신명기 법전의 서론(신 12:1), 신명기 법전의 내용(신 12:2–25:19), 신명기

---

78) D. T. Olson, Deuteronomy and the Death of Moses. A Theological Reading, Minneapolis 1994
79) 이 분류는 개신교의 계명 계산에 맞춘 것이다
80) 루터파/카톨릭과 개신교와는 십계명 계산이 다르다. 루터파/카톨릭은 개신교의 1과 2계명을 1계명으로 계산하는 반면에, 개신교의 10번째 계명 탐심 금지가 루터파/카톨릭에서는 9와 10계명으로 나누어진다. 굵은 글씨로 표시된 부분이 루터파/카톨릭과 개신교가 다른 부분을 제시한다.

법전의 결론.(신 26:1-15) 십계명은 신명기 법전의 표제인 신명기 12장 1절과 십계명 해설을 다루는 10개의 부분 그리고 결론을 제시하는 1개의 부분(신 26:1-15)으로 구성되어 있다.

d. 신명기 법전의 표제(신 12:1)

신명기 법전은 첫째, 하나님이 어떤 분이신지를 확실하게 전해 준다. 우리의 하나님은 선조들의 하나님이시다. 하나님은 선조들에 게 약속의 땅을 주신다고 하셨고, 그 땅은 이제 우리들의 눈 앞에 있 다. 그 하나님이 바로 우리를 이집트에서 구원하신 하나님이며, 또한 우리에게 하나님의 백성이 되기 위한 율법을 주신 분이다. 둘째, 이 스라엘 백성들이 약속의 땅에서 지켜야 할 율법을 '규례와 법도'라고 규정한다. '규례'(호크 חק)는 가장 기본적 의미로서 '정해진 것' 또는 '결 정된 것'을 의미한다. 그 때문에 이 의미는 정해진 법령을 의미한다. '법도'(미쉬파트 משפט)는 '재판관' 또는 '지도자'에게 선포된 규례를 의미 한다. 그러므로 '이미 정해진 법령을 지도자가 선포한다'는 의미를 가 진다. 그래서 이스라엘 백성은 모든 사는 날 동안 규례와 법도를 영 원히 지켜야 한다.

e. 신명기 법전의 내용

– 제1계명(신 5:7 = 신 12:2-28)
명령: 너는 나 이외에 다른 신을 내게 두지 말라(신 5:7)
명령에 관한 해설: 택하신 예배 처소(신 12: 2-28)

신 12:2-3절	이방 신들을 섬기는 제단과 신상들을 멸하라	제1계명을 바탕으로 한 분이신 하나님께 예배할 거룩한 장소를 한 장소로 지정한다. 이것은 야훼 하나님의 배타성에 근거한다.
4-12절	하나님이 택하신 곳에서 제사를 드리라	
13-19절	적절한 번제 장소의 규정	
20-28절	제물 식용에 대한 규정	

– 제2계명(신 5:8-10 = 신 12:29-13:18)

명령: 너는 자기를 위하여 새긴 우상을 만들지 말라(신 5:8-10)

명령에 관한 해설: 이방신 숭배 금지(신 12:29-13:18)

신 12:29-32절	스스로 유혹에 빠지지 말라	제2계명의 형상금지는 유혹과 헛된 것에 미혹되는 것을 통해 재해석된다. 형상 자체는 헛된 것으로서 신명기에서는 자기 자신과 외부에서 오는 잘못된 지식의 유혹에 미혹되지 않도록 경계한다.
13:1-5절	거짓 예언자에게 미혹되는 것에 관한 경계	
6-11절	가족/친구에게 미혹되는 것에 관한 경계	
12-18절	공적 배교에 미혹되는 것에 관한 경계	

– 제3계명(신 5:11 = 신 14:1-21)

명령: 너는 네 하나님 야훼의 이름을 망령되이 일컫지 말라(신 5:11)

명령에 관한 해설: 백성의 성결과 음식법에 관한 규정(신 14:1-21)

신 14:1–2절	거룩한 백성의 삶	3계명이 하나님의 이름을 망령되이 일컫는 것과 관련된다면, 신명기 법전은 거룩한 백성으로서의 태도 특히, 정하고 부정한 음식에 관한 규정들을 통해 거룩한 백성으로서 구별됨을 강조한다.14
3–20절	음식에 관한 규정(참조, 레 11:2–23)	
	네 발 달린 짐승(레 11:2–8=신 14:4–8) 물고기들(레 11:9–12=신 14:9–10) 새들(11:13–19=신 14:11–18) 날아다니는 곤충들(레 11:20–25=신 14:19–20)	
21절	사체에 대한 경계	

— 제4계명(신 5:12-15=신 14:22-16:17)

명령: 안식일을 지켜 거룩하게 하라(신 5:12–15)

명령에 관한 해설: 십일조와 절기들(신 14:22–16:17)

신 14:22–29절	곡식과 가축을 통한 십일조 규례	4계명의 안식일 준수는 약속의 땅에 들어가서 가난한 자의 보호로서 재해석된다. 정착지에서 가난한 자들은 광야생활 보다 더 가혹한 상황을 맞이한다. 그 때문에 광야생활에서 야훼를 위한 것이던 십일조나 절기들이 확대되어 가난한 자들을 위한 것으로 확장된다.
15장	가난한 자들을 위한 규정	
	빚 면제와 가난한 형제들의 구제(1–8절) 가난한 자의 돌봄을 통한 안식년 면제(9–11절) 히브리 종들의 해방 규정들(12–18절) 소와 양의 맏물에 대한 규례들(19–23절)	
16:1–15절	세 개의 축제들	
	유월절과 무교병(신 16:1–8; 참조 출 12장) 칠칠절(신 16:9–12; 참조, 출 34:22) 장막절(신 16: 13–15; 참조, 민 29:12)	
16–17절	요약과 결론	

— 제5계명(신 5: 16 = 신 16:18-18:22)

명령: 네 부모를 공경하라(신 5:16)

명령에 관한 해설: 권위의 복종과 공직자 규정(신 16:18–18:22)

신 16:18-17:13절	재판관에 대한 규정	제5계명인 부모 공경에 관한 계명은 그 대상이 부족 또는 국가 지도자들에게까지 확대 된다. 공동체의 지도자들은 부패하지 않도록 경계해야 하며 정의와 공의를 다스려 야 한다고 권고한다.
17:14-20절	왕의 임명에 관한 규정들	
18:1-14절	중앙 성소와 제사장/레위인들에 대한 규정	
18:15-22절	주님이 선택한 예언자를 청종하라	

- 제6계명(신 5:17 = 신 19:1-22:8)

명령: 살인하지 말지니라(신 5:17)

명령에 관한 해설: 삶과 죽음에 대한 사회적 행위(신 19:1-22:8)

신 19:1-21절	무고한 생명에 대한 보호 장치들	
	도피성(19:1-13; 참고, 출 21:12-14; 민 35:9-34)) 경계표(19:14; 참고 신 27:17; 잠 22:28; 23:10) 증인에 대한 규정(19:15-21)	신명기 법전은 제6계명의 살 인 금지계명을 가나안 땅에 정착한 후에 일어나는 다양 한 살인과 상해문제 안에서 다룬다. 특히 살인과 관련해 더 확장된 해석은 농경 사회 에 정착한 후에 가난한 자를 보호하려는 것이 특징이다. 일상 생활에서 관심받지 못 한다면, 죽음에 직면할 수밖 에 없는 가난한 자들을 가장 먼저 배려하는 것이 두드러 진다.
20:1-20절	전쟁에서 살인의 한계에 대한 규정들	
	전쟁 준비에 대한 규정들(20:1-9) 전쟁 수행 절차에 대한 규정들(20:10-18) 포위된 성 주위에 나무에 대한 규정(20:19-20)	
21:1-23절	사회적 도전에 직면한 가난한 자의 삶과 죽 음에 관한 보호 규정	
	가해자를 알 수 없는 살인(21:1-9) 여자 포로의 결혼과 이혼(21:10-14) 두 아내의 자녀 상속에 대한 규정(21:15-17) 패역한 아들에 대한 규정(21:18-21) 나무에 매달린 시체에 대한 규정(21:22-23)	
22:1-8절	생명 연장을 위한 규정	
	형제 소유 존중(22:1-4) 남녀 의복 혼합 금지(22:5) 새 둥지에 있는 새끼 포획 금지(22:6-7) 집 건축 시 안전에 관한 규정(22:8)	

– 제7계명(신 5:18 = 신 22:9-23:18)

명령: 간음하지 말지니라(신 5:18)

명령에 관한 해설: 결혼 및 성과 간음에 관한 규정(신 22:9–23:18)

신 22:9–12절	혼합 교배 금지(레 19:19)	제7계명의 간음에 관한 규정은 여러 가지 삶의 방식에서 일어날 수 있는 상황에 따라 해설되어 나타난다. 특히 약혼한 여자가 강간당하는 것과 간음하는 것을 구분하여 성문제와 여자의 인권을 결부시키는 것을 볼 수 있다. 또한 야훼의 거룩한 총회의 출입도 성과 관련하여 해석된다.
13–30절	남녀 결혼과 부적절한 성관계 금지	
	남편이 제기한 아내의 간음(22:13–21) 혼외 간음(22:22) 약혼한 여자가 다른 남자와 성읍에서 동침한 경우(22:23–24) 약혼한 여자를 들에서 강간한 경우(22:25–27) 약혼하지 않은 여자를 강간한 경우(22:28–29) 아버지의 아내를 취하지 말라(22:30; 참조, 출 22:16–17)	
23:1–14절	정결 혹은 제외의 규례들	
	야훼의 총회에 들어오지 못하는 자의 목록(23:1–8) [생식기 상한 자, 근친혼의 자녀, 암몬, 모압, 에돔과 이집트] 거룩한 전쟁의 부적절한 행위에 관련된 규례들(23: 9–14)	
23:15–18절	이스라엘 신앙 공동체가 허용하는 규정들	
	도망한 종에 대한 규정들(23:15–16) 여자 창기와 남자 창기 금지와 이들의 헌금 금지(23:17–18)	

– 제8계명(신 5:19= 신 23:19-24:7)

명령: 도둑질 하지 말지니라(신 5:19)

명령에 관한 해설: 삶 속에서 이웃의 권리 침해에 관한 금지 규정들(23:19–24:7)

신 23:19-20절	이자 금지	제8계명의 도둑질 금지계명
21-23절	맹세와 서원에 대한 규정	은 가시적인 도둑질과 비가
24-25절	가난한 자의 생계 유지를 위한 규정	시적인 도둑질로 나누어서 해석이 확대된다. 맹세와 서
24:1-4절	첫 번째 남편과의 재혼 금지	원은 보이지 않지만 하나님
5절	신혼 1년차 징집 금지	의 권리를 침해하는 것이며,
6절	맷돌 저당 금지	보이는 여러 규정들은 이웃 의 소유를 침해하지 말라는
7절	유괴에 대한 규정	것으로 확대된다.

– 제9계명(신 5:20=신 24:8-25:4)

명령: 네 이웃에 대하여 거짓 증거하지 말지니라(신 5:20)

명령에 관한 해설: 사회적 보호 대상들에 관한 규정들(신 24:8-25:4)

신 24:8-9절	악성 피부병과 제의적 부정에 대한 규정들	제9계명은 법정 진술로 그동
10-15절	전당물에 대한 규정들	안 이해되어 왔지만, 신명기 법전에서는 거짓 증거가 법
	가난한 자의 빚 담보(24:10-13; 참조, 출 22:26-27) 가난한 자의 급여에 대한 문제(24:14-15)	정 증언뿐만 아니라 일상적 인 상황에서도 거짓 증언으 로 불이익을 당할 수 있는 상
16절	연좌제에 대한 문제	황으로 이해한다. 특히 사회
17-22절	나그네, 고아와 과부의 문제	의 약자들에게 대한 거짓 증 언은 보호 대상자들에게 불
25:1-3절	법 집행 [태형]에 관한 규정	이익을 줄 수 있다고 해석한
4절	일하는 소에 망을 씌우는 행위 금지	다.

– 제10계명(신 5:21= 신 25:5-25:19)

명령: 탐심 금지(신 5:21)

명령에 관한 해설: 결혼, 사회적 그리고 종교적 소유 문제(신 25:5-25:19)

신 25:5-10절	형사수취제의 적용(참조, 창 38; 룻 3-4)	제10 계명은 두 가지로 분류된다. 첫째, '내 이웃의 아내를 향한 탐심'을 금하는 것이다. 이것은 형사수취제와 부부싸움에 적용되어 가정 내에서 일어나는 불화까지 확대된다. 둘째, 공정한 저울 추의 문제는 이웃의 재산에 대한 탐심과 관련하여 해석된다.
11-12절	부부 싸움에서 생식기 손상의 문제	
13-16절	공정한 저울 추에 관한 문제(참조, 레 19:35-37)	
17-19절	아말렉 족속에 관한 문제	

f. 신명기 법전의 결론(신 26:1-19)

신명기 26장은 신명기 법전의 결론이다. 신명기 법전은 이스라엘 백성이 약속의 땅에 들어간 후 맞게 될 사회, 문화, 경제적 변화속에서 갱신된 십계명을 기반으로 하여 사회 전반적으로 선민으로서 삶을 영위하도록 제안된 것이다. 결론적으로 약속의 땅에 들어간 후에 신명기 법전으로써 새로워진 예배로 영원히 하나님에게 순종하겠다는 고백이다. 신명기 법전은 3가지 신앙고백을 한다.

첫 번째 고백	약속의 땅에서 첫 것을 드림과 야훼께서 행하신 역사에 대한 고백(신 26:1-11)
두 번째 고백	이스라엘의 셋째 해 십일조 드림(신 26:12-15)
세 번째 고백	언약 백성의 보배로움(신 26:16-19)

첫 번째 고백(신 26:1-11)은 이스라엘인들이 약속의 땅에 들어간 후에, 첫 것으로 예배를 드림으로써 수직적인 축복을 받은 것에 대한 고백이다. 이스라엘 백성들이 노예 상태에 있을 때, 야훼 하나님이 그들을 구원을 이끄시고, 광야에서 여러 가지 방법으로 보호하시고 약속의 땅에 들어오게 하셨다고 고백을 한다. 그리고 그 땅에서 토

지 소산의 만물을 가져와서 예배를 드림으로 축복에 대한 감사를 드린다고 고백한다.

두 번째 고백(신 26:12-15)은 그 축복과 감사 때문에 약속의 땅에서 함께 살고 있는 이웃에게 수평적인 의무를 이행할 것이라고 고백한다. 그것은 이스라엘 백성들이 제물로 드린 셋째 해 십일조로 사회의 약자들을 위해 사용할 것이라고 고백한다.(12-13절) 더불어 야훼의 말씀을 따르는 이스라엘 백성에게 하나님이 주신 젖과 꿀이 흐르는 이 땅에서 복을 달라고 기원한다.[81](15절)

세 번째 고백(16-19절)은 언약 백성의 언약식과 유사하다. 신명기 26장은 미래에 있지만, 마지막 고백은 다시 모압 평지에서 모세가 명령한 신명기 6장 4-5절로 향한다. 거기에서 제시되었던 단어들 '규례', '명령', '법도'가 다시 등장한다. 또한 이전에 제시되지 않았던 새로운 단어로 이스라엘 백성의 특징을 제시한다. 그것은 이스라엘 백성이 보배로운 백성이 되게 하시겠다는 것과 야훼가 이스라엘 백성을 모든 민족보다 뛰어난 민족으로 만들며, 야훼의 성민으로 만들겠다는 것이다.

세 가지의 고백은 이스라엘의 정체성을 규명하는 중요한 구절이다. 조상들과 함께 하신 하나님이 자신의 백성을 헌신적으로 이끄시고, 보호하시고 또한 약속의 땅으로 인도하기 위해 호렙(시내)산에서 명령, 규례와 법도를 주셨으며, 이것으로 이스라엘 백성과 언약을 체결하시어 하나님 자신의 백성이 되게 하셨다는 고백이다. 그러므로

---

81) E. J. Woods, 『신명기』 383.

하나님의 성민으로서 이스라엘은 '마음을 다하고, 뜻을 다하고, 힘을 다하여 하나님을 사랑하며 그가 명령한 법규를 지켜야 한다는 것이다.

● 모세의 두 번째 설교의 결말: 축복과 저주(신 27-28장)

신명기의 가장 핵심적인 부분인 십계명과 그 십계명을 해석한 신명기 법전의 언급 후에, 신명기 27-28장은 율법에 대한 순종과 불순종이 축복과 저주라는 형식으로 모세의 두 번째 설교의 결말로 제시된다. 율법을 실행하게 하는 힘으로서 제의적 행사(신 27:1-26)와 제재 규정(신 28:1-68)들이 제기된다. 여기에서 제시되는 해석된 법규정은 장래에 약속의 땅에서의 제의 형식과 예배 형식으로 재현됨으로서 이스라엘 공동체가 언약 백성이라는 사실과 그 언약 백성을 이어주는 구속력 있는 힘이 바로 율법이라는 것을 재확인한다. 그 때문에 시간으로 본다면 모세의 두 번째 설교의 결과는 현재가 아닌 미래를 향한다.[82]

그리고 그 구성은 다음과 같다.

신 27: 1절	서론: 순종에 대한 요구
2-8절	율법의 기록
9-10절	언약의 관계와 그 기본 의무에 순종

---

82) 성기문, 『모세의 고별 설교』 257.

11–13절	그리심 산에서 축복과 에발 산에서 저주
14–26절	저주 목록
28:1–14절	짧은 축복들
15– 68절	긴 저주들

모세의 두 번째 설교의 결론도 야훼의 명령에 순종(신 27:1)이다. 그리고 요단을 건너 율법을 큰 돌에 새기라고 지시한다. 고대 근동에서는 일반적으로 중요한 공문서를 보존하는 방식이다. 이것은 야훼께서 모세에게 부여한 율법의 '영원성'을 강조하기 위한 행위이다. 그 다음에 예배와 관련된 두 가지 권고, 즉 번제와 화목제에 관한 것이다. 번제는 하나님과의 관계를 위한 제사인 반면에 화목제는 하나님과의 관계뿐만 아니라 제물로 사용된 것들을 예배자들과 함께 나누어 먹음으로써 사람과 사람 사이의 사귐도 포함되어 있다. 이처럼 예배는 하나님 사랑과 이웃 사랑이 약속된 땅에서 영원히 지켜지기를 바라는 행위이다.(신 27: 2–8)

이제 다시 현재의 모압 땅으로 돌아온다. 모세와 레위 제사장들은 이스라엘 백성에게 야훼의 율법과 그와의 언약을 이미 체결했기 때문에 야훼의 백성이 되었다고 선언하면서 두 가지를 권고한다: 말씀에 청종하고 명령과 규례를 지켜라.(신 27: 9–10)

다시 본문은 장래 약속의 땅으로 향하고, 그 땅에서 12지파를 둘로 나눈다. 먼저 르우벤, 갓, 아셀, 스블론, 단과 납달리 지파는 저주를 위하여 에발산에 세우고, 나머지 시므온, 레위, 유다, 잇사갈, 요셉과 베냐민 지파는 축복을 위하여 그리심산에 세운다. 왜 12지파를 두 부류, 저주와 축복으로 나누었는지에 관해서는 많은 연구들이 있었지만 근거는 없다. 아마 지리적인 이유라는 것이 더 타당할 것이다.[83] 축복과 저주는 모두에게 해당된다. 왜냐하면 레위 사람이 두 산에 서 있는 모든 이스라엘 백성에게 우상 숭배하는 사람에게 저주가 있다고 말하고 있기 때문이다.(신 27:14)

신명기 27장 14절 이하는 열두 가지 저주의 말이 레위 사람의 외침으로 시작된다. 그 말은 이스라엘 백성에게서 응답(아멘 할지니라)을 유도한다.(신 27: 14-26) 신명기에 나오는 열두 가지 저주의 말은 출애굽기 20장 2-17절의 십계명과 비교된다.

구절	신명기의 12 저주(신 27:15-26)	구절	출애굽기 십계명(출 20:2-17)
15절	우상을 은밀히 만드는 자	4-6절	우상 금지
16절	부모를 경홀히 여기는 자	12절	부모 공경
17-18절	이웃의 지계 표(17), 맹인 잘못 인도(18)	15절	도둑질 금지
19절	송사로 약자를 핍박하는 자	16절	거짓 증거의 금지
20절	근친 상간(아버지의 아내)	14절	간음 금지
21절	수간을 행하는 자	13절	살인 금지
22절	근친 상간(아버지의 딸/어미의 딸)	14절	간음 금지
24절	이웃을 암살하는 자	13절	살인 금지
25절	무죄한 자를 죽이고 뇌물을 받는 자	16절	거짓 증거
26절	율법을 행하지 않는 자	3절	하나님만 예배

대체적으로 하나님과의 관계가 테두리로서 그와 관련된(신 27:15,

---

83) 정석규, 『신명기』 438.

26) 저주를 제시하고, 그 뒤로 사회적인 죄(신 27:15-19, 24-25)가 중앙에 위치한 성적인 죄(근친 상간과 수간: 신 27:20-22)를 앞과 뒤에서 서로 감싸고 있다. 이러한 배열은 가나안 땅에서의 정착 후에 가장 심각한 문제가 성적인 것임을 제시한다. 마지막으로 신명기 27장은 저주의 효력에 대한 엄중한 확언을 이스라엘 백성들에게서 '아멘'으로 유도한다.

신명기 28장은 27장에 이어서 짧은 축복(신 28:1-14)과 긴 저주(신 28: 15-68)선포로 나누어진다. 축복과 저주는 동일하게 기본적인 요소를 가진다.

기본적인 요소들:[84]

기본적인 축복	(신 28:3-6)	기본적인 저주	(신 28:16-19)
3절(외부)	성읍과 들의 출입 시 얻는 복	16절(외부)	성읍과 들의 출입 시 얻는 저주
4-5절(내부)	자녀와 토지의 소산 짐승의 새끼와 광주리 떡 반주 그릇에 담긴 축복	17-18절(내부)	자녀와 토지의 소산 짐승의 새끼와 광주리 떡 반주 그릇에 담긴 축복
6절(외부)	들어가도 복/나가도 복	19절(외부)	들어가도 저주/나가도 저주

기본적으로 축복과 저주는 동일한 요소를 가지고 있다. '외부로 향하는' 축복과 저주의 요소와 '정착 후 가족 또는 공동체에서 볼 수 있는 내부적인' 축복과 저주의 요소이다. 여기에서 사용한 양식은 '네

---

84) 윗글, 459.

가 복을 받을 것이다(ברוך אתה 바루쿠 알타)'와 '네가 저주를 받을 것이다(ארור אתה 아루루 아타)는 신적 수동태(Passivumdivinum)양식을 사용한다.[85]

짧은 축복의 요소들:

신 28:1-2절	서론: 세계 모든 민족 가운데에서 뛰어나게 하심
3-6절	농사의 영역에서 인간 활동 영역 전반에 걸쳐 나타나는 복(6개의 복)
7-12절	전쟁의 영역에서의 승리와 농사의 영역에서의 복
13-14절	치우치지 않고 다른 신을 따라 섬기지 말라

언약은 이스라엘이 야훼 하나님이 주시는 축복을 받기 위한 것이었다. 그러나 축복을 받을 수 있느냐, 없느냐는 이스라엘 백성의 선택에 달려있다. 여기에서 사용한 양식은 '네가 복을 받을 것이다(ברוך אתה 바루쿠 아타: 신적 수동태)' 이다. 이 양식을 통하여 6개의 연속적인 축복의 문장(2-12절)이 이어지며 소산의 풍요와 전쟁의 승리에 내용의 초점이 맞춰져 있다. 그리고 이스라엘 백성이 야훼 말씀을 순종하면 (2절) 그들의 삶에 전반적으로 나타나는 복을 통하여 세상에서 뛰어난 민족이 되며(1절), 결국에 모든 민족의 머리가 될 것이라고 결론짓는다.(13절) 다만 계속 축복을 받으려면, 다른 신을 따르지 않아야 한

---

85) 이러한 양식은 축복과 저주를 하는 경우에 절대적으로 사용하는 양식이다. 소위 신적 수동태 (Passivumdivinum)는 수동태 분사 + 2인칭 또는 대상 인물들로서 제시된다. 2인칭을 동반한 축복의 양식은 신 28:3-6절에서만 사용된다. 이 신적 수동태는 거룩하신 하나님을 입에 올리지 않기 위하여 하나님을 주어로 사용하지 않고 수동태로서 제시하고 있다; E. Otto, *Deuteronomium 12-34 zweiter Teilband: 23,16-34,12, HthKAT*, (Stuttgart, 2017, 2002).

다. 만일 이스라엘 백성이 다른 신을 섬기면 저주를 받을 것이다. 저주받는 경우는 다음과 같다.

긴 저주 요소들의 구성:

신 28:15절	서론: 명령과 규례를 지키지 않을 때 저주가 임함
16–19절	저주의 기본 형태
20–22절	각종 질병의 재앙
23–24절	다양한 기근의 재앙
25–57절	전쟁 중 나타나는 다양한 현상에서 발생하는 재앙
58–68절	요약하는 결론

신명기 28장은 짧은 축복에 이어서 긴 저주가 나온다. 그리고 그 긴 저주는 축복의 서론과 같이, 하나님 말씀의 순종과 불순종에 관한 선택에서 비롯된다. 이스라엘 민족이 야훼 하나님의 말씀에 순종하지 않을 때 저주가 임한다. 가장 기본적인 저주 목록을 언급한 후에 그 저주 목록을 바탕으로 다가올 저주도 제시한다. 짧은 축복의 요소들이 확장된 축복의 요소들로 확장되듯이 저주의 요소들도 각종 질병과 다양한 기근과 특히 전쟁 중에 나타나는 재앙으로 확대된다. 여기에서 사용된 저주의 목록들은 가장 참혹하고 끔찍한 저주로, 이는 야훼 하나님의 말씀을 절대적으로 따르게 하려는 목적이다.

결론적으로 모세의 두 번째 설교는 십계명을 시작으로 이스라엘 백성이 호렙산에서 하나님을 만나 계약을 체결하고 선민이 되어 그 야훼 하나님이 주신 규례와 명령을 준수하고 순종해야 함을 교훈한다. 이스라엘 백성이 광야 40년의 생활을 마치고, 하나님이 약속한 땅으로 들어가 정착하는 과정에서 율법은 다시 갱신된다. 모세는 호렙산(시내산)에서 받은 십계명을 가나안 땅에 들어갈 출애굽 2세대들에게 새롭게 전달하고 그들의 정착지에서 삶이 선민으로서의 삶에 합당하도록 신명기 법전을 십계명을 통해 해석한다. 결국 이 말씀에 대한 이스라엘의 순종 여부에 따라서 하나님의 축복과 저주가 임한다.

1.4. 모세의 세 번째 설교(신명기 결론: 신 29-30장)

모세는 호렙산에서 받은 규례와 계명을 출애굽 2세대와 미래의 후손을 위하여 모압 땅에서 새롭게 갱신하고 해석한다.(신 29:1) 이스라엘의 새로운 세대는 하나님이 약속한 땅의 경계선과 앞으로 다가올 성취 사이에 존재하기 때문에, 모압 땅에서 규례와 계명의 갱신은 가장 마지막에 행해야 할 필요가 있었다.[86] 그러한 이유로, 이 단락(신 29-30장)은 신명기의 결론으로 제시된다. 다음은 신명기 결론 부분의 구조이다.

신 29:1절	서론: 시간 – 현재, 장소 - 모압 땅
2-9절	역사적 회고 [신앙고백]
10-15절	언약의 갱신
16-21절	언약 순종과 불순종에 따른 저주
22-28절	불순종에 따른 형벌은 미래의 후손과 모든 사람에게 적용

---

86) P. D. Miller, 신명기, 310-311.

신 30:1-10절	회개와 자비를 통한 약속과 결단[회개 후 미래의 회복]
11-14절	명령 지킴의 확신
15-20절	생명의 선택에 따른 축복 – 하나님을 사랑하라

　　앞에서 미래의 약속의 땅 점령 후에 그곳에서 지켜야 할 야훼의 명령, 규례와 법도를 제시했다면, 신명기 29장은 현재 모압 땅에서의 시간으로 돌아와 언약의 말씀을 요약하고 있다. 모세가 첫 번째로 요약한 것은 역사적 회고의 신앙 고백(신 29:2-9)이다. 역사적 신앙 고백은 3가지 전승으로 구성되어 있는데, 출애굽 전승(2절), 광야 전승(5-6절) 그리고 동편 땅 정복이야기(7-8절)가 그것이다. 특히 출애굽 전승과 광야 전승 사이에는 각 전승 안에서 야훼 하나님이 하신 일과 해석이 자리한다. 출애굽 당시에 이스라엘 백성은 단지 야훼 하나님의 큰 시험과 이적과 기사를 보기만 했었다.(3절) 야훼 하나님은 그러한 시험과 이적에 대한 설명은 하지 않으셨는데, 왜냐하면 당시는 말씀보다 크고 강력한 힘의 경험이 - 큰 시험과 이적과 기사 - 이스라엘에게 강력한 영향을 줄 수 있었기 때문이었다. 즉, 강력한 이집트를 떠나 새로운 땅으로 가야 하는 여정에서 생각보다는 행동이 먼저 이루어져야 했다는 것이다. 이스라엘은 이후에 광야생활에 들어가서야 비로소 야훼와 그의 능력을 인식하는 여유가 생겨났을 것이다.(4절) 광야생활은 철저하게 고립된 상태로, 야훼 하나님의 보호 없이는 살아갈 수 없는 곳이다. 이스라엘은 광야에서 하나님께 보호받을 때, 입고 먹을 때, 배교할 때, 불평할 때 모두 하나님이 어떤 분인

가를 알게 되었다.[87](5-6절) 이러한 역사적 신앙고백은 결국 하나님이 누구인가를 고백하게 만든다. 마지막으로 9절은 이러한 하나님의 말씀을 지키면 형통할 것이라고 권면한다.

신명기 29장 10-15절은 이스라엘의 모든 사람들을 향해 언약 갱신에 참여하라는 모세의 권고이다. 이 의식의 구성은 다음과 같다.

- 모든 이스라엘의 선택(10-11절)
- 야훼 언약 의식을 맹세로 참여(12절)
- 조상들과 언약을 맺은 하나님이 또한 이스라엘의 하나님 되심을 알림(13절)
- 언약의 범위는 현재 이스라엘과 미래의 후손까지 포함됨

이 언약 의식에의 참여는 두 가지 특징이 있는데, 첫째, 사회적 포괄성이다. 민족의 지도자는 물론이고, 고대 근동에서는 생각할 수 없었던 아이들, 심지어 이방인까지도 이 의식 참여 대상에 포함된다. 언약 의식에 참여하는 것과 거기에 뒤따르는 한 공동체로서의 축복은 그 땅에 사는 모든 자가 누릴 수 있다는 의미이다. 둘째, 언약 의식은 이 세대에서 끝나는 것이 아니라 미래를 향하여 뻗어 나간다는 것이다. 즉, 언약의 효과는 야훼의 명령을 따르고 순종하는 미래의 모든 후손에게까지 지속된다.[88]

---

87) E. Otto, *Deuteronomium 12-34*, 2055.
88) J. H. Wright, 신명기, 406.

세 번째 단락은 언약에 순종하지 않고 우상 숭배를 할 경우에 따르는 저주를 말한다.(신 29:16-21) 과거 이집트에서 부터 모압에 이르는 과정(16-17절)까지 이스라엘은 많은 가증한 것들과 우상들을 보았다. 그러한 경험들이 독소가 되어 마음으로 야훼를 떠나게 했을 뿐만 아니라 어떤 사람들은 멸망할지라도 그 멸망이 자신을 평안하게 만든다고 생각하게 한다.(18-19절) 그래서 야훼는 우상숭배자들을 용서하지 않으신다고 말한다. 우상 숭배를 하면서 평안을 얻는다고 말하는 자들은 언약의 저주를 받으며, 그에게는 야훼의 분노와 질투, 즉 율법 책에 기록된 언약의 저주가 임하게 될 것이다.(20-21절)

다음 단락은 우상 숭배로 말미암아 일어나는 결과가 얼마나 참혹한가를 제시한다(22-28절). 이스라엘 백성이 조상부터 섬기던 야훼 하나님을 버리고 알지 못하는 신들을 섬기면, 소돔과 고모라 그리고 아드마와 스보임의 멸망과 같은 참혹한 멸망이 임하게 될 것이라고 경고하는데, 거기에서 끝이 아니라 약속의 땅에서 뽑아내어(28절), 다른 나라의 땅으로 내던져지게 될 것이라는 경고가 덧붙여진다.

마지막으로 신명기 29장 29절은 모압에서 언약 갱신 의식의 결과를 제시하며, 신명기 30장을 이어주는 역할을 한다.

> 29 "감추어진 일은 우리 하나님 여호와께 속하였거니와
> 나타난 일은 영원히 우리와 우리 자손에게 속하였나니
> 이는 우리에게 이 율법의 모든 말씀을 행하게 하심이니라."(신 29:29)

여기서 '감추어진 일'은 미래를 보여주는 계시이며, '나타난 일'은

토라의 율법, 신명기의 규례와 법도를 의미한다.

신명기 30장은 비관적 분위기였던 29장과는 달리 낙관적이다. 이스라엘이 회개하고 하나님 말씀에 순종하면 하나님이 저주와 멸망의 상태에서 회복시켜 주실 것이라고 강조한다. 신명기를 마감하는 30장은 약속의 땅으로의 회복(신명기 30:1-10), 명령의 이행 권면(11-14절), 생명의 선택에 따른 축복(15-20절)과 신명기의 가장 핵심적인 주제인 '하나님 사랑'(19-20절)으로 구성된다.

30장의 첫째 단락은, 약속의 땅에서 쫓겨난 이스라엘 민족이 회개하고 온전한 마음과 뜻으로 하나님의 말씀을 청종하면 약속의 땅으로 돌아오게 될 것임을 말한다.

조건절(30:1-2)	~~기억하면(1절), ~~청종하면(2절)	마음(1절)/마음과 뜻
귀결절(3-7)	– 마음을 돌이키시고, 긍휼하게 여기심 – 포로로 돌아오게 하심 – 쫓겨간 자들이 모임 – 조상들이 차지한 땅으로 귀환 – 마음의 할례 받아서 야훼 하나님을 사랑하게 함 – 원수들에게 저주를 내림	약속의 땅으로 귀환
권면(8)	– 야훼의 말씀을 청종하라 – 명하는 명령을 이행하라	야훼의 말씀
조건절(9a절)	명령에 청종하면(9a절)	청종
귀결절(9b절)	자신과 자신에게 속한 모든 소산에 복을 주심 소산에 복을 내림	소산에 복을 내림

저주의 상태에서 회복되기 위한 조건으로 두 개의 조건절(30:1-2, 9a절) 모두 '마음으로 기억하고, 야훼 하나님의 말씀을 청종하면'을 이야기한다. 하나님 사랑은 마음과 순종이 함께 이루어져야 하며, 이

렇게 마음과 뜻을 다하는 행위는 야훼의 마음을 움직인다고 한다.(3절) 그래서 귀결절은 쫓겨났던 약속의 땅으로의 귀환(4-7절)과 모든 소산이 복(9절)을 받을 것이라는 결론을 내린다.

신명기 30장의 두 번째 단락은 모세의 명령에 초점이 모아진다.(신 30:11-14) 모세가 말한 명령은 미츠바[מצוה 포고]이다. 이 단어는 전형적인 '선포문장'(Promulgationssatzes)을 제시하는 중요한 요소이다. 전체 신명기에서 이 양식의 주체는 모세이고(예외. 출 34:11절은 야훼), 수신자는 이스라엘 민족이다. 그 때문에 모세는 약속의 땅 경계에서 전체 이스라엘 민족에게 법을 부여하는 사람으로서 나타난다.[89] 모세가 포고한 내용이 복잡하거나 이해하기 어렵고 난해한 것도 아니다. 그동안의 경험에서 본다면, 이스라엘 백성은 기사와 이적으로 자신을 계시하고, 모세를 통하여 호렙(시내)산에서 자신의 마음을 알게 하신 하나님의 말씀은 실행하기 어려운 것이 아니라고 주장한다. 율법이 이 땅에서 실천하기 어려운 것이라고 말하는 것은 구약의 율법을 폄하하는 것이다. 복음을 받아들이는 것이 쉬운 것인가? '복음의 선택'과 '율법의 순종'은 어쩌면 같은 것이 아닐까 한다. 그 전에 우리들은 명령의 준수할 수 있는 자세 또는 복음을 선택할 수 있는 자세를 만드는 것이 중요하다. 그런 점에서 신명기 6장 6-9절은 하나님의

---

89) 이 단어는 차바[צוה 명령하다]에서 파생된 명사이다. 그리고 신명기에서는 '선포문장(Promulgationssatzes)을 제시하는 전형구로서 사용된다. '오늘날, 내가 너에게 명령한 이 명령'(함 미츠바 아세르 아노키 메찾체카 하이욤 המצוה אשר אנכי מצוך היום) 인 양식이다: 출 34:11, 신명기에서 18번 나타남: 4:40; 6:6; 7:11; 8:1, 11; 10:13; 11:8; 13:19; 15:5; 19:9; 27:10; 28:1, 13, 15; 30:2, 8, 11, 16; 하이욤[היום] 없이 사용: 신 6:2; 12:14, 28; Garcia Lopez, צוה, ThWAT VI(Stuttgart, 1989), 950.

명령을 행하는 가장 중요한 준비 자세로 생각한다.[90]

> 6 "오늘 내가 너에게 명하신 이 말씀을 너는 마음에 새기고
>
> 7네 자녀에게 부지런히 가르치며 집에 앉았을 때이든지,
>
> 길을 갈 때이든지, 누워있을 때이든지,
>
> 일어날 때이든지, 말씀을 강론할 것이며
>
> 8 너는 또 그것을 네 손목에 매어 기호를 삼으며 네 미간에 붙여 표로 삼고
>
> 9 또 네 집 문설주와 바깥 문에 기록할 지니라."(신 6:6-9)

신명기 결론의 마지막 단락은 '생명의 선택에 따른 축복'(신 30:15-20)으로 그동안 신명기가 말한 모든 부분을 요약하는 단락이다. 신명기가 말하는 하나님의 말씀을 준수하고 그 순종에서 나타나는 축복과 저주 그리고 가장 중요한 "알지 못하는 신을 따르지 말라"는 강력한 권고 등이 이스라엘 백성들 앞에 놓여있다. 그것은 인간에게 가장 중요한 생명과 사망이라는 것으로 포장되어 제시된다. 즉, 야훼 하나님이 주신 말씀인 율법은 인간의 생명과 죽음에 관련된다. 그 때문에 하나님을 사랑한다는 것은 자신의 삶에서 열열하게 하나님의 명령과 규례와 법도를 지키는 것이다.(16절) 우상 숭배는 죽음에 이르는 길이며(17-19절), 말씀을 순종하는 것은 생명에 이르는 길이다.(19-20절) 그러므로 열심으로 하나님을 사랑하라고 말한다.

---

90) J. H. Wright, 『신명기』 410-411.

1.5. 오경의 종결 부록(신명기 31-34장)

1.5.1. 구조

신명기 31-34장은 신명기에 속해 있지만, 신명기가 오경이 마지막 책이기에 이 단락은 신명기의 최종 결론을 넘어서, 오경의 최종 결론이기도 하다. 오경 최종 결론의 구성은 다음과 같다.

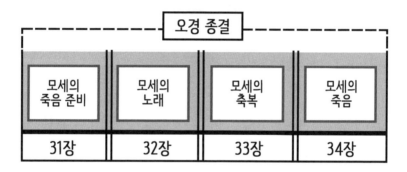

전통적으로 창세기, 출애굽기, 레위기, 민수기와 신명기를 '율법 책'과 '오경' 또는 '율법'이라고 한다. 이 책들에는 창세기를 제외하고 대부분 모세의 이름이 들어간다.[91] 왜냐하면 창세기에서 제시한 조상들의 약속(땅과 자손, 창 12:1-3)을 실행하며, 가나안 땅의 경계선까지 데려간 인물이 모세이기 때문이다. 그 때문에 신명기의 마지막은 율법에 관련된 내용이 아니라 모세의 마지막을 이야기한다. 즉, 신명기

---

91) 모세의 율법(대하 30:16; 스3:2; 7:6); 율법 책(느8:3, 참조, 스10:3); 모세의 책(대하 35:12; 스 6:18; 느13:1, 참조, 막 12:26), 모세의 율법 책(수 23:6; 왕하 14:6; 대하 25:4)

1-3장이 모세가 과거를 회고하면서 하나님이 행하심을 전하고 또한 이스라엘 백성이 반드시 순종해야 할 일을 말했다면, 종결 부록은 모세가 마지막 순간에 이스라엘의 장래를 향한 노래와 축복이 마치 유언처럼 묘사된다.

1.5.2. 내용

● 모세의 죽음 준비(신 31: 1-28)

오경의 종결 부록인 신명기 31장은 모세 유언의 첫 부분으로서, 모세의 죽음을 준비(신 31: 1-28)하는 것으로서 시작한다. 이 부분의 전체적인 구성은 다음과 같다.

신 31:1-8	여호수아가 모세의 뒤를 잇다
9-13절	매 칠년 끝 해 곧 면제년의 초막절에 율법을 낭독하라
14-28절	[야훼께서 모세에게 하신 마지막 지시] - 여호수아를 부르라고 야훼께서 모세에게 요구함(14-15절) - 백성의 반역에 증거로서 모세의 노래를 지으라고 하심(16-22절) - 야훼께서 여호수아에게 위임(24절) - 율법이 이스라엘 반역을 증명할 것임(24-29절)

여기에서 또 다시 모세가 요단강을 건너지 못하는 이유를 다시 제시한다.(신 31:2) 야훼는 언약의 땅을 차지할 지도자로서 여호수아를 세우고, 그의 지도하에 요단강을 건너가라고 말씀하신다.(3절) 모세에게 야훼는 강 동편에서 함께한 것과 같이 강 서편도 역시 함께할 것이라 말한다. 그 예로서 아모리 왕의 시혼과 옥(Og)의 예를 들어

서 말한다. 그리고 야훼는 모세를 통하여 여호수아에게 강하고 담대
하라고 확신을 준다. 모세는 얼마나 마음이 아리었을까? 그러나 모
세는 그러한 마음을 접고 여호수아를 부른다.(4-7절) 모세는 여호수
아에게 야훼에게 받은 말을 말한다. '강하고', '담대하라'(6절)라는 용
기를 일으키게 하는 야훼의 말을 인용하여 여호수아를 준비시킨다.
여기서 우리는 자신의 모든 것을 물려주는 모세의 모습을 본다. 모
세는 아주 중요한 지도자의 자격을 보여준다.

> 야훼께서 모세(이스라엘)에게.
> "너희는 강하고 담대해라! 두려워하지 말라! 그들 앞에서 떨지말라!
> 이는 네 하나님 여호와 그가 너와 함께 가시며 결코
> 너를 떠나지 아니하시며 버리지 아니하실 것임이라." 하고(신 31:6)

> 모세가 여호수아에게.
> "여호와 그가 네 앞에서 가시며 너와 함께하사 너를 떠나지 아니하시며
> 버리지 않을 것이다. 너는 두려워하지 말라 놀라지말라."(신 31:8)

모세는 신명기 31장 6절의 말씀을 앞서 행할 자, 즉 지도자가 여
호수아라는 것을 제시한다. 모세와 함께하신 야훼 하나님이 이제는
여호수아와 함께 하신다는 것이다. 그 때문에 모세는 여호수아에게
강하고 담대하라 권면하며 그 근거를 제시한다. 그것은 바로 야훼
하나님이 여호수아보다 먼저 가시고 함께 하시고 떠나지도 버리지도
않는다는 것이다.(8절)

그리고 모세는 이제 레위 자손과 이스라엘 장로들을 향한다.(신 31: 9-13) 율법을 기록하고 언약궤를 매는 레위 자손과 이스라엘 장로들은 칠년 끝 해에 곧 면제 면의 초막절에서 백성들에게 율법을 낭독해야 한다.(9절) 이 율법 낭독을 들어야 하는 대상은 모든 이스라엘 백성과 심지어는 타국인까지 포함된다. 그 목적은 '야훼 경외'이다. 모세는 약속의 땅에 건너가서 출애굽과 광야생활 그리고 요단 서편에서 행하신 야훼 하나님의 행위와 그가 주신 말씀을 통하여 야훼 경외를 알게 되길 원한다. 비록 자신은 요단강을 건너지 못하지만, 마지막까지 자신의 백성이 요동하지 않도록 모든 것을 준비한다. 이제 야훼의 말씀이 모세뿐만 아니라 여호수아에게도 임한다.(신 31:14-28) 모세는 여호수아와 함께 야훼 앞으로 나온다.(신 31:14)

야훼가 모세에게.

미래에 이스라엘 백성들이 요단 서편을 정복하면, 그 백성들은 그 땅의 이방 신을 섬길 것이며, 야훼와 맺은 언약을 어기고 야훼를 버릴 것이다. 그러면 야훼께서 허다한 재앙과 환난을 일으킬 것이며, 이스라엘 백성에게서 얼굴을 숨길 것이라고 말씀하신다. 야훼는 모세에게 '야훼의 마음'이 담긴 노래를 만들어서 부름으로써 그 노래가 그들에게 증거가 되도록 하신다(21절).

야훼가 여호수아에게.

이전에는 모세가 여호수아에게 야훼의 말을 전했다면, 여기서는 직접적으로 야훼께서 여호수아에게 용기를 불러 일으키신다.

" ······ 너는 이스라엘 자손들을 인도하여 내가 그들에게 맹세한 땅으로 들어가게 하리니강하고 담대하라!

내가 너와 함께하리라 하시니라."(신 31:23)

마지막으로 야훼가 명한 것을 다 기록한 모세는 레위 사람에게 율법책을 주고, 지파와 장로들을 모아 지은 노래를 들려준다. 그것은 자신이 죽고 난 후에 이스라엘의 장래에 대한 것이다.

● **모세의 노래**(신 31:29-32:45)

신명기 31장 29절에서 32장 43절은 소위 '모세의 노래'로 알려져 있다. 하나님을 향한 찬양으로 시작하는 이 노래는 하나님이 주신 교훈이 얼마나 생명력이 있는지 이야기하며 선민을 귀중하게 돌보신 야훼의 구속사와 이스라엘의 배역과 부패 그리고 그에 상응하는 하나님의 심판을 이야기한다.

모세의 노래는 다음과 같이 구성되어 있다.[92]

신 31:29	A	총회에서 모세가 노래의 말씀을 읽다
신 32:1-6	B	하나님의 성실성과 이스라엘의 배교와 불성실 [노래의 서언]
7-14절	C	이스라엘에게 주어졌던 하나님의 선택과 보호하심[과거]- 생명에서죽음으로

---

92) U. L. Christensen, 신명기 21:10-34:12, WBC 6B, (솔로몬, 2002), 556.

15-18절	D	이스라엘의 하나님 버림과 하나님의 징벌
19-25절	E	이스라엘 징벌에 대한 하나님의 결심
26-29절	XX	[야훼 하나님의 전환점] 자비의 하나님과 이스라엘의 지혜 없음
30-35절	E'	이스라엘의 대적을 벌하시려는 하나님의 계획
36절	D'	하나님의 성실성: 이스라엘 구원 계획
37-42절	C'	야훼께서 자신의 대적에게 보응[미래]– 죽음에서 생명으로
43절	B'	이스라엘의 구원[결론]
44-45절	A'	모세가 노래를 마치다 - 여호수아와 함께

　　모세의 노래는 일반적으로 11개의 단락으로 되어 있으며, 전체 단락은 교차 대구법으로 연결되어 있다. 위의 도표에서 보듯이 모세 노래의 전환점을 제공하는 신명기 32장 26-29(XX)절을 중심으로 각각 5개의 단락이 대칭을 이루고 있다. 중심부(XX)의 윗 부분 5개의 단락이 하나님의 성실하심과 이스라엘의 부도덕, 배교 그리고 징벌을 묘사한다면, 나머지 5개의 단락은 중심부(XX)에서 하나님의 마음의 변화로 인한 이스라엘의 회복을 말하고 있다. 그러므로 모세의 노래를 이해함에 있어서 중심부(XX)가 중요하다. 이 노래를 감싸고 있는 A(31:29) – A'(32:44-45)을 제외하고 이 중심부를 기점으로 변화가 일어나고 있음을 주지해야 한다.

[A(31:29)– A'(32:44-45)]

　　모세 노래의 시작과 끝(A와 A')은 '모세가 노래하다'(A: 31:29) 와 '모세가 노래를 마치다'(A': 신 32:44-45) 로서 전체 이 부분은 양식적으로 '노래'라는 삶의 자리를 제공한다. 그러나 이 노래는 절기 때 또는 면제년에 읽힌 것으로 보인다. 아마도 이것은 대중을 위한 노래가 아니라 특별한 시기에 예배에서 낭독되어진 것으로 보인다.

[XX(신 32:26-29)]

모세의 노래에 가장 중심부는 신명기 32장 26-29절이 차지한다.[XX] 이 부분(신 32:26-29)은 노래의 서언(신 32:1-6)에서 시작된 하나님을 버린 이스라엘의 징벌(15-18절)과 결심(19-25절)을 끝내고 이스라엘의 구원을 위한 하나님의 행위를 보여주는 단락이다. 26절은 '기억이 끊어진다'라는 표현으로서 심판은 회복될 수 없는 것으로 나타난다. 그러나 이러한 일이 벌어지면 야훼의 성실함은 땅에 떨어질 것이며 다른 이웃 민족들에게 조롱을 받게 될 것이다(27절). 따라서 이 부분에서는 벌의 집행이 잠시 멈춰진다. 이스라엘의 무기력하고 무능력한 상태를 파악한 하나님은 마침내 자비와 연민을 베풀어 이스라엘을 회복과 구원으로 인도하신다.(참조, 출 34:6; 욘 4:11)

[B(신 32:1-6)-B'(신 32:43)]

두 번째 부분(B:1-6)은 이 노래의 서언으로 하늘과 땅을 증인으로 부르는 모세를 볼 수 있다. 증인으로서 하늘과 땅은 이스라엘을 고발한다.(32:1) 그리고 이 증인 신청은 6b절의 아버지에 대한 은유로서 대칭을 이루고 있다. 중앙에 하나님의 자비(3-4절)와 삐뚤어진 세대의 대조는 하나님의 성실하심과 이스라엘 불성실이 대조된다. 이 노래의 서언은 다시 신명기 32장 43절의 결론(B')과 대칭을 이루고 있다. 즉, 이스라엘의 배교와 하나님의 성실하심은 이스라엘의 돌아섬이 아니라 하나님의 성실하심으로 이스라엘의 구원이 주어짐이 나타난다.

[C(신 32:7-14)−C'(신 32: 37-42)]

그 다음 부분(C: 7-14)은 모세의 노래 중에서 과거를 회상하면서 하나님이 행하신 일을 기억나게 한다. 하나님은 많은 민족들에게 신을 나누어 주셨는데, 그 중에서 이스라엘은 하나님이 선택하셨다는 것이다.(8-9절) 이 선택은 한 개인의 선택(창 12:1-3), 선택(창 12:1-3)에서 시작하여 출애굽해서 언약의 백성을 만들기 위하여 율법을 주신 것(출 20과 신 5장)의 한계를 벗어나서 범우주론적으로 선택이 확산된다.[93](8절) 즉, 야웨 하나님의 선택은 인간의 역사 범위를 초월하여 인간들이 이 땅에 있기 전에 먼저 그가 이스라엘을 선택했다는 것이다. 그 같은 행위는 이스라엘과 하나님이 특별한 관계라는 것을 의미한다.(9절) 또한 하나님은 이스라엘이 고립되고, 굶주리고, 가장 어려울 때 그들을 호위하고 보호하고 독수리가 날개를 펴서 보호한 것과 같이 보살피셨다고 증언한다.(10절) 이스라엘이 궁핍 했을 때, 그들에게 다른 신은 음식을 공급한 적이 없으며 또한 전쟁, 기근과 환란을 당했을 때 이스라엘을 도와준 적이 없다.(12절)

이 단락(C)과 대칭되는 단락(C')은 이스라엘의 과거를 말하는 것이 아니라 미래로 향한다.(신 32: 37-42) 이스라엘 대적에 야웨 하나님의 보응은 사실 36절에서 그 이유를 제시한다.

---

93) J. H. Wright, 『신명기』 423-424.

"참으로 야훼께서 자기 백성을 판단하시고

그 종들을 불쌍히 여기시리니,

곧 그들의 무력함과 갇힌 자나 놓인 자가 없음을 보시는 때에로다."(신 32:36)

과거에 하나님이 이스라엘 백성을 보호하셨던 것(신 32:10-12)도 또한 하나님을 버린 이스라엘의 대적에게 보응하려는 것도 역시 하나님의 이스라엘 사랑에 기인한다.(참고, 시 135:13-18) 사실 이스라엘이 하나님을 버리고 신뢰했던 신들의 가치가 있는가 라는 수사학적 질문(신 32:37)으로 그 신들의 무가치함을 드러낸다. 그 무가치를 선포한 것은 '나 외에는 신이 없다'[94]는 것을 통해 나타나며 또한 신들의 생명을 좌지우지할 수 있다는 것을 통해 야훼만이 유일한 신이라는 것을 말한다. 그분이 전사[95]와 같이 행동하며, 대항하는 자를 위하여 심판을 하신다.

[D(신 32:15-18) - D'(신 32:36)]

이 부분은 물질의 풍부함으로 인하여 야훼를 버릴 것(신 8:1-20)을 경고하는 모세의 두 번째 설교와 비슷하다. 물질의 풍부함으로 인하여 야훼를 저버리면, 그 다음 단계는 숭배의 단계로 다른 신들을 섬기게 된다.(참조, 호 4:17) 여기에서 하나님은 반석(32:15, 18; 참조, 32:4, 30,

---

94) 참조, 사 41:4; 43:10, 13; 44:6; 45:6-7, 21-22; 48:12.
95) 여기에서 전사의 이미지는 '번쩍이는 칼(41)', '내 손이 정의(41)'와 '화살이 피를 취하며(42)', '대적의 우두머리의 머리(42)' 등등.

31, 37)이고, 이스라엘은 '여수룬'[96]으로 제시된다. 반석은 변하지 않는 것을 그리고 여수룬은 '올바른/바른' 의미를 담고 있다. 하나님을 반석으로 이미지화한 것은 변하지 않는 하나님의 성실하심을 나타내며 올바르게 하나님을 섬겨야 한다는 의미로 이스라엘을 '여수룬'으로 이미지화한 것이다. 야훼 하나님은 태고적에 이스라엘 백성의 조상과 이스라엘을 선택했을 때부터 변하지 않는 마음을 보여주지만, 여수룬이라는 이름처럼 올바르고 바르게 하나님을 섬겨야 할 이스라엘 백성은 약속의 땅에 들어가서 물질의 풍부함으로 자신들이 비대해지자 하나님을 업신여기고 버렸다고 비난한다.(15절) 거기에 그치지 않고 약속의 땅에서 그 이웃 주민들이 섬기는 우상들(셰드 שד),[97] 알지 못하는 신들, 새로운 신들 그리고 조상들이 두려워하지 아니했던 것들에게 제사를 드린다.(16-17절) 그 결과 이스라엘은 철저하게 자신의 반석을 업신여기고 또한 잊어버렸다.[98](18절)

이 단락에 대칭을 이루는 신명기 32장 36절(C)는 물질의 풍요로움으로 인하여 그리고 다른 신을 섬김으로 하나님을 잊어버린 여수룬인 이스라엘이 오히려 그들의 행위로 족쇄를 만들어 괴로움을 당하는 것을 보고, 하나님은 자신이 선택한 이스라엘 백성을 향해 자

---

96) 이 단어는 구약성서에서 단지 4번 나타난다(신 32:15; 33:5,26; 사 44:2). 그리고 외경에서는 집회서 37:25절에서 나타난다. 이 단어의 어근은 야사르[ישר]곧은, 똑바른, 평탄한]이다. 여수룬(Jeschurun)이라는 단어는 이사야 44:2절에서 '이스라엘 또는 야곱'으로서 말하여 진다(참조, 집 37:25). 이 표현은 기교적으로 야곱 또는 이스라엘에 대한 새로운 의미전환을 이루려는 완곡 어법으로서 사용된다; I. L. Seeligmann, A Psalm from Pre-Regal Times – Jerusalem (Israel), VT 14, 1964, 89. Anm-3; M. J. Mulder, ישרון, ThWAT III, 1982, 1070-1075.

97) 개역 개정은 이 단어를 '귀신'으로 번역하였다. 그러나 이 단어는 흔히 동양에서 말하는 귀신이 아니라 상(象)을 가지고 있는 형상을 의미하기 때문에 '우상'이라는 번역이 더 적합하다.

98) 정석규, 『신명기』 519.

비와 성심하심으로 다시 판단하시기 시작한다. 그리고 하나님의 자비로서 그들을 불쌍히 여기신다. 왜냐하면 그분은 이미 이스라엘이 스스로 무엇이든 할 수 없는 상태라고 판단하셨기 때문이다.(36)

[E(신 32: 19-25) - E'(신 32:30-35)]

이스라엘의 패역과 배교의 상태가 앞 부분에서 최악에 이르렀기 때문에 이 부분은 심판에 대한 것이다. 이스라엘이 배교를 함으로써 하나님을 잊어버렸다고 앞 부분에서 말한 반면에, 여기서는 이제 하나님의 반응이 나타난다. 즉, 하나님은 자신의 자녀들을 미워하며, 심지어는 격노하기까지 한다.(19절) 하나님은 이스라엘에게 세 가지의 판결을 내린다. 패역한 세대와 진실이 없는 자녀(20절)를 향한 그 심판은 첫째, 분노의 불을 통하여 땅, 산과 그의 소산을 불태운다.(22절) 둘째, 재앙이 그들 위에 놓이고 굶주림, 기근, 독한 질병과 독이 쌓일 것이다.(23-24절) 셋째, 칼과 놀람으로 모든 이스라엘인들이 멸망한다.(25절)

이에 대칭되는 부분(E': 신 32:30-35)은 이스라엘의 심판에 대한 것으로 하나님이 선택한 민족을 이웃 나라에게 내어 주셨다고 고백한다.(30절; 참조 사 30:17) 이러한 고백은 중심부(XX)에서 야훼 전환점이 어디에서부터 일어난 것인가를 제시한다. 각각 반석으로 비유된 이방 민족 신들과 야훼 하나님에 대해 판단은 동일하지 않다. 그 판단은 이스라엘 백성이 한 것이 아니라 오히려 이방민족들이 한 것이다.(31절) 이방민족의 신들은 소돔의 포도나무, 고모라의 밭, 독이 든 포도와 쓴 포도 그리고 포도주는 뱀의 독이라고 평가한다.(32-34절) 그 때문에 이것에 현혹된 이스라엘은 심판을 받지만, 또한 현혹하고 미혹시킨 이방민족에게도 역시 심판이 임할 것이다.(41절, 43절) 그리고 그때가 다가오고 있다고 선고한다.

모세의 노래는 하나님의 찬양으로 시작하여, 하나님이 주신 풍요로움을 잊어버리고 이방 민족의 신들에게 돌아선 이스라엘에게 패망을 선언하겠다는 노래가 전반부를 차지한다.(신 32: 1-25) 그리고 중심부(XX)는 심판의 결정을 뒤집으시는 하나님을 노래하며, 끝까지 이스라엘에 대한 인내와 자비를 베푸시는 하나님의 전환점을 본다.(XX: 신 32:26-29) 이 노래는 이스라엘에 대한 심판과 이스라엘을 현혹시킨 이방민족까지 보응하시는 하나님을 상기시키는 것이다. 결국에 자식을 버리지 못하고 다시 한 번 구원하시는 하나님의 행위가 후반부를 차지한다.(신 32: 30-43)

● 모세의 마지막 유언(신 32: 46-52)

신명기 32장의 마지막 단락(신 32: 46-52)은 모세의 유언이다.

46 "그들에게 이르되 내가 오늘 너희에게 증언한 모든 말을 너희의 마음에 두고

너희의 자녀에게 명령하여 이 율법의 모든 말씀을 지켜 행하게 하라!

47 이는 너희에게 헛된 일이 아니라 너희의 생명이니

이 일로 말미암아 너희가 요단을 건너가 차지할 그 땅에서

너희의 날이 장구하리라."(신 32:46-47)

야훼 하나님은 민수기 27장 12-14절을 상기시키는 말씀하신다.

모세가 약속의 땅에 못 들어가는 이유는 신 광야 가데스의 므리바에서 하나님의 거룩성을 훼손시킨 사건이다. 비록 모세의 행위가 이스라엘의 불평과 불만에서 비롯된 것일지라도, 또한 하나님에게 반역하려는 의도가 없을지라도 명백하게 모세의 실수이다. 여기에서 우리는 모세의 가나안 입성 반대를 두 가지 면에서 생각할 수 있다. 첫째, 민수기에서 나온 므리바 사건은 두 곳에서 제시된다.(민 20:1-4과 27:12-14) 그리고 신명기의 마지막 부분에서 거론된다.(신 32:51) 므리바 사건은 하나님의 거룩하심을 훼손한 것이라고 지속적으로 지적하고 있다. 모세의 헌신과 백성을 위한 노력은 어느 누구도 따라올 수 없었다. 그러나 그의 권위는 신적 권위가 아니라 위임된 권위이다. 하나님으로부터 권위를 위임받은 자가 하나님의 명령을 거스렸다는 것은 하나님의 권위를 실추시킨 것이며, 성서는 그것을 하나님의 거룩성을 훼손한 것으로 표현한다.(신 32:49-52; 참조 민 20:1-13, 22-29; 27:12-14) 둘째, 모세가 판단하기에 자신이 가나안에 들어가지 못하는 것은 이스라엘의 죄를 대신 짊어진 것이었다.(신 1:37; 3:26; 4:21) 모세는 가데스바네아의 정탐꾼 사건(민 13-15장)과 계속되는 이스라엘의 불평과 배교의 책임을 지도자인 대신 짊어졌다.[99]

모세의 죽음과 가나안 입성 불허의 사건에서 우리는 아무리 야훼 하나님을 섬기고 이스라엘 백성을 위하여 헌신했을지라도 지도자에 대한 잣대를 엄중하게 여기시는 하나님을 발견한다. 결국 하나님의 결정은 사람의 생각으로는 가혹할지라도, 보다 큰 틀에서 모세를 이

---

99) 성기문, 『모세의 고별 설교』 337-339.

스라엘 백성의 위대한 지도자로서 그리고 하나님의 준엄함을 세우는 자로서 생각하게 한다. 또한 이 모든 것이 하나님의 손 안에서 결정된다는 것을 고백하게 한다.

● 모세의 축복(신 33장)

모세의 축복은 전체적인 구성이 서언(신 33:1-5), 축복의 내용(신 33:6-25)과 결론(신 33:26-29)으로 되어있다. 모세 축복의 서론(신 33:1-5)은 축복의 시작을 알리는 테두리에서 시작한다. '모세가 죽기전에 이스라엘 자손을 위하여 축복'했다(1절). 그리고 계속되는 서론의 전체적인 내용은 두 부분으로 나누어진다. 한편으로 시내산 사건(신 33:2-4)을, 다른 한편으로 여수룬인 이스라엘이 왕이 있을 때를 이야기한다. 서론은 시내산에서 오신, 세일산(신 1:2)에서 일어나신, 바란을 비추시는 신적 용사이신 야훼를 표현하면서 시작한다. 이러한 행위는 시내산에서 시작한 이스라엘 백성의 움직임과 하나님의 보호하심을 떠오르게 한다.[100] 또 다른 편으로, 역사적으로 보면 이스라엘이 왕을 중심으로 그들의 역사를 이끌어 나갈 것이라는 이야기를 반영하고 있다. 즉 출애굽의 사건과 더불어 역사적으로 왕이 있을 때까지 이스라엘의 현재와 미래의 행보에 모세는 축복한다.

---

100) 민 10:11-36; 참조, 시 68:1-3.

다음은 야곱의 축복과 모세의 축복을 비교한 것이다.[101] 모세의
축복은 먼저 야곱의 가계도를 이해해야만 쉽게 이해할 수 있다.

　　레아: 르우벤, 시므온, 레위, 유다, 잇사갈, 스블론

　　실바: 갓, 아셀

　　라헬: 요셉, 베냐민

　　빌하: 단, 납달리

야곱(창 49:3-27)			모세의 축복(신 33:6-25)		
축복의 내용	구절	이름	이름	구절	축복의 내용
장자의 능력 탁월/장자권 소실	3-4	르우벤	르우벤	6	후손의 다산을 축복
폭력으로 인한 흩어짐	5-7	시므온			
폭력으로 인한 흩어짐	5-7	레위	유다	7	군사적 승리
축복의 합법적 상속자	8-12	유다	레위	8-11	거룩한 중보자/영적 제사장
해변 거주와 경계의 확장	13	스불론	베냐민	12	지정학적 안정성과 견고성
쉴 곳을 위해 일을 하고 압제당함	14-15	잇사갈	요셉	13-17	각 산지에서 누리게 될 풍요로움 - 에브라임/므낫세의 세력확장(17)
정의를 위한 부르심과 그의 배반	16-18	단	스불론	18-19	바다의 풍요
추격자(참조, 대상 5:18-19)	19	갓	잇사갈	18-19	바다의 풍요
기름지고 풍부한 식물 공급	20	아셀	갓	20-21	영도력과 지도력
암사슴 같이 풍요로움을 누림	21	납달리	단	22	용맹성
풍요, 승리, 번영이 있는 복의 원천	22-26	요셉	납달리	23	야훼의 풍성한 복을 누림
난폭한 기질의 지파	27	베냐민	아셀	24	튼튼한 안전 보장과 군사적 방어

101) 김회권, 『모세오경 2』 369-370; 성기문, 『모세의 고별 설교』 343-349.

모세의 축복은 창세기 49장의 야곱의 축복과 비교된다. 이 두 축복은 몇 가지 차이점이 존재한다. 그 차이점은 첫째, 야곱의 축복에서 축복 받은 지파 중에서 레아의 아들 중 특별히 유다(창 49:8-12)와 요셉(창 49: 24-26)을 길게 서술하고 있다. 모세의 축복에서 가장 긴 요셉과 그의 두 아들들에 대한 축복(신 33:13—17)과 율법을 중요하게 여기고, 백성들에게 가르치는 레위 지파(신 33:8-11)에 대한 이야기가 특징을 이루고 있다.[102] 둘째, 야곱의 축복에서는 한편으로 심판의 말을, 다른 편으로는 구원의 말을 전하는 반면 모세의 축복에서는 처음부터 마지막까지 구원을 말하며 또한 약속을 진술한다.[103] 셋째, 야곱의 축복이 그의 아들들 12명 전체에 대해 축복한 반면에, 모세의 축복에서 시므온 지파는 생략되어 있다. 아마도 시므온 지파는 서서히 유다 지파에 흡수된 것 같다.(수 19:1-9)

모세 축복의 결말 부분(신 33: 26-29)은 야훼의 능력에 대한 찬양으로 마무리된다. 야곱의 축복과 다르게 모세의 축복에 야곱 지파들에 대한 비판이 없다는 것은 모세가 죽음을 앞두고 진실하게 이스라엘의 미래를 축복하고 있는 것으로 볼 수 있다. 사실 이 축복의 주제는 서론에서 보듯이 시내산에서 그리고 굶주림과 고립된 곳에서 끊임없이 자신이 선택한 백성을 돌보시는 하나님의 인내와 보호하심이다.[104] 가장 가슴벅차고 그러나 애잔한 모세의 말은 모세의 노래 마

---

102) E. J. Woods, 『신명기』 441.
103) 성기문, 『모세의 고별 설교』 340.
104) 김회권, 『모세오경 2』 369-371.

지막에 나타난다. 이스라엘들은 약속의 땅에 들어가서 풍요로움을 누릴 것이다. 왜냐하면 야훼 하나님이 이스라엘을 돕는 방패, 영광의 칼이기 때문이다.(29절) 그러한 하나님이 이스라엘을 안전히 거하게 하시며, 곡식의 풍부함으로 축복하실 것이다. 이스라엘이 약속의 땅에 들어가서 누릴 풍요로움을 생각하며 모세는 이스라엘을 '행복한 사람'이라고 표현한다. 필자는 이 말이 모세의 애잔한 고백이라고 생각한다. 왜냐하면 자신도 꿈을 가지고 그동안 고대했지만, 그 약속의 땅에 들어가지 못하기 때문이다.

● 모세의 죽음(신 34장)

오경의 마지막이자 신명기의 마지막은 세 부분으로 구성되어 있다. 첫째, 모세의 죽음과 장례(신 34:1-8), 여호수아의 후계 승계(신 34:9) 그리고 셋째, 모세의 평가(신 34:10-12)이다. 모세는 자신의 죽음을 위해 느보산에 올라간다. 그리고 거기에서 자신이 간절히 꿈꾸었던 땅을 바라본다. 적어도 신명기 34장 1-3절은 앞으로 12지파들이 차지할 땅 전체를 바라본다. 아마도 모세는 육체로 볼 수 없었던 땅을 영의 눈으로 바라보았을 것이다. 그리고 이스라엘이 장차 살아갈 미래도 영적으로 그렸을 것이다.(신 34:1-3) 야훼께서 모세에게 말씀하신 것이 바로 오경의 마지막 결론이다. '조상에게 주겠다고 약속한 땅'을 주신다는 것이다. 야훼는 아브라함(창 12:1-3)에서부터 시작된 자손과 땅에 대한 언약의 성취를 모세에게 보여주신다. 원역사(창 1-11)을 제외하면 모세가 바라보고 있는 그 땅은 오경 전체에 흐르는 주제이다.

신명기 34장 5-8절은 모세의 죽음과 장례에 관한 내용이다. 모세는 그의 나이가 120세인데도 눈이 흐리지도, 기력이 쇠하지도 않았다. 그러나 모세는 하나님의 뜻대로 다음 세대와 다음 지도자를 세웠다. 그는 모압 땅에 있는 골짜기에 장사되었지만 아무도 그의 매장지를 알 수 없다.(신 34:6) '모세의 매장지를 알 수 없다'는 것의 의미가 시간이 많이 지났기 때문에 잊혀진 것인지, 아니면 모세가 후대에 일부러 알려주지 않았다는 것인지는 정확하게 알 수 없다. 다만 모세를 향한 이스라엘 백성들의 애정이 대단했다고 성서는 기록하고 있다. 모세의 죽음을 위하여 30일을 애곡했는데 이와 같은 지도자는 아론(민 20:29)을 제외하고 없었기 때문이다. 아마도 모세의 죽음과 매장지를 알 수 없다는 것은 아마도 그를 향한 이스라엘 백성들의 숭배로 이어질까 염려했기 때문일 것이다. 모세의 죽음 이후, 여호수아의 승계는 순조롭게 이루어졌으며, 그의 지도자적 자질 위에 하나님이 지혜의 영(참고. 왕상3:7-12)으로 채워 주어 다음 세대를 준비하게 하셨다.(신 34:9)

마지막 단락은 모세에 대한 평가에 해당된다. 신명기 저자는 모세를 세 부분으로 평가한다. 첫째, 모세와 같은 선지자가 전무후무하다. 지도자, 왕 그외에 어떤 사람도 비교불가하다는 것을 강조한다. 둘째, 야훼와 대면한 사람이다. 이러한 탁월함은 민수기 12장 1-8절에서 자세하게 기록하고 있다.

"그(모세)와는 내가 대면하여 명백히 말하고, 은밀한 말로 하지 않고,

또 그는 야훼의 형상을 본다."(민 12:8)

셋째, 이집트 땅에서 모든 이적과 기사를 행하여 큰 야훼 하나님의 권능을 나타낸 자이다.(신 34:11-12)

이러한 모세의 평가는 신명기의 마지막 결론이다. 출애굽에서 모압 평지까지 그는 진실한 하나님의 종이었다. 그리고 그의 죽음은 이제 한 세대가 끝이 났다는 것을 의미한다. 이제 다음 지도자 여호수아를 통하여 이스라엘의 새로운 역사가 시작된다.

참고문헌

강사문외 3인, 구약성서개론, 신학연구도서 시리즈 2, 한국장로교출판부, ⁴2003.

강영선, 성서 이야기 한마당, 대한기독교서회, ⁷2008.

김덕중, 거룩한 성소에서 만나는 거룩하신 하나님, 킹덤북스, 2011.

김재진, 성경의 인간학, 한국신학총서 16, 예영커뮤니케이션, 2007.

김진명, 민수기, 한국장로교출판사, 2012.

김회권, 모세오경 2, 대한기독교서회, 2006.

김회권, 하나님 나라 신학으로 읽은 모세오경, 도서출판 복있는사람, 2017.

목회 신학 편집부, 민수기-어떻게 설교할 것인가?, 두란노 How주석 04, 두란노
　　아카데미, 2009.

박창환, 민수기·신명기, 구약총서 3권, 다다 비주얼, 2016.

성기문, 모세의 고별 설교, 솔로몬, 2009.

양창삼, 민수기 이해, 그리심 도서 출판, 2017.

왕대일, 다시 듣는 토라, 한국성서학연구소, 1998.

이경숙 외 다수, 구약성서개론, 대한기독교서회, 2005.

이용호, 하나님의 자유 요나서 연구, 토비야, ²2017.

이용호·조갑진, 성서의 이해, 서울신학대학출판부, ²2019.

전정진, 레위기 어떻게 읽을 것인가, 성서유니온선교회, 2012.

정석규, 신명기, 서울신학대학교 개교 100주년 기념 성서주석, 서울신학대학교출
　　판부, 2014.

정중호, 레위기 만남과 나눔의 장, 한들출판사, ²2004.

천사무엘 외 다수, 구약성서 개론, 대한기독교서회, ⁷2010.

한동구, 오경이해, 프리칭 아카데미, 2006.

고든 웬함, 박대영 역, 모세오경, 성서유니온, ⁵2011.

노트 M., 이경숙 역, 민수기, 국제성서 주석, 한국신학연구소, ⁷2001.

노트 M., 출애굽기, 국제성서주석, 한국신학연구소, ⁹2001.

데니스 올슨, 김봉익(편집), 민수기, 현대성서주석, 한국장로교출판사, 2000.

롤란드 해리슨, 류호준외 2인 역, 구약 서론II, 크리스챤다이제스트, 2007

마틴 뢰절, 김정흔 역, 구약성경입문, 기독교문서선교회, 2017.

앤드류 힐 존 월튼, 유선명·정종성 역, 구약 개론, 은성, 1993.

월터 부르거만, 강성렬 역, 창세기, 현대성서주석, 한국장로교출판사, 2000.

윌리엄, S., 라솔, 박철현 역, 구약개관, 크리스챤다이제스트, 1996.

유진 메릴, 잭 디어, 문동학 역, 민수기 · 신명기(bkc 강해주석), 두란노, ²2016.

토마스 W. 만, 김은규 역, 구약 오경 해설, 대한성공회출판부, 1993.

피터 다우니 · 벤 쇼우, 박규태 역, 성경 완전 정복, 좋은 씨앗, 2001.

필립, J., 붓드, 박신배 역, 민수기, WBC 5, 솔로몬, ²2006.

Brown R., 정옥배 역, 신명기 강해, BST 시리즈, 한국기독학생회출판부, 1993.

Christensen U. L., 신명기 21:10−34:12, WBC 6B, 솔로몬, 2002.

Durham J. I., 손석태·채천석 역, 출애굽기, WBC3, 2000.

Gesenius, W./Kautsch, E./Bergsträsser. G., 신윤수 역, 게제니우스 히브리어 문법, 비브리아 아카데미아, 2003.

Hamilton V. P., 강성렬·박철현 역, 오경 개론, 크리스챤다이제스트, 2005.

Hartley J. E. /김경렬 역, 레위기, WBC 4, 솔로몬, 2006.

Longman III Tremper and Dillard Raymond B., 박철원 역, 최신 구약 개론, 크리스

챤다이제스트, 2009.

Miller P. D., 김회권 역, 신명기, 현대 성서 주석, 한국 장로교출판사, 2000.

Olson, D. T., 민수기, 현대 성서 주석, 한국장로교출판사, 2003.

Sailhamer J. H., 정충하 역, 서술로서 모세오경, 새순출판사, 1995.

Schmidt W. H., 차준희·채홍식 역, 구약성서입문, 대한기독교서회, 2007.

Schmidt W. H., 차준희 역, 구약 신앙, 대한기독교서회, ²2010.

Schnittjer G. E., 박철현 역, 토라 스토리, 도서출판 솔로몬, 2015.

Weham G. J., 박대영 역, 모세오경, 성경이해 3, 성서 유니온선교회, 2007.

Weham G. J., 윤상문·황순철 역, 창세기 16 - 50, WBC 2, 솔로몬, 2001.

Wolf Herbert M., 엄성옥 역, 오경 개론, 은성, 2002.

Woods E. J., 김정훈 역, 신명기, 틴테일 구약 주석 시리즈 5, CLC. 2016

Wright C. J. H., 전의우 역, 신명기, 성서유니온, 1996.

Becker J. C., Gottesfurcht im Alten Testament, Rom, 1965.

Braulik, G., Die deuteronomischen Gesetze und der Dekalog. Studien zum Aufbau
    von Deuteronomium 12 −26, SBS 145, Stuttgart ,1991.

Crüsemann F., (Hg.), Bibel in gerechter Sprache, München, 2007.

Crüsemann F., Die Tora, München 1992.

Finsterbusch K., Deuteronomium. Eine Einführung, UTB 3626, Göttingen 2012.

Grünwaldt Klaus, Das Heiligkeitsgesetz Leviticus 17−26 Ursprüngliche Gestalt,
    Tradition und Theologie, Berlin[u.a], 1999.

Guilding, A. E., Notes on the Hebrew Law Codes, JThS 49,1948, 43−52.

Hieke, T., Levitikus 1−26, HThKAT, Stuttgart, 2014.

Hieke, T., Levitikus 16−27, HThKAT, Stuttgart, 2014.

Joosten Jan, People and Land in the Holiness Code, VT. S 67, Leiden 1996.

Kaiser O., Der Gott des Alten Testaments Wesen und Wirken Theologie des AT2, UTB 2024, Göttingen, 1998.

Kaufman S. A., The Structure of the Deuteronomic Law, Maarav 1/2, 1978/79, 105–158

Kaufman, S. A., The Second Table of the Decalogue and the Implicit Categories of Ancient Near Eastern Law, in: J. H. Good (Hg.) Marks/R. M., Love and Death in the Ancient Near East. FS M. H. Pope, Guilford 1987 ,111 – 116.

Klostermann, A., Ezechiel und das Heiligkeitsgesetz, ZLThK 28, 1877, 401–445, in: Ders., Der Pentateuch. Beiträge zu seinem Verständnis und seiner Entstehungsgeschichte, Leipzig 1893, 368–418.

Macht, D. I., A Sacrifice Appreciation of Leviticus 12:1–5, JBL 52.

McConville J. G., Law and Theology in Deuteronomy, JSOT.S 33, Sheffield, 1984.

Miller P. D., The Divine Council and the Prophetic Call to War, VT18, 1968.

Morrow W. S., Scribing the Center. Organization and Redaction in Deuteronomy 14:1– 17:13. SBL.MS 49, Atlanta 1995.

Olson, D. T., Deuteronomy and the Death of Moses. A Theological Reading, Minneapolis 1994.

Otto, E., Deuteronomium 1,1–4,43, HTKAT, Freiburg, 2012.

Otto, E., Deuteronomium 12–34 zweiter Teilband: 23,16–34,12, HthKAT, Stuttgart, 2017.

Patrick D. Miller, Deuteronomy (Interpretation, a Bible Commentary for Teaching and Preaching), Westminster John Knox Press, 1990.

Preuss H. D., Theologie des Alten Testaments, Bd.1, Stuttgart [u.a.], 1991.

Rofe, A., Deuteronomy. Issues and Interpretation, London 2002.

Rofe, A., The Arrangement of the Laws in Deuteronomy, EThL 64, 1988, 265–287.

Römer Thomas[u.a.], Einleitung in das Alte Testament, Zürich, ²2009.

Rose M., 5. Mose: Teilband2, ZBK AT 5.2, Zürich, 1994.

Sawyer J. F. A., A Note on the Etymology of sara'at VT 26, 1976.

Schmidt W. H., Anthropologische Begriffe im Alten Testament, Muenchen, 1973
Schmidt W. H., Die Zehn Gebote im Rahmen Alttestamentlicher Ethik, Darmstadt, 1993.

Schroer Silvia und Keel Othmar, Die numinose Wertung der Umwelt in der Hebräischen Bibel, in: B. Janowski (Hg.), Der Mennsch im Alten Israel, Tübingen, 2009.

Schultz, E W., Das Deuteronomium erklart, Berlin, 1859.

Seebass H., Numeri, BK IV1, Neukirchen–Vluyn, 1993.

Staubli Thomas, Begleiter durch das Erste Testament, Ostfildern, 2010.

Staubli Thomas, Levitikus Erster Teilband: 1–15, HThKAT, Fribur, 2014.

Staubli Thomas, Levitikus Zweiter Teilband:16–27, HThKAT, Fribur, 2014.

Sun H. T. C., An Investigation into the Compositional Integrity of the So–called Holiness Code, Leviticus 17–26, Diss. Claremont, 1990.

Welch, A. C., The Code of Deuteronomy. A New Theory of Its Origin, London 1924.

Wellhausen J., Die Composition des Hexateuchs und der historischen Bucher des Alten Testaments, Berlin ³1899.

Westermann, C., Genesis, BK I/1, Neukirchen–Vluyn, ²1976.

Wiener H. M., The Arrangement of Deuteronomy 12–26, JPOS 6,1926.

Conrad J., פלא, ThWAT VI, Stuttgart[u.a.], 1989, 569–583.

Fabry H. J., לב , ThWAT IV, Stuttgart[u.a.], 1984, 413–451.

Freedman D. M., & Conner, P. O., יהוה, ThWAT III, Stuttgart[u.a.], 1982, 533–554.

Kopfstein Kedar, מאר, ThWAT IV, Stuttgart[u.a.], 1984, 611-614.

Lopez, G., צוה, ThWAT VI, Stuttgart, 1989, 968-983.

Maass, F. , אדם, ThWAT I, Stuttgart[u.a.], 81-95, 1973.

M. J. Mulder, ישרון, ThWAT III, 1982, 1070 -1075

Schreiner J., תולדות, ThWATV III, 1995, 571-577.

Seebas H., נפש, ThWAT V, Stuttgart[u.a.], 1986, 531-555.

Seidl T., צרעת, ThWAT VI, Stuttgart[u.a.], 1989, 1127-1133.

Wächter L., עפר, ThWAT VI, Stuttgart[u.a.], 1989, 275-284.

Wallis, G., אהב, ThWAT I, Stuttgart[u.a.], 1974, 105-128.

Stendebach, F. J., צלם, ThWAT VI, Stuttgart[u.a.], 1989, 1046- 1055.

Lamberty-Zielinski, H., נשמה, ThWAT V, Stuttgart[u.a.], 1986, 669-673.

http://blog.daum.net/allcomsa/18